Ideas.Action.Impact.
WHARTON SCHOOL Publishing | 沃顿商学院图书

The GLOBAL BRAIN

全球借脑

让更多聪明人为你的公司工作

萨蒂什·南比桑 (Satish Nambisan)
莫汉比尔·索尼 (Mohanbir Sawhney) 著

时启亮　张鹏群　译

中国人民大学出版社
·北京·

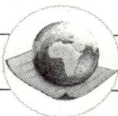

21 世纪伊始，互联网以其特有的细腻与辽阔，悄悄改变着中国的未来与世界的疆土。无论是手握鼠标的普通网络用户，还是大大小小企业的管理者，都不约而同地对互联网文化表现出认同。没有谁会怀疑随着互联网而来的"媒体革命"具有史诗般的意义。近几年，随着互联网技术尤其是博客、播客等网络 2.0 概念的日益成熟，人们更有理由相信一个开放的时代已悄然而至。换句话说，正是互联网以其特有的人文精神与科学精神，孕育了一个"全球化思维"和"人人参与创新"的时代。

互联网环境下的创新活动表现出了许多崭新的特征，例如全球融合、开放、全球合作、多学科交叉等。几乎所有关于创新的研究都得出了一个共同的结论——全球合作是当今创新活动的主要动力之一。

说到全球合作和全球化经济，人们站在各自不同的立场会给出不同的定义。但是，我们更愿意接受全球合作的鼓吹者、"全球主义者"网站的缔造者史蒂芬·里克特所做的经典阐述：所谓全球化，就是"一种开放的心态"。为了让世界各地的人们都能够平等地享受全球化的成果，我们需要各国政府机构、企业、组织和个人携手合作。人人都应该明白自己所承担的责任和扮演的角色。①

---

① www.theglobalist.com.

2008 年初出版的《全球借脑：让更多聪明人为你的公司工作》一书，是萨蒂什·南比桑和莫汉比尔·索尼教授的最新研究成果。在这本书中，作者运用全球经营及全球合作的理念，以开源运动作为切入点，用丰富的案例帮助读者接受"开放的心态"。尽管开源运动在许多方面背离了传统的知识产权保护的法理思想，但是读者只要仔细地揣摩作者的基本思想，怀着一种开放的心态，就会逐渐地接受作者所倡导的新思想。思想转变了，方法应该是水到渠成的事情。

创新是摆在企业家、政府机构和非营利机构的工作人员，以及成千上万个体消费者面前的一个崭新话题，而互联网环境下的创新对我们绝大多数人来说更像是一个 Brand New Baby（新生的婴儿），需要我们慢慢地去认识，去培育。我们愿意通过自己的努力，把网络环境下的合作创新这一新生事物介绍给中国的读者。

在历时 6 个月的翻译工作中，王啸吟老师（上海理工大学管理学院），孙相云老师（烟台大学文经学院），杨静老师（上海东海学院）以及上海理工大学管理学院的杨春蕾、马婷、韩雪、谢田、秦宇、陆月、卢雅俐等同学参与了前期的翻译工作。对此，我们深表谢意。

我们也愿意在此对长年累月给予我们理解和支持的领导、同事和家人表示由衷的敬意。

尽管我们在翻译中再三推敲，仔细斟酌，"一名之立，旬月踌躇"，但是我们深知，错漏依旧难免，敬请同行专家不吝指正。

时启亮

于上海理工大学管理学院

brightshi@vip.163.com

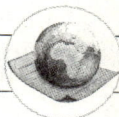

当萨蒂什和莫汉比尔两位教授邀请我为本书作序时，我的兴奋之情难以言表。由于工作关系，我一直十分关注全球化这一话题。我觉得这是一个极好的机会，可以对已进行了 4 年深入观察和研究的工作做一个总结，因为全球化思维方式正推动着新一轮的全球社会经济变革。我们正面临一个不同寻常的转折点：工作方法、创新模式、价值取向等，都将发生质的变化。当然，这里所涉及的话题，都是 21 世纪独特的合作创新现象。

如今，创新是一个热门话题。全球各地的 CEO、政府官员、学者、社会活动家们都希望通过创新来寻找发展机遇，增加就业机会，提高企业竞争力，促进教育、医疗保健等各项工作的发展。在当今复杂而又相互关联的世界中，只有创新才能保障生存和发展。

那么，到底什么是创新呢？在信息技术行业，人们认为创新就是新发明和新发现，这是企业研发部门的工作。贝尔实验室、施乐研究中心、IBM 研究中心，以及世界各国著名高校的各种基础研究项目，都为 20 世纪的创新研究贡献了力量。

传统的创新通常都是在"象牙塔"中进行的。研究项目高度机密，研究人员与世隔绝。也正因为如此，要将他们的研究成果推向市场成了一件难上加难的事情。

然而，在过去的 10 年里世界已经发生了很大的改变。与此同时，创新的基本性质也发生了变化。这种变化，在 21 世纪初已初露端倪。

2004 年，我有幸参与了两个重大项目。这两个项目主要是研究创新的发展过程、发展原因以及这种变化对企业、政府和全球社会的影响。第一个项目名为"国家创新计划"（national innovation initiative，NII），由美国竞争力委员会资助。该计划的项目团队由200多位CEO、大学校长和工会领导组成，他们的共同任务是重建美国的创新引擎。

与此同时，IBM启动了一项名为"全球创新展望"（global innovation outlook，GIO）的独特项目。该项目成员向全球各地各个学科领域的几百名专家、学者征求意见，旨在发现不同于常规的识别和把握潮流、政策、市场机遇的新方法。

专家、学者所提供的观点使我们受益良多，但是现在回想起来，整个项目最有价值的成果，是我们对创新的发生、管理和传播方法的变化有了更加深入的了解。

创新的性质为什么会发生如此鲜明的变化？这其中有很多关键因素在起作用，例如，扁平化世界的发展、商品化的进程、新技术的迅速普及等，当然，最为显著的是全球市场的开放。

如今，创新来得越来越快，也能更迅速地渗入到日常生活中。创新已经不再是少数天才用来震惊世界的手段，它表现出了如下的新特征：

全球融合。人们广泛地接受了互联网的技术和开放的标准，这有助于消除地理的限制和进入的壁垒。全世界有数十亿人，包括许多身处偏远地区的居民，都有可能利用先进的无线通信技术和互联网。各种新的思想和理念通过这些信息高速公路，瞬间就能到达全球的每一个角落。因此，只要有新的想法，就可以参与到创新经济中来。

多学科交叉。由于我们今天面临的全球挑战空前复杂，所以，需要多种多样的才能和专门技术相结合才能搞好创新。

以制作人类的染色体图谱为例。不久前，此类研究还只能在生物实验室或物理实验室中进行。但是现在，随着信息技术的惊人发展，这样的实验已经可以在计算机上进行模拟，还能快速地处理基因信息。

生命科学是21世纪的标志性科学。其核心是芯片、数据库软件和有高速处理能力的计算机。要想在这个新兴领域处于领先地位，你不仅需要具备生物学和其他相关科学的知识，而且需要具有运用信息技术的能力。这是一个空前的挑战，但同时也是一个能够发掘新思想的有效途径。

合作与开放。几乎所有关于创新的研究都认为，全球合作是当今创新活动的主要动力之一。例如，全球创新展望项目的第一个举措就是把"网络的力量"视为其重大发现之一。越来越多的参与者告诉我们，他们的力量主要来自结成网络的群体的思想和能力。

同样，越来越多的企业认识到市场有很大的创新能力。无论自己的企业多大多强，其创新能力都比不过市场。

2006 年对全球众多 CEO 的研究表明，外部合作对创新来说不可或缺。我们走访了将近 800 位 CEO，他们的企业所在的地理位置不同，年收入不同，规模也各不相同，有的是小企业或中型企业，有的则是大型跨国公司。当被问及企业依靠什么来获得创新思想时，回答是"商务伙伴"的居第三位，尾随第二位的是"企业员工"这一答案。

"客户"排名第一，这意味着创新思想的前三个重要来源都是基于公开、合作的途径，包括从组织以外获得创新思维。部分 CEO 称，他们从客户那里获得的创新想法是从公司自己的销售部门和服务部门那里得来的两倍之多。

最让人不可思议的是，"依靠公司的研发部门"这一答案居然排在倒数第二位。作为一个由工程师和科学家转变而成的企业家，我认为有些人看不到对研发部门的投资回报价值，是因为他们的投资组合没有反映如今市场的变化。换句话说，他们仍然不能够进行外部合作，不能够直接和他们的客户打交道。IBM 研究中心由于能够投身市场而开始复兴。但这是另外的话题了。

接受采访的 CEO 们告诉我们，无论是内部合作还是外部合作，口头上说说都是容易的，实施起来却很困难。这一点并不奇怪。因为为了共同的目标和不同的群体合作通常需要改变组织的文化，而文化的转变往往是最困难的。我认为，只有承认自己离开了外力的帮助无能为力，才能真正接受"合作文化"。

这一点对于 IBM 之类的企业尤其重要。因为这类企业要处理商务、政府、医疗保健、技术和科学等方面各种复杂的问题，将不可能转变为可能。我们知道，除非和客户、商业伙伴，甚至是各种竞争对手建立起密切的联系，否则就无法对付信息化时代的医疗、整合供给链、高级的工程设计之类的问题。

在这样的环境下，吹嘘"我是最棒的"是很愚蠢的，人们会视你为不可靠的合作伙伴，而不是有信心的领导者。在合作伙伴的眼中，你的公司应该是一个能够帮助团队中每个成员成功解决问题的企业。你应该被认为是能够帮助合作伙伴提升创新能力的企业，而不是声称你最具有创新才能。

使这一切成为可能的是一种开放的心态。开放激发出了非凡的创新潜力，而且改变了传统的成本结构和投资模式。例如，Linux 操作系统并不被任何人所独有，但却被每个人所拥有。

世界上成千上万的程序员都为 Linux 操作系统贡献力量，使之日臻完善，在 Linux 操作系统上形成彼此之间的相互制衡。如果是单个企业在一个封闭的系统中去开发，这是不可想象的。

我们知道，以往使用一个计算机平台开发出一个适应市场的企业操作系统需要花费大约 10 亿美元。现在，有了开放的社区，IBM 公司可以在整个产品线中使用 Linux 操作系统，而投资却只有原来的 1/5。能做到这样，得益于社区对 Linux 代码的开发，得益于我们对整个社区的贡献，以及为了支持我们自己的产品而特意开发的 Linux 代码。因此，我们提供的是经过更好检验的、功能更强的、能立刻适应市场的产品。

开放源代码的行动为互联网的基础设施构建了一个通用平台，也就免去了重构框架的劳作。基础已经建成，并被全球网络社区所公认，这使得创新者们能够跳过这一环节，直接从事创新活动。当然，通用基础是牢固的、安全的，毕竟它已经被全球范围的专家们反复修改、调整过。

在越来越多的人参与创新以后，大量新的观点会被注入创新过程。人们将会用相互依赖、互相合作的方式思考。这种合作不受学科的限制，而且获得成果的地方往往是学科的交叉处。

因此，这样的生态系统和倾听、学习能带来有用价值的客户的不同意见，能激发出真正的创新。一旦投入到开放的生态系统中去，就会消除文化、地理、组织方面的界限，激活创新思想，应对各种变化。

首先，建造组织的生态系统。构成这一系统的应该是保障组织正常运作的所有重要组成部分。下图中我给出了一个基本的框架。只要不是特立独行，你可以根据实际情况自行构建这样的框架。

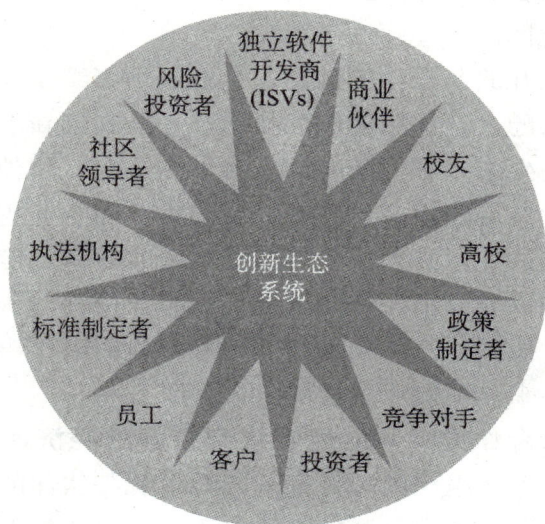

其次，你要和生态系统中的每一个成员进行对话，同时也要鼓励他们自己进行沟通和交流。你不要千方百计地去控制他们，不能只是简单地从他们那里获取单方面的信息，或是直接地发号施令。若是那样，他们会到别处去跟其他的伙伴合作。

当然，网络并不是一个新的概念。商业世界总是能聚集一群人，一起创造价值。但在过去，这样的关系会受到协议、条约、投资关系等因素的限制。

然而，在过去的10年里，沟通网络迅速地发展起来，网络不仅连接了人、地点和思想，还促进了社会结构的演变。由于能够自由地跨越组织和地理的边界，人们不仅乐于在传统的组织和国家的界限内寻求合作，更愿意在这个界限外寻求合作。

有了这样的转变，我们所熟悉的20世纪的商业模式将成为历史。人们已经不满足于在组织内进行合作，而是按照共同的兴趣、目标和价值去结成新的联合体。

这种趋势在不断地加速。这对企业的领导能力、管理方式、

全球借脑：让更多聪明人为你的公司工作

吸引全球精英等各个方面的工作都会产生深远的影响。它也必将改变企业进行创新的方式。

随着界限的消失、更多的不固定关系的形成、生态系统的扩张、网络的发展，个人、企业和全球的决策方式将会发生变化。区域性的行为会对全球产生影响，反过来，全球的行为，也必定影响到一个地区。

为了追求开放、合作的创新，企业必须吸纳全球各地不同组织、不同团队的人，利用他们的技术、才能和创新潜力。一个企业只有把自己生态系统内所有的人凝聚在一起，将他们的才华凝聚在一起，才有可能提升自己的创新能力。而企业想要吸引并留住这些有才能的人，必须让他们感觉到受到尊重，有归属感。企业必须给他们以充分信任，允许他们与企业内外的伙伴进行合作和交流，激发他们创新的动力，不仅来自他们因作出贡献而产生的自豪感，更来自他们对企业的忠诚。

这种新的合作方式同时能够得到很好的经济回报。研究表明，企业只有关注组织内的专家，同时重视与伙伴的合作，才能在竞争中胜出。这种竞争力的获得绝不是仅仅依靠严格的指挥和控制。

以印度最大的私人电信企业巴帝电信公司（Bharti Tele-Ventures）为例。该公司最近将许多核心功能整合并外包给其他企业。这些外包的工作包括网络和程序管理、前台支持、设备维护、信息技术、账单处理等。这样做的结果是公司可以专注于市场营销和客户服务。因此，在短短的 20 个月内，巴帝电信的用户量增长了两倍，从 600 万增长到 1 800 万。

但是，像这样的成功经营并不容易。由于越来越多的企业将一部分经营业务外包出去，企业很难保证完全兑现自己的品牌承诺。企业怎样才能保证参与合作的所有个人和商业伙伴完全理解它的品牌特征，并且主动去保护、提升自己的品牌形象呢？

在全球创新展望项目的开发过程中，一些参与者提出了"声誉资本"的概念。所谓声誉资本，是指企业开发一种评价员工人品和能力的信任机制。他们以维基百科和 eBay 公司为例来说明问题。两者都是由成千上万无关联的个人参与经营及运作，但都成功地塑造了公司的品牌。

两者都制定了相应的标准，帮助人们评判参与者的诚信程度。参与者如果能长期表现得可靠、守信，那么他们就会获得较高的价值评判。即使对那些并不是依靠个体的参与而建成的企业来说，声誉资本也有一定的激励作用。因为互联网用户在网络上并没有实体的品牌，他们所具有的，只是自己的虚拟存在。

我确信，合作的艺术将是21世纪最杰出的领导能力的特征。我们应该在大学里教授这门课程，政府应该制定相应的政策和规章促使其更快地发展。

合作创新已经成为群体DNA中的一部分，我们必须树立这样一种理念，即解决问题和不断进步的最可靠方法是团队的集体智慧。企业间的联网合作代表着未来的发展趋势。如今的世界是一个高度竞争、高度合作的市场，单个的企业无论其规模有多大，能力有多强，都无法在这样的全球化市场上立足。

要想成功地进入充斥着创新者的全球化市场（按照萨蒂什和莫汉比尔两位教授的说法，叫做"全球智囊"），企业需要首先对合作前景有一个全面的了解，然后选定一个最适合它们的途径。在这点上，我们很难找到"均码"式的模式。

本书中，萨蒂什和莫汉比尔对各种不同的网络创新模式进行了详尽描述，为企业提供了许多决策指导，帮助它们辨别最有前途的合作创新机会，并为之做好准备。正如他们所强调的那样，要想获得成功，我们需要重新考虑和创新伙伴之间的关系，考虑我们需要抓住什么，应该放弃什么。

毫无疑问，在合作创新的道路上我们会有付出，但我们将得到更多。

尼克·多诺弗里奥
IBM公司创新和技术部执行副总裁

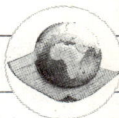

创新对利润增长来说至关重要。在探索创新思想和技术的过程中，企业已经越来越清醒地认识到，必须与客户、合作伙伴、供应商、业余发明家、学者、科学家、创新经纪人以及一大批企业外部人士合作，共同组成全球智囊。他们是企业外部巨大的创新潜力。在如今互联互通的世界上，我们会遇到许许多多的新名词，例如"创造社区"、"创新网络"、"开放市场创新"、"众包"等，它们预示着创新的未来。这种网络中心化创新（network-centric innovation）方式的前景在大公司的执行层面引起了共鸣。最近，一项对众多公司 CEO 进行的调查显示，跨越企业边界去拓宽创新范围已经成了 CEO 的重要议事日程。然而，大多数公司高层领导却不知道怎样才能达到目的。在与负责创新计划的高层领导交谈中我们得知，他们面临的主要问题是："怎样才能真正掌控全球智囊的创新能力，以此来促进企业的增长，提高业绩？"

最近，许多企业（如宝洁、IBM、波音、苹果等）的实践都说明注重外部创新有多种多样的形式。企业可以接触不同的团体，运用不同形式的关系、网络去驾驭创新思想。我们的问题是：如何利用外部网络创新？对企业来说什么是最好的方法？应该采取什么样的创新计划来适应这种方法？在创新网络中，我们的企业应该扮演怎样的角色？为了回答这些问题，管理者首先需要充分了解网络中心化创新的前景。只有充分了解了这样的前景，他们才能识别出网络中心化创新所提供的机遇。

除了辨别机遇之外，管理者还应该了解如何利用机遇。我们的组织需要具备怎样的能力？如何设计我们的创新网络？我们将获得怎样的收益，怎样来衡量这些收益？开放创新的潜在风险有哪些？我们是否能控制我们的创新计划？怎样来保护我们的知识产权？如何来判断创新是否取得成功？

　　我们写这本书是为了用案例以直接的方式回答上述这两组问题。企业无论大小，都可以探究和利用全球智囊的力量。我们希望您通过对网络中心化创新的认识，为您的企业制定网络中心化创新战略。

　　在本书中，我们主要使用的是两个术语，其一是"全球智囊"，指构成创新网络的企业外部的各类参与者；其二是"网络中心化创新"，指在协作网络中的各种创新活动。

◆本书的产生

　　本书的两位作者研究创新都有好几年了。自从互联网达到了一定的规模和企业开始认识到网络和社区的力量，我们就对研究分布式创新、以社区为基础的创新以及创新网络的性质和意义产生了浓厚的兴趣。

　　萨蒂什的研究领域是"虚拟客户环境"以及客户在企业创新能力提高过程中所发挥的作用。莫汉比尔的研究领域则是不同环境下新兴的"创新社区"现象，分析创新社区对企业创新所发挥的作用。同时，我们还关注新型的创新中介机构，或者称其为"创新中介"，它把企业和外部网络以及社区联系在一起。

　　我们两人共同的研究话题是分布式创新理念，也就是不同合作伙伴结成的网络所开展的创新活动。2005 年夏天，我们在夏威夷参加了美国管理学会年会安排的分布式创新研讨会。在享受阳光和海滩的同时，我们讨论了创新网络和创造社区的重要性。我们两人都认识到，以发明者、客户和合作伙伴网络为中心的创新计划将会有很大的潜力。我们相信，基于软件和汽车行业的早期经验，如果企业能够充分利用外部的才能和思想，创新活动将会更加有效、迅速。但是，不论外部网络的创新力量怎样强大，企业的管理人员却无从了解如何去实施网络中心化创新计划。我们决定就这方面进行更进一步的探索，希望能对此做出一点贡献。

　　我们进行这项研究的载体是凯洛格创新网络（Kellogg innovation network，KIN）论坛，这是大企业高级创新经理组成的论坛，归属于莫汉比尔指导的凯洛格管理学院下面的创新和技术研究中心。凯洛格创新网络论坛是利用全球智囊的出色例子。论坛的成员都是从世界领先企业中挑选出的高级管理者，他们聚集在一起交换与创新有关的理念和实践经验。论坛的内容包括成员间的对话、讨论和辩论。我们邀请凯洛格创新网络论坛的成员企业（例如摩托罗拉、杜邦、IBM、卡夫、嘉吉等）的高层管理人员来参加讨论。我们在论坛上提出了网络中心化创新理念，受到了参加者的广泛关注。大多数经理人表示，他们对外部创新网络和社区提供的机遇非常感兴趣，但是，却并没有把握自己能够成功地执行此类与外部创新网络密切相关的计划。媒体对开放创新、开放源代码、社会化网络和以互联网为基础的创新大力宣传，但是并不能对实践中的管理人员提供多少帮助。尽管大家讨论得热火朝天，可是对问题的执行却并没有什么启迪意义。

贝恩管理咨询公司 2005 年曾经对高级经理人开展过调查，调查的结果与我们的观察结果相似。调查中，大部分受访者（73%）同意这样的说法，即"公司可以通过与外界合作的方式显著地促进创新"。但是，他们同时也表示，对实施网络中心化创新"不知该使用何种策略和方法"。

企业要成功地完成由企业中心化创新到网络中心化创新的转变，经理人只了解网络创新的意义是不够的，他们应该充分了解网络中心化创新的前景。另外，经理人必须了解适应本企业的策略和方法。我们认为有必要写本书来帮助经理人迈出这重要的两步，使他们可以充分利用外部的无限创造潜力。

在着手撰写本书以前，我们参阅了大量关于创新管理和网络的学术著作、论文，还有各种案例。这些资料为我们构建本书的框架和理念提供了背景材料。接着，我们寻找出了一些注重向外部寻求创新动力的领先企业，其中包括消费品生产企业，如 Dial、宝洁、史泰博、联合利华，还有科技企业，如 IBM、杜邦、波音、3M、思科。我们决定与负责这些企业创新计划的经理进行深入交谈，向这些企业的高层管理人员学习。在一年多的时间里，我们和 50 多位经理进行了交谈，为本书的成稿确定了框架和理念。我们也访谈了一些小型企业，对它们的商业模式进行了

全球借脑：让更多聪明人为你的公司工作

分析，这些企业在网络中心化创新中起到了特殊的中介作用。这些企业大多是创新的推动者，其中包括提供宽带联结服务的 Ig-niteIP 公司，致力于企业创新和研究的智囊机构 Eureka Ranch 公司，Evergreen IP 网络通信公司和 Innocentive 公司等。我们也拜访了一些在开源运动中，或者在在线客户社区这样的网络中心化创新环境中扮演了重要角色的个人。从这些访谈中得来的种种经验和观点帮助我们构建了网络中心化创新框架，而这正是本书的核心内容。

◆ 本书的读者

本书定位于对创新管理有浓厚兴趣的两类读者。

第一类读者是企业的 CEO，或是负责开发和创新的高级管理人员。我们为这些读者解释了外部创新机制的特征，以及如何制定网络中心化创新策略。

第二类读者是大公司里领导创新计划的经理。对这类读者，我们阐述了应该建立怎样的外部创新网络，公司本身在这些创新网络里应该扮演怎样的角色，以及扮演此类角色必须具备的能力。

那么，与本书特别相关的行业和市场是哪些呢？很明显，我们所展示的框架和理念能够适应各类行业。但是，本书与高新技术行业（如计算机、软件、通信、化学等）和日用消费品行业尤其相关。除此之外，我们所提出的理念还适用于医疗保健服务、医疗设备、汽车、耐用消费品、娱乐等行业，因为这些行业也越来越需要开展网络中心化创新实践。

◆ 本书的结构

本书分为 5 个部分，共 12 章。每一部分涉及网络中心化创新问题的一个方面。第 I 部分：从企业中心化到网络中心化（第 1、2 章）；第 II 部分：网络中心化创新前景（第 3、4 章）；第 III 部分：网络中心化创新的 4 种模式（第 5 章至第 8 章）；第 IV 部分：网络中心化创新的实施（第 9、10 章）；第 V 部分：全球化和网络中心化创新（第 11、12 章）。

在第 I 部分，我们提出了"企业为什么要'跨边界创新'？""'网络中心化创新'的真正含义是什么？"简单地说，就是"为什么提出'网络中心化创新'？"我们描述了企业向外寻求创新的动力，由企业中心化创新向网络中心化创新转化的必要性。然后，我们对"网络中心性"进行了界定，描述了网络中心化创新的原则。通过几个案例，介绍了网络中心化创新的不同方式。企业应该仔细观察所处的行业和组织的结构，以确定究竟应该采用何种创新方式。

第 II 部分所涉及的问题是："网络中心化创新的前景如何？"我们设计了一个概念性的框架构造来说明网络中心化创新的前景。构成框架的是网络中心化创新的两个要素，即创新空间的性质和网络领导结构。按照这两个要素，描述了网络中心化创新的 4 种基本模式。同时，我们也提出了其他一些要素，即不同类型的创新角色、不同类型的创新管理活动和网络基本结构（例如，治理机制、知识产权管理系统等）。

在第 III 部分中，详细介绍了网络中心化创新的 4 种模式。在每一章中，我们用第 II 部分中提出的基本框架分析创新角色的性质、创新管理活动和对应于特定模式的网络基础结构。每一章，我们都以一个案例来说明一些重要的问题。

第 IV 部分提出的是与实施有关的问题。第一个问题是："我们公司的位置在哪里？"在第 9 章，我们构建了一个与创新环境相对应的框架，所罗列的因素包括行业和企业环境、技术和市场因素、企业创新目标和内部资源，根据这些因素来确定企业在网络中心化创新环境中的机会。企业的管理人员可以按照这一框架按图索骥，判断自己面临的机会。这些机会一定要与企业的资源、能力和战略相匹配。

在第 10 章，我们提出了这样的问题："既然我们面临着机会，那么到底应该怎样去利用这样的机会呢？""我们需要具备什么样的能力？""用哪些指标去评价公司的绩效？"我们认为，在网络中心化创新活动中，公司应该从文化、战略、运营等方面着手。

全球借脑：让更多聪明人为你的公司工作

　　在第 V 部分，即第 11、12 章，我们拓展了研究范围，讨论网络中心化创新对新兴经济体的影响。我们提出的问题是："网络中心化创新活动给印度、中国、俄罗斯、巴西这样的新兴经济体国家的企业提供了什么样的机会？"我们认为，这些国家具有一些共性的东西，它们的企业也有可能参与全球智囊的活动。本书的最后一章给出了我们的建议，为读者提供了一套最佳实例，而且预测了参与网络中心化创新计划的领导者下一步将要采取的措施。

　　如今，许多企业的 CEO 都在考虑这样的问题："怎样来维持利润增长，创新对企业的发展究竟有何重要意义？"请您和我们一起来探索吧。

第 I 部分
『创新：从企业中心化到网络中心化』

第 II 部分
『网络中心化创新面面观』

第 Ⅳ 部分
『网络中心化创新的实施』

第9章　如何利用网络中心化创新的力量

第10章　组织准备

第 Ⅴ 部分
『全球化与网络中心化创新』

第11章　网络中心化创新走向全球：中国和印度的崛起

全球脑

第 Ⅰ 部分

创新：从企业中心化
到网络中心化

第 1 章 Chapter 1

网络中心化的力量

"关键在于合作。我所说的合作是指城际合作，国际合作，当然也包括邻里之间的合作。……而促进这种合作的则是全球化创新网络。"

——艾东礼（Tony Affuso），UGS 公司董事长、CEO 兼总裁①

创新原本只是一些公司内部的事情。AT&T 公司的贝尔实验室、IBM 公司的沃森研究中心和施乐公司的帕洛阿尔托研究中心等著名机构都是创新的神殿。几千位就职于大公司的研究人员和科学家们劳心费神，竭尽全力，为的是下一个伟大创新。各家企业都把自己的创新成果视作公司的高级机密，它们想方设法招揽最优秀、最睿智的研究人员和管理者，来开展基础研究和新产品开发。事实上，那些自以为是的企业都患上了一种"非我莫属"的综合症。它们认为，只有自己的人才最棒，自己的点子最妙，其他企业的发明都不值一提。

然而，网络时代的到来打破了这种局面。"开源软件运动"、"网上研发市场"、"网络社区"，以及形形色色的创新手段，所有这些，都有助于企业冲破围墙，接触、联系全球的创新思想和人才。人们用来描述"创新"的词汇也在发生变化，例如"开放的"、"民主的"、"分布式的"、"外部的"、"外在的"、"社区引导的"等。从这些词汇的变化上，就可以看出"创新"的本质和流程都发生了深刻的变化。学者、咨询机构和各种主流商业媒体都在鼓吹"创新"要走出企业的围墙，企业不能将创新

---

① UGS 是全球产品生命周期管理（PLM）领域软件与服务的市场领导者，拥有 46 000 家客户，全球装机量近 400 万台套。公司倡导软件的开放性与标准化，并与客户密切协作，提供企业解决方案，帮助客户进行管理流程的不断创新，以真正实现 PLM 所带来的价值。——译者注

3

活动囿于一隅。商业期刊上刊登出许多论文和特约评论文章，例如"我们的力量"、"开源创新"、"创新经济"等，敦促企业的经理人顺应形势，利用外部网络和网络社区的力量开展创新活动。

19世纪，美国加州的淘金热中矿工们总是会问："那里真有金子吗？"如今，人们也会产生同样的问题：到企业外寻求创新源泉，真的有益吗？要回答这个问题，我们首先需要关注企业在收益和利润持续增长中所面临的问题。

企业追求利润增长

大公司是怎样走下坡路的？我们可以以个人电脑及配件销售的领军企业戴尔公司为例。戴尔的创新模式是按订单生产和向客户直接销售，所以，该公司在1995—2005年的11年间，一直都是利润增长的典范。2000—2005年，戴尔的年收益以16％的速度增长，年利润增长率更是达到21％。戴尔公司向来以通过完美的经营模式和流程创新来保持增长能力、扩大市场份额而著称。尽管其他企业纷纷效仿戴尔的经营模式，但戴尔总是不断完善自己的经营流程，提高经营效率，保持着在行业内的竞争优势。然而，戴尔的增长却在2005年失去了动力。2006年，它连续几个季度辜负了投资者的期望。从2005年7月至2006年6月，它的股票市值跌落一半。究其原因，似乎是戴尔黔驴技穷了，在20多年的时间里，它始终依赖一种经营模式，那就是直销。公司没有在新产品开发和新市场拓展上下工夫。但是在这期间，戴尔公司的众多竞争者（包括苹果电脑和惠普）都把更多的注意力投向了产品创新和经营模式创新，它们快速成长并抢占了戴尔的市场份额。戴尔的增长在可预见的未来都令人担忧，公司的高管们有必要重新发动公司的增长引擎。

戴尔不是唯一面临这种增长挑战的大公司。卡夫食品公司、3M科技公司、索尼公司、福特汽车公司和IBM公司都面临着持续增长的难题。对于这些大型上市公司，投资者时刻关注着公司的CEO和高管的行动，看他们是否能够领导公司成长。难怪众多的CEO都把公司发展看作比赢得利润还要重要的头等大事。尽管公司CEO都非常重视企业发展，但是，在这个全球化和产品生命周期日益缩短的时代，要实现这样的目标并不是一件容易的事情。

为寻求跳跃式的增长，公司常常借助于并购而非自然成长的方式。对于高管而言，并购具有很大的诱惑力，因为它能帮助公司实现收益的激增。并购带来的优势是实实在在的，尤其是财务方面的优势。公司的内部持股人（高管们）能狠赚一笔。所以，并购活动逐渐受到追捧。2005 年，仅美国本土的公司并购案就多达 10 511 件，总值逾 1 万亿美元，比 2004 年 7 810 亿美元增长了 28%。

然而，并购热潮中也孳生出种种问题。简单地说，并购并不像公开宣传的那样美好。很多调研对并购的后期处理并不看好。有 70%～80% 的并购活动以失败告终，多数并购活动仅能维持 18 个月。通常，人们在实体的合并方面都做得不错，例如债务的整合、纳税的整合、运营资本的整合、采购的整合等。然而，管理的重构（例如改善经营方式、重新设计工艺流程、合并配送渠道、分享技术、裁减冗员、扩大客户群体等）却并不理想。人们总是把并购失败归咎于"人"和"文化"的问题，但是真正受到影响的是股东的投资收益。并购没有能够实现股东价值的增长（而且一般都会减少）。并购失败，CEO 走人，新任 CEO 开始剥离并入的部门——然后又重新开始新的并购！这就像踏车上的沙鼠，"并购——剥离——再并购"循环往复，真正的赢家只是那些并购顾问、律师和投资银行。

正是因为许许多多的并购失败案例（例如时代华纳公司和美国在线并购案，克莱斯勒公司和戴姆勒-奔驰公司并购案），使得许多公司 CEO 都改变了立场，他们明白了创新才是公司成长的理想道路。最近，一项对多家公司的 CEO 的调查显示，86% 的受访者指出在企业的长期成长中，创新比并购和成本削减更为重要。许多公司 CEO 和高管都意识到，创新是实现持续增长的唯一选择。

索尼公司的董事长兼 CEO 霍华德·斯金格（Howard Stringer）曾经说过："我们公司的战略不是走商品化的羊肠小道，而是要走以创新为导向的康庄大道。"

但是真正需要决策和行动的时候，许多企业还是喜欢走捷径。要么花大力气降低成本，在短期内就能增加盈利；要么加快并购步伐，似乎这样就能增加收益。实际上，降低成本的事情往往做不长，而并购却总是以失败而告终。简言之，在创新欲望和创新能力之间，还存在着一条巨大的鸿沟。

全球借脑：让更多聪明人为你的公司工作

创新面临的困境

企业的创新能力受制于两个因素：第一，为保持和增加利润，企业对创新的需求越来越迫切；第二，由企业内部实施的创新的投入产出比不断下降。这两个因素集合在一起，使大公司的创新工作面临着困境。

@ 创新中的"红皇后"效应

艾丽斯气喘吁吁地说："唉，在我们国家，如果你跑得很快，跑得很久，肯定早就跑出这块地方了，哪会像这样原地踏步。"皇后说："你们那是一个慢节拍的国家！到了这里，如果你还是像原来的速度那样跑，你就只能待在一个地方。如果你想去别的地方，你必须跑得至少比原来快一倍！"[①]

尽管企业内部拥有许多研究人员，他们不知疲倦地日夜研究创新项目，但是依然难以用创新来实现持续的增长。企业面临的问题是，研发成本日复一日地增长，创新产出却在下降。即使为公司内部的研发活动注入更多的资金，企业也难以收到预期的效果。例如，卡夫食品公司每年投资近 4 亿美元，组织 2 100 多名员工开展研发工作。尽管如此，公司的研发工作所能发挥的作用却越来越小。这种情况在科技领域和消费品生产领域普遍存在。

还值得一提的是，各种行业的产品生命周期越来越短。例如，在汽车业，新产品开发期过去通常为 48 个月，新款汽车的生命周期则长达 6 年。可是现在，从概念形成到投入生产的时间减少到 24 个月，有些行业领头羊（例如丰田汽车）新产品开发周期仅为 12 个月。在电子消费品市场（比如手机、数码播放器等），产品生命周期往往只有几个星期。

全球化加速了这一进程，因为全球市场培养了全球竞争者。像韩国的三星公司（生产手机和电视机）、泰国的塔塔公司（生产汽车）、中国的联想（生产电脑）等都下大力气推出创新产品，但是它们的成本却很低廉，这就使得许多产品都加速了商品化的进程。

---

① 引自刘易斯·卡罗尔的小说《艾丽斯漫游仙境》。

　　迅速缩短的产品生命周期、内部创新投入产出率的降低，再加上来自全球的竞争，这些因素使得创新领域出现了"红皇后"效应，那就是公司为了保持市场地位，不得不投入越来越多的资本。

　　著名企业家大卫·贝莱斯（Dave Bayless）曾进行过一个简单的模拟，说明产品生命周期缩短对公司成长的临界效应。假设一家公司每年收益 5 亿美元，从大卫·贝莱斯的模拟中可以看出：如果行业发展速度每年提升 10％，公司每年推出的新产品必须增加 50％才能保证公司收益的持续增长，在未来 10 年中每年盈利 5 亿美元。这项模拟还没有把创新投入产出比的降低和新产品与服务市场风险增加的负面影响考虑在内。而这两种影响在许多行业都明显存在。因此，仅仅是一个不利因素（即产品生命周期的缩短）就对公司的创新能力形成了严峻的挑战。最重要的是，如果公司希望年收益增长幅度保持在 4～5％（这只是一种十分温和的增长幅度），那么公司面临的创新挑战简直就是难以应对的。

@ 公司内部创新的局限性

　　使公司内部创新受到局限的不仅仅是"红皇后"效应。许多公司还患有全球视野的"弱视症"，尤其是在公司暂时实施了"成功"创新和成长战略以后，更是如此。

　　戴尔公司首创的直销经营模式就是一个很好的例子。个人电脑市场竞争日趋激烈，戴尔的销售模式却一成不变，这就阻碍了它的发展。戴尔公司也确实在摸索新的经营模式，试图进入新的产品市场，但这些努力未获得多少成功。经营模式创新并不容易，而且，戴尔维持现有经营模式持续的时间太长，这就使得它要实施经营模式创新更是难上加难。随着时间推移，企业往往被自己驾轻就熟的经营模式所禁锢，经营的成功越大，这种禁锢就越深。它们患上了全球视野的"弱视症"。

　　这种全球视野"弱视症"，对处于动荡的商业环境中的我们而言变得更加危险。在电子消费品行业、汽车行业和软件开发行业，产品特性、核心技术、外观设计等都越来越复杂。因此，新产品设计和开发中所涉及的知识和技术也越来越复杂。要在这些领域开展创新活动，不仅需要广博的知识和专长，还需要将多个领域的知识很好地融合在一起的能力。而要做到这一点，光靠一家公司是很难实现的，哪怕公司的规模很大，也无法企及。

　　显然，给内部创新引擎投入越来越多的资金并不是应对创新困境的最有效手段。简单地重复同一个动作，对创新来说只是增量的机械积累。公司要克服创新危机，就应该对创新方式进行彻底的改变，产生质的飞跃。要想有这种质的飞跃，公司就需要跳出高墙，接触外界，寻找新的创新理念和技术。

　　还是以卡夫食品公司为例。2003—2005年，该公司利润下跌24%。公司的经营收入没有增加，净利润则从2003年的34.8亿美元下降为2005年的26.3亿美元。公司曾经拥有过骄人的业绩，开发出极具创意的产品（如奥利奥饼干、奇妙色拉酱、迪吉奥诺冷冻比萨）。但是，如今这些产品都需要注入新的理念。卡夫食品公司不乏内部的研发设施，公司的各种研发机构雇有数千位才华横溢的研究人员。然而，内部创新的努力并没有变成实实在在的创新产品。所以，卡夫食品公司开始从外界寻找创意。它鼓励一切访问公司网站的人主动提供产品创意。尽管在网站上征求创意的举动还有争议，但是睁眼看外界的欲望却是无可非议的。的确，卡夫食品公司从内部创新转向外部创新的实践有力地证明了内部创新的局限性。卡夫食品公司的高级副总裁玛丽·凯·哈本（Mary Kay Haben）曾经说过："过去我们往往会说，'谢谢，但我们不接受外界提供的创意'。"但是现在，放眼望世界的新举措使他们摆脱了传统的禁锢。

　　面向外界并不仅仅限于消费品领域。医药制造业巨头默克公司以往只将精力集中在内部创新机构。然而，经过一系列失败和创新挫折以后，该公司也开始向外界征求创新思想，特别是向小企业合作者征求创新思想。默克公司的研发部主任彼得·金（Peter Kim）明确表示，公司拥有的实验室不能满足未来的市场需求。在过去的3年多时间里，它们一直在从事开放性的合作创新。尽管这项努力的效果需要数年后才能得到证明，但是公司一直在坚持。1999年，默克公司的外部合作者只有10家，可是2002—2004年间，默克开展了141个合作研发项目，平均每年47个。2005年，默克审核了5 000多个外部合作项目。

战胜危机：向外看

　　公司为了创新而"向外看"的机会日益增多。正如在前文中所提到的，全球智囊思维丰富多样。世界上有许许多多的创意公司，还有许多创新人才，企业可以充分利用这些创新思维。况且，新型的创新媒介和技术设施（比如互联网）方便了企业去利用由投资人、科学家和创意公司构成的网络。因此，向外界寻求创意的需求与急速扩大的创新机遇是一致的。

几年前，太阳微系统公司首席科学家比尔·乔伊（Bill Joy）说过："世界上大部分聪明的人都没有为你的公司工作。"这句话说的没错。但是，世界上其他地方的那些聪明人代表着一种全球化的创新机遇，他们的智慧正等待着你去开发和利用。

许多企业（例如宝洁公司）最近的创新活动正是在开发和利用这样的智慧。该公司外部事业发展部副主任汤姆·克里普（Tom Cripe）不久前说：

> 我们想要高效增长。以我们现在的规模，全由我们自己来做不太可能。即使我们能够依靠自己的力量来实现，这样做也并不足取。外面的聪明人太多了。如果想以我们希望的速度增长，必须每年多收益几十亿美元……我们的公司已经发展了上百年的时间，在今后的几年中，我们所要实现的目标就是做过去 100 年所做到的事情。尽管我们可能做到，但那样代价太高。我们所做的是，一方面增加创新产品，一方面扩大销售，降低成本。这一切，都源于我们与伙伴的有效合作。为了实现有效增长，我们选择了'向外看'，与人合作，而不是时时处处与人竞争。

类似的信息也从其他途径传递出来。比如 2004 年，美国竞争力委员会出版了《国家自主创新报告》。这份报告强调了全球化对美国国家创新的影响，认为美国经济要发展，就要充分利用合作创新这一有效机制。报告指出："创新的方式和创新对经济发展的意义都在发生根本的变化。"具体表现在：

1. 它以比原来更快的速度传播；

2. 它融合了多种学科和多种技术手段，已经成为一种跨学科发展的综合活动；

3. 它需要协同完成，要求科学家与工程师、创意人与客户之间的合作与交流；

4. 员工和消费者对新思想、新技术持积极态度，他们会要求研发人员更积极地创造；

5. 它已经成为一种全球活动——创新将融合全球智慧，这不仅是指研发人员的智慧，还指数十亿新型消费者的智慧。

美国竞争力委员会的报告的核心思想也折射出了全球的整合及合作创新需要企业组织拥有多元知识和技术的员工队伍。这种多元化的员工队伍有助于创新活动中的跨组织、跨地区交流与合作。

同样，IBM公司也组织了一个名为"全球创新展望"的全球创新对话。2005年和2006年，这项活动最重要的结论是创新活动日益"全球化"（任何人都可以参与创新，不受地理区域的限制）、"多学科化"（创新需要博学的专家）和"协作化"（创新是企业间以新的方式合作的成果）。

要捕捉不断涌现的创新机遇，公司就应该从依靠公司内部资源转而依靠外部的网络和社区资源，也就是说，从企业中心化创新向网络中心化创新转变。问题是，这种转变是否能够应对前文中说到的创新危机？换言之，网络中心化创新战略是否能在创新广度、深度和效率等方面发生质的变化？

要理解网络中心化创新效果，我们需要对网络中心化创新有一个基本的了解。网络中心性的概念有深厚的根基和广泛的适用性。在具体讨论网络对创新的作用之前，让我们先了解网络中心化的能力如何在其他领域发挥作用。

网络中心性的力量

在我们工作的大学，有一个拥有近50万本藏书的图书馆，而学生数则是7 500人左右，所以相对于学生数来说，馆藏量并不大。然而，这个图书馆与其所在区域另外13所大学共同形成一个网络——称作"纽约联盟"，联盟的藏书总量达1 000万本。每一个纽约联盟的成员可从其他成员处申请图书。如果这本图书有库存，它将通过快递（穿梭于不同成员馆的配送员）在3～4个工作日内送达。因此，如果成为纽约联盟的成员，图书馆藏书量实际上将扩大20倍——从50万本扩大到1 000万本。

再来看另一个简单的例子——自动售货机的补给工作。企业可以安排一辆服务车查看每一台售货机，以判断它们是否需要补给。但是这种方法效率不高，因为补给员一定要往返多次去确定一台自动售货机是否需要补给或到底需要什么样的补给。试想，如果售货机可以通过一个信息网络"告诉"服务人员缺货，并通知他们具体缺什么食品或饮料，那将方便很多。这就是新泽西一家名叫"自动售货机网络"的补给服务公司在费城所做的工作。它创造了一个无线网络，这个网络可将本地区所有自动售货机的信息整合，并为物流提供最优化服务计划。

通过连接网络，玩具甚至也能变得更聪明。1997 年，Fisher Price 公司和微软公司共同研制出了交互式玩具巴尼，这是一种可爱的紫色毛绒玩具。但真正有趣的是这个玩具还有两个附加的配件：一个电视包，它可向用户的电视机或录像机进行无线电广播发射；还有一个电脑包，它可向用户的电脑进行无线电广播发射。这种玩具可以使孩子们增加词汇或增进语言能力。公司还创立了一个网络，用户可下载"课程"到这种玩具上。孩子们长大后，家长可将玩具连接上网，下载合适的资料，扩展玩具的用途。

这些简单的例子都反映出了网络中心性的实质：网络本身是事物的中心，伴随其周围的是各种相关机遇，人们可以对单个实体进行优化，提高它的价值，提高个体的智慧、适应性和个性化程度。所以，不管是军事行动还是社会宣传活动，网络中心性的概念已经渗透到了现代世界和日常生活的方方面面。让我们从网络中心化计算开始。

● 网络中心化计算

在计算机科学领域，从主机中心化计算到分布式或网络中心化计算的转变有着很深的根源。分布式计算的概念是 20 世纪 70 年代加州大学的大卫·法伯（David Farber）提出来的，这种概念现在被称为"网络中心化计算"或"网格计算"。

"网格计算"是伴随着互联网而迅速发展起来的，专门针对复杂科学计算的新型计算模式。这种计算模式是利用互联网把分散在不同地理位置的电脑组织成一个"虚拟的超级计算机"，其中每一台参与计算的计算机就是一个"节点"，而整个计算是由成千上万个"节点"组成的"一张网格"，所以这种计算方式叫网格计算。参与网格计算的计算机分属于不同的机构。网格计算背后的重要理念是将大化小、化繁为简，解决密集的计算问题，而这些从大问题中分解出来的小问题被联网的计算机同时

全球借脑：让更多聪明人为你的公司工作

解决。平行分工的做法能进行比超级计算机还要高的计算吞吐量。而完成这种巨量计算的成本却很低，因为它可以利用地处偏远的计算机参与计算。而且，网络中心化计算格局更灵活，因为偏远地区用户可随时决定他们需要多少计算能力。网格计算模式的优势是计算能力强、运营成本低、运行灵活，这就激发了许多商业化和非商业化的应用，其中包括财务建模、天气预报、蛋白质研究和空间探索研究等。

● 网络中心战

"网络中心战"是有关战争的新理论，最初由美国国防部提出。按照这种新兴学说：战争将从平台中心通道转变成网络中心通道。

网络中心战理论的基本前提是：地理上分散的军队可以利用信息的优势通过网络聚集在一起，最后形成作战上的优势。各个部队通过对信息的充分共享，提升了"态势共享意识"。换言之，信息共享使各个军种、兵种（包括步兵、航空兵、海军舰艇，再到指挥中心）的每个单元都能"看到"其他单元所能"看到"的信息。这种信息共享意识促进了部队的自我协同和虚拟协作，还增强了部队的灵活应变能力。从军事上看，网络中心战形成的价值是降低了作战风险，提高了作战效能，减少了作战成本。尽管还有许多人对网络中心战这种形式存有疑义，可是澳大利亚、英国等国家已经将网络中心战这种理论付诸了实施。

● 网络化运营

"网络化运营"这一术语最初是在物流及供应链管理中应用的。有时，人们还会使用"价值网"或"价值网络"等词汇。然而就在最近，"网络化运营"赢得了更广阔的市场，它经常和"网络中心战"等词汇一起出现在国防和军事文献中。

在供应链管理中，网络化运营意味着企业、供应商、客户和其他合作者之间建立动态联结，目的是实现供应链中所有个体价值的最大化。要做到网络化运营，就要将企业内部的各种信息系统（例如企业资源计划系统，客户关系管理系统）与合作伙伴的各种信息系统整合在一起，目的是加速信息的流动，提升企业"感知和反应"的能力。传统的供应链强调线性关系，一般都不灵活。而网络化运行模式建立起来的供应链则形式多样，是一种动态的联结，企业运行能更加高效、灵活。有些企业（例如总部位于德国的企业管理和协同化商务解决方案供应商 SAP 公司、美国的人工智能企业 i2 技术公司、IBM 公司等）非常关注供应链的建设，它们已经将网络化运营的理念应用在供应链管理工作中。

● 网络中心化企业

"网络中心化企业"这一概念源于企业生态系统建设和虚拟组织的构建活动。它指的是建立一个"信息系统"，将公司业务生态系统中的各个合作伙伴联结在一起，在所有的运行环节上都创造价值。因此，网络中心化企业与"网络化运营"的概念是相似的。

像沃尔玛、思科和丰田这样的企业在部署和运行网络中心化企业方面有着丰富的经验。例如，思科公司在制造运营部门组建了一个"网络虚拟组织"。同样，丰田公司运用网络中心化企业的模式改善了公司的"即时存货管理"系统。网络中心化企业（或网络虚拟组织）模式有三个核心原则：第一，将客户摆在价值链中心，强调对客户需求的迅速反应；第二，要求企业关注增值最大的核心环节，外包其他业务给多元化的合作伙伴；第三，这种模式要求重要的程序、数据和技术标准化，以保证畅通的实时交流，以及跨组织同步运作。总之，网络中心化企业运行模式意味着战略上和战术上的充分灵活，以适应市场的迅速变化。

● 网络中心化宣传

网络中心性的概念也已经渗透到社会的宣传活动中。开展宣传活动的各种社会组织都认识到网络中心性能够扩大宣传范围、加快宣传速度、提高宣传效果。

网络中心化宣传是指从直接组织宣传活动的模式转变为将所有参与宣传的个体结成网络的模式。在网络中心化宣传活动中，个人和组织都是网络的一部分，共同分享宣传的信息，捕捉"成熟的宣传机遇"。利用网络，人们可以扩大宣传的范围，充分利用资源和专家智慧，提高公众的关注度。网络中心化宣传具有多个优势，例如传播的速度快，利用有限的资源开展多种宣传活动，及时改变宣传的力度和方向等。所有这些都有助于提高社会宣传的效果。

在表1—1中，我们总结了网络中心化的各种概念。从表中可以看出，尽管网络中心化的概念在各种各样的领域被采用，但它们的结果是相似的，那就是作用更大，速度更快，灵活性更强，成本更低，资源渠道更广，涉及的地域更宽。而这些优势，正是我们开展网络中心化的创新活动所需要的。

表1—1　　　　　　　　不同领域的网络中心化活动

涉及领域	原有形式	现有形式	作用
计算	以单机为中心	分布式或网格式计算	增加计算量，降低成本
作战	平台式	网络中心式	减少作战单元和作战成本，增强作战能力
供应链管理	线性联结	价值网络	提高"感知和反应"能力
企业经营	单个组织	虚拟化、网络化组织	战略决策和经营管理都更加灵活
社会宣传	直接宣传	网络协同宣传	减少资源投入，提高宣传效率

网络中心化和创新

从网络中心化的视角看创新活动，我们对"网络中心化创新"做这样的界定：基于外部资源的一种创新活动，它利用外部网络和社区的资源和能力开展创新活动，目的在于扩大创新范围、加快创新速度、提高创新质量。

网络中心化创新的特征与我们提到的其他领域的例子类似。我们将在下一章中对这些原则给出定义。但首先，让我们看看在不同行业和市场中网络将如何提高创新能力。

或许网络创新最著名的例子就是"开源软件"运动，它最有名的产品是 Linux 操作系统。Linux 是一个源代码开放的操作系统，它是由聚集在网络上的软件开发者共同开发出来的，而且如今依然在不断的开发和完善中。第一代 Linux 内核（0.01版）发行于 1991 年 9 月，包含 10 293 行编码。到了 2006 年 4 月，2.6.16.11 版竟有 6 981 110 行编码。15 年中，全世界几千位程序员为 Linux 内核的开发贡献了 100 多个版本。事实上，从 1993 年初到 1994 年初的一年中，就有 15 个 Linux 内核问世。如此密集的发行在商业软件业内是绝无仅有的，它反映出了全球 Linux 软件开发社区的创新能力。

2001 年，人们对"红帽子 Linux 7.1"（一种分布式版本）和类似的操作系统进行过专门的比较。红帽子 Linux 7.1 版中有 3 000 多万条编码，若按工作日计算，8 000 个软件编程人员要工作一年。如果这个版本在美国以某一个企业单独操作（也就是说，由微软公司或甲骨文公司来开发），它将花费近 10.8 亿美元（按 2 000 年的美元计价）。

我们可以以"红帽子 Linux 6.2"的开发来进一步说明创新社区显示出来的力量。该操作系统于 2000 年发行，比 7.1 版早了一年。它只有 1 700 万条编码，相当于 4 500 个程序员工作一年，需要投入的成本是 6 亿美元。可以看出，7.1 版与 6.2 版相比，软件的规模扩大了 60%，开发成本要增加 60%。一年中，开源社区的创新贡献提高了两个等量级——这对普通的软件开发企业来说是一个不可思议的成绩。

网络和网络社区的创造力在其他领域也表现出来。比如"维基百科"（Wikipedia），它是基于网络社区的百科全书。这种在线百科全书发端于 2001 年 1 月，在数万人的协同努力下，它迅速地成为互联网上最大的参考书平台。到 2007 年 7 月，维基百科已拥有 75 000 多名活跃的信息提供人员，他们用 250 多种语言提供了 7 704 000 个词条的解释。有关维基百科可靠性和准确性的争论一直在继续（比如颇具声望的《自然》杂志认为，在准确性方面维基百科可与神圣的《大不列颠百科全书》相媲美，但其他研究显示的结果却恰恰相反）。然而不可否认的是，网络社区的创新力使维基百科成几何级数增长。

另外一个典型的例子是"开源新闻"，或者称为"百姓新闻"。首份开源报纸是《欧玛新闻》（OhmyNews），这是一份发行于 2000 年 2 月的韩国网络报纸。此份报纸上的大部分文章由读者编写，该读者社区拥有 41 000 多名百姓记者。作为一份百姓报纸，《欧玛新闻》在 2002 年的韩国总统大选中显现了举足轻重的影响力。《欧玛新闻》的国际版（英文）于 2004 年 2 月发行，100 多个国家的 1 500 名百姓记者为报纸提供新闻。

全球网络在生命科学和材料科学领域也促进着科学研究活动的开展。有一个著名的研发网络社区——InnoCentive 网站，这是全球科学家汇聚的社区，它帮助大公司解决研发中遇到的问题，方法则是向全球科学家征求解决方案。InnoCentive 中的科学家们来自 170 多个国家，所涉及的研究领域极其广泛，包括石化、塑料、生物技术和农业技术。为说明这个网络社区的力量，我们以礼来公司（Eli Lilly）为例。该公司在微分子结构的研发过程中遇到了一个问题，依靠内部的研发力量，花费了 12 人月的工作量都没能解决。2003 年 6 月，礼来公司将此问题公布在 Inno-Centive 网站上，不到 5 个月就得到了一个解决方案——一位德国退休科

全球借脑：让更多聪明人为你的公司工作

学家找到了方法，使得礼来公司内部的研发团队相形见绌。通过 Inno-Centive 网站，礼来公司与近 3 万名科学家和研究人员取得联系，而他们都是 InnoCentive 论坛的成员。InnoCentive 网站以及其他诸多网络中介提供的案例都说明了网络社区所具有的创新能力。不管是加快创新速度、降低创新成本还是提高创新质量，网络都以几何级数的形式为我们创造了价值。

或许宝洁公司最能体会网络中心化的力量。该公司积极地与外部的创新网络合作，取得了可喜的成果。公司的研发效率提高了近60％，创新的成功率翻番，创新成本则明显下降。

这些例证和其他零散的显示全球智囊的创新能力的例子鼓励越来越多的公司改变旧有的自主创新的观念，更加重视合作创新和网络中心化的力量。然而，大部分公司 CEO 和高管都承认，利用这种创新能力"说起来容易做起来难"。

现在让我们简要地介绍"做起来"会遇到哪些巨大的挑战。

"向外看"的挑战

当组织采纳了网络中心化创新战略，就将面对不同的网络和社区，也面临着不同的创新机遇。公司经常会面临的三大挑战是思维模式和文化挑战、环境挑战及执行挑战。

思维模式和文化挑战

大多数大公司在与小公司合作方面都有丰富的经验——这些合作的形式包括合资、技术合作、许可经营等。然而，若要说到大范围的创新合作时，比如面对数量更多、范围更广的合作者——大多数公司经验有限。高层管理人员首先需要解决的问题是如何采用网络中心化的办法开展创新活动。组织应该如何看待这样的合作机遇？高层管理人员应该如何制定创新战略，做到既充分发挥内部潜力，又不失时机地利用外部机遇？公司应该采用何种宏伟的创新架构或思维方式与外部人士合作，并决定合作的方式？高层管理人员应该如何与公司中的其他成员交流，并鼓励他们适应这种思维方式？

对于一些著名的大公司（如 3M、杜邦、柯达）来说，它们积累了可观的内部研发成果，拥有众多的研究人员和技术专家，所以它们面临的主要威胁是自认为"我们无所不知"。这种"非我莫属"综合症严重阻碍了公司从外部接受新思想。所以，公司应该着力克服"非我莫属"综合症，接受合作创新的思维模式。

IBM 公司已经认识到，要充分利用开源社区和创新社区的力量，就必须放弃对传统创新活动的严格控制。可喜的是，IBM 公司的高管之一琳达·桑福德（Linda Sanford）出版了一本书，书名就体现了这一思想——《弃旧迎新》（Let Go to Grow）。接受这种文化转变的观点并不难，但是要真正实现它，尤其是在拥有很长成功历史经验的组织中实现它，却极具挑战性。

环境挑战

企业面临的第二个挑战是了解网络中心化创新环境，以及与公司特有的创新环境的结合。

有证据显示，IBM 公司和宝洁公司等都已经在不同的环境中成功地使用了创新网络。比如，IBM 公司已经使用开源模式，并已投入了许多资源用于产品和服务的创新。同样，宝洁公司通过联网开发活动与许多外部创新网络（如 InnoCentive 网站和 Nine Sigma 公司）合作，为公司赢得了很高的声誉。

这些案例所显示的是不同的网络中心化创新方法，但并不是仅有的方法。面对多样的方法，人们也许会提出一些问题：是否有系统的途径来识别或分析网络中心化创新的不同方法或模式？都有哪些方法？一个组织对于所处的独特环境，怎样评估和选择最合适的网络创新方法？还有，在这种协同创新活动中，是否应该有一个组织来充当领导角色？企业中的哪些项目适用于协同创新？所有这些问题都关系到对外部创新网络所提供的机会的环境分析或者对企业独特的市场和组织背景的机会分析。

执行挑战

第三个问题与实际执行协同创新项目有关。公司一旦捕捉到了网络中心化创新机遇，应当如何来付诸实施呢？怎样准备？需要什么样的能力？怎样整合内部和外部创新流程？执行怎样的许可制度和价值评价制度？使用什么样的绩效评价指标？

以上的三个挑战——思维模式和文化挑战、环境挑战以及执行挑战，是大多数 CEO 和高层管理人员实际面临的问题，也是需要解决的问题。只有这样，企业的高层管理人员才能成功把握以外部网络为中心的创新活动。这些挑战来自网络化创新的丰富性和多样性。我们将在后面的章节详细介绍网络中心化创新活动的"丰富多彩"。

网络中心化创新

说到网络社区的创新力，"人类基因组计划"①是其中的经典案例。人类基因组计划是一项国际合作的研究计划，旨在辨别组成人类 DNA 的大约 20 000～25 000 个基因，并为其排序。这个项目的独特之处在于它将全球众多的科研机构集合在一起，开展国际合作。该项目始于 1990 年，2003 年完成，比原计划至少提前了 3 年。

人类基因组计划之所以引人注目，不只是因为它制成了人类 DNA 图谱，还在于它系统地整合了全球的创新力量。人类基因组计划展现了两个鲜明的思想，这两种思想都体现在网络中心化的创新活动中。第一，将参与者连成网络，他们用自己的资源和能力创造出了辉煌的成果。第二，从社会学的角度看知识创新，即通过互动来"相互促进"。这是现代创新环境形成的基础，它需要高度复杂和丰富多样的知识体系。

正是这两种理念的结合，使得创新发生了本质的变化。一方面，企业在经营的过程中结合得越来越紧密；另一方面，开源软件运动和其他类似的举措都显示出"社会化"知识创新所带来的收益。本章中，我们将深入探讨这些理念，并试图寻找网络中心化创新的哲学思想和历史渊源。

就像其他各种新生事物一样，网络中心化创新这种形式发展得非常快。不同的企业在尝试不同的网络中心化创新模式，因此，我们看到了花样繁多的网络中心化创新方式。我们努力观察形形色色的网络中心化创新，目的是展示它们的丰富性和多样性。正是这种多样性，使得企业

---

① 人类基因组计划（human genome project，HGP）是了解人类自身奥秘的计划，1985 年由美国能源部率先提出，旨在阐明人类基因组 DNA 的序列，发现所有人类基因并阐明其在染色体上的位置，从而在整体上破译人类遗传信息。——译者注

在面临机遇的同时，也陷入了困境。它们难以判断，究竟哪一种网络中心化创新模式是最好的。为回答这个问题，我们在本章为网络中心化创新设计了一个系统的框架。

网络中心化创新的历史和哲学渊源

@ 创意的生产模式

从本质上说，网络中心化创新实际上是将产生创意的行为组织起来。因此，网络中心化创新的哲学渊源可以追溯到形形色色的商品生产模式。

经济学家向来认为，不管是创意的出现还是新产品的问世，都是基于两种模式：市场和等级。罗纳德·科斯（Ronald Coase）在其经典著作《企业的本质》中用"交易成本"的概念为企业的存在列明了理由（生产的"等级"模式）。所谓交易成本，是指进行市场交易所发生的各种费用。它们包括辨别合作伙伴的成本，以及明确和实施产权与合约权益的费用。科斯（以及后来备受欢迎的奥立弗·威廉姆森（Oliver Williamson））指出，当交易成本不断增加，超出了一定的水平以后，在公司内部用协作的方式开展生产活动，比基于市场的生产模式更为有利。换句话说，通过从整体上考虑生产成本（包括市场交易费用或组织费用），人们可以判断市场模式或企业模式哪个最有利于经营。在开源软件社区出现以前，市场和企业一直是两种最权威的生产模式。

然而，人们在20世纪90年代成功地开发出了Linux操作系统和其他一些开源软件产品，这意味着创意和新产品的产生有着第三种生产模式，而这种模式与市场模式或企业模式是不相关的。美国耶鲁大学法学教授尤查·本科勒（Yochai Benkler）撰写过许多文章，他认为，开源软件以及形形色色的开源社区代表着第三种生产模式，并把这种模式叫做"协同生产模式"（commons-based peer production model）。本科勒（Benkler）也是用交易成本理论来解释这种模式，他指出，"如果在同等条件下组织生产，其发生的成本低于市场模式，而且低于等级分明的企业模式"，协同生产模式就会出现，就像开源软件的生产一样。

协同生产模式的盛行要有几个基本条件。第一，所生产的东西是信息产品（如软件、音乐、电影等）；第二，生产过程中所需要的设备可以非常分散（比如电脑）；第三，协同生产可以通过廉价的通信设施（比如互联网）降低成本。

图书出版就具有这样的一种环境。例如，本书的出版商沃顿商学院出版社打算用协同生产模式出版一本企业管理方面的图书。书名定为《"我们"比"我"更聪明》（We are Smarter Than Me）。这本书汇聚了数千商业领域的专家和学者，其中包括麻省理工学院斯隆管理学院和沃顿商学院的教师、学生和校友。协同生产的成果就是由沃顿商学院出版社2007年秋季出版的这本专著，而且所有的参与者都平等地享有著作权。

上面提及的三种生产模式有许多不同点，我们将其归纳如下（见表2—1）。

表 2—1 　　　　　　　　　　创意生产的三种模式

企业生产模式	市场生产模式	协同生产模式
生产者是企业的雇员	生产者是市场中的单个实体	生产者是社区的成员
由高一级的管理者来分配资源，指挥并协调生产活动	市场通过供求机制和价格信号来调节资源和生产活动	社区中群体的行为由个体的动机和社会发出的信号来协调
例如：福特汽车公司的荣格整装厂	例如：证券市场及各种无形资产市场	例如：开源软件的开发

显然，市场模式、企业模式和协同生产模式也适用于创新思想和创新行为。微软 Windows 操作系统的开发就是企业内部组织创新的例子（使用层层管理和控制）。同样，开放的市场也可以组织创新——企业通常是投资买进一家有创意的新公司，目的是利用它们的创新理念和技术。而 Linux 操作系统，网络服务器软件阿帕奇（Apache）和其他许多开源软件产品都是协同创新模式的范例。

然而，新兴的网络中心化创新活动，不仅仅是单纯的市场模式或协同创新模式，而是三种生产模式的混合。例如，协同生产模式结合企业生产模式，或是市场模式结合协同生产模式。要弄清这些混合的生产模式，我们首先要了解网络中心化创新的历史。

@ 网络中心化创新的渊源

网络中心化创新活动可以追溯到 20 世纪 90 年代两项各具特色的运

全球借脑：让更多聪明人为你的公司工作

动。其一是开源运动，它所涉及的是社会知识创新；其二是企业网络的概念，或称之为"商业生态系统"。

● 开源运动

所谓"开源"，是指提出一种思想、一种方法，或是一种体系，对于这些思想、方法、体系，人们能够追根溯源，而且只要得到一定的授权，就可以自由地传播。蕴涵在其中的基本原则是，用户可以合作开发，通过个体的贡献和社会互动，共同创造出新的知识。尽管开源的思想在20世纪80年代就已经在许多组织中出现（例如当时建立的"自由软件基金会"），但是，直到90年代初互联网的问世，方便了网络社区之间的联络，人们热衷于协同开发和生产，才加速形成了开源运动。

开源运动存在于各种不同的领域，但是成果最卓著的是软件开发业。我们可以简单地为"开源软件"进行界定：这是一种计算机软件，任何人都可以使用软件的源代码，并对其进行改进和传播。还有一些开源软件拥有版权证书，其使用、改进或传播的权限和范围各不相同。1998年，埃里克·雷蒙德（Eric Raymond）和布鲁斯·佩伦斯（Bruce Perens）首次提出了"开源软件"的设想，后来，他们组建了一个名为"开源促进会"的非营利组织。该组织倡导开源软件运动，它对开源产品的评价标准是看其是否符合开源促进会列出的各种许可方式。在过去的几年中，经过开源促进会认证的软件产品数量迅速增加，现在已经有好几百种。开源产品数量的稳步增长说明开源运动的发展是健康的，而且愿意接受开源思想的软件商务社区规模越来越大。

开源运动现在也出现在其他领域。例如，如今人们已经广泛认可"开源智能"的概念，这是指从开放的或公共的资源（像博客和网站等）收集和分析信息，在此基础上提供有用的智能。"开源新闻"（也称为百姓新闻）则是另一个重要的例证。开源运动还渗透到其他许多领域，包括药物研发（如热带疾病研究组织）、计算机硬件研制（"开源硬件"）、教育普及（"开源课程"）和开源电影制作等。

● 商业生态系统

商业生态系统的概念源自生物领域和社会系统。詹姆斯·摩尔（James Moore）于1993年在《哈佛商业评论》上发表了一篇文章，将商业生态系统描述为："一个由相互影响的多个组织形成的经济社区……商业社会的'有机体'。成员组织包括供应商、主要的生产商、竞争者和其他利益相关者。随着时间的推移，它们的能力和角色相互融合，并且共同朝着一个或多个骨干企业设定的目标发展。"

与商业生态系统密切相关的一个概念是"星座联盟"。所谓星座联盟，是指与一家企业相关的众多合作者，它们聚集在一起，共同组建成一个网络，或者称作"星座"。在这种星座联盟中，成员企业有许多战略目标，例如开拓市场、降低运营成本、分散风险、技术互补等。星座联盟的一个很好的例证是航空业中的明星联盟。在这个联盟中，成员企业利用合作伙伴的资源和能力，使得自己在竞争中胜出。

人们接受商业生态系统和星座联盟的概念，是因为它能帮助企业在制定公司战略的过程中开拓视野。更为重要的是，这种生态系统的应用可以帮助许多大企业（如沃尔玛、英特尔、微软和 SAP 等）认识到构建生机勃勃的商业生态系统有助于推进企业的未来前景。这种生态系统也强调了竞争性质的变化，从个体间竞争转变为商业生态体系或星座联盟间的竞争。

如今，尽管许多经理人都熟悉商业生态系统和星座联盟这些概念，但是它们主要是被用作分析和制定市场和经营战略。其实，人们可以用这些概念来审视企业该怎样联合所有的合作伙伴，在行业中引导和协调创新活动。例如，从 20 世纪 80 年代到 90 年代，英特尔引领着整个半导体行业，这是因为该公司建立、培养并领导着一个协作网络，而这个网络中的合作者们共同努力，为提升英特尔技术平台的价值贡献了力量。一个更近的例子是一场关于高清 DVD 播放器的战役，它发生在索尼领导的蓝光联盟和东芝领导的 HD-DVD 联盟之间。两家公司究竟谁能胜出，取决于谁能将全球智慧招揽到自己的旗下，包括内容供应商、硬件制造商和零售商。

● 开源创新和商业生态系统的融合

最近几年，开源社区和商业网络（或称"生态系统"）两个运动之间的界限越来越模糊。一方面，企业在寻找外部开源社区和其他创新社区（比如客户社区和投资社区）作为自己的创新伙伴；另一方面，由开源社区形成的创新正在转变到商业社会中（比如商业化的开源活动）。因此，"纯开放"和"纯个体行为"这两种创新组织形式已经变得复杂和微妙起来。我们能够见到的是多种多样的网络、玩家和角色，例如商业生态系统、星座联盟、开源社区、发明社区、客户社区、专家社区和其他各种创新社区。

网络中心化创新这个概念囊括了所有这些不同的创新网络和参与者。而且，它还包括了一种全新的创新组织方式，即不同类型的网络相互融合，以及属于不同创新网络的企业之间的互动。

组织各种创新活动的新方法与前文中提到的综合生产模式是相似的。就是说，市场生产模式、企业生产模式和协同生产模式在网络中心化创新活动中相互碰撞，引出了形形色色的网络中心化创新的方法。在接下来的章节，我们将从网络中心化创新模式入手来深入分析各种混合的生产模式。

有了上述这些对网络中心化创新渊源的了解，再阐述网络中心化创新的基本方法就相对容易了。

网络中心化创新的基本方法

网络中心化创新有四种基本方法：（1）共同的目标；（2）共同的"世界观"；（3）社会知识创新；（4）参与式架构。这些基本方法与开源运动和商业生态系统中的网络中心化创新是一致的。我们将这四种基本方法归纳在表2—2中。本书后面在介绍网络中心化创新的不同模式时还会再讨论这些方法。

表 2—2　　　　　　　　网络中心化创新的基本方法

网络中心化创新的方法	描述	举例
共同的目标	用一个或多个目标将网络成员聚集在一起，并汇聚各种资源和活动	用户社区：寻找产品缺陷，设法改进
共同的"世界观"	共同的创新构想，对外部环境和创新有相同的心智模式	开源社区：对软件产品与其他技术和产品之间的联系有相同的理解
社会知识创新	视网络成员间的互动为价值创造的基础和知识创新积累的本质	投资者网络：为新产品开发而将个体投资者、创新中介和大公司联结在一起
参与式架构	在价值创造和价值评判上有一套系统、机制和程序，方便共同参与	开源软件社区：产品的模块化设计，以及创作共享许可模式

@ 共同的目标

让一群参与者在一起为创新活动作贡献，重要的是他们要有共同的目标。这种共同的目标是将社区成员凝聚在一起的黏合剂——朝着一个方向、协调多方的活动、制定一套共同的规范和价值观。比如，一个用户社区的共同目标可能是提供创新思想，向厂商提出意见和建议，以便改进产品的质量和特性。这些共同目标可能以不同的形式制定出来，有的由网络中的骨干企业或个人提出，有的则是由参与者通过互动来制定。

@ 共同的"世界观"

网络成员要有共同的"世界观"，对外部环境形成共识。这些共识包括经营方式的设想、评价方式、框架结构等。网络成员形成共识是十分重要的，它可以帮助网络中的各种专业知识和能力形成协力优势。例如，在开源软件开发社区里，共同的"世界观"可能包括对竞争和互补的产品与技术形成的共识，以及如何看待新开发的产品与现有产品和技术之间的关系。

创新网络中形成的共识是动态的，它会随着外部环境的变化而不断演变。由于网络成员之间有着密切的联系，所以他们可以方便、快速地共享信息，从而对网络运行环境形成共识。

@ 社会知识创新

网络中不同的参与者或社区成员的互动，可以帮助形成各种新知识。比如，开源社区所依赖的理念是所有的网络用户都能成为共同的软件开发者，每一个个体对社区的贡献，都有助于创新思想的形成。这种"社会"知识创新的概念在客户社区中也十分明显。在客户社区里，客户之间的沟通有助于形成产品改进建议或新产品创意。

尽管我们将这种形式的知识创新称作"社会"知识创新，但是这种活动并不仅仅局限于开源社区。我们所说的社会知识创新指的是知识创新过程中的协作与积累，这在各种创新网络中是十分普遍的。即使是在市场生产模式中，通过网络成员的互动，也能够产生出创新思想来。例如，一个发明者网络中，个体发明者、创新中介和企业一起合作、互动，为新产品创意的产生提供了条件，而且转化为具有商业化可行性的产品开发理念。这其中的道理并不复杂，因为每一个人都从他人的贡献中受益，正是这种社会化的活动，创造出了新的知识。而社会知识的创新，是需要社会或网络架构支撑的。

@ 参与式架构

网络中心化创新的第四种基本方法涉及的是网络成员创新成果的传递方式，以及网络成员分享创新成果的权利。这种方法并不像传统的创新外包那样，要区分哪个是核心工作，哪个是非核心工作，它强调的是参与式架构的发展。参与式架构的思想是由美国奥莱理媒体公司总裁提姆·奥莱理（Tim O'Reilly）首先提出来的。他认为，参与式架构实际上是提供了一份行动路线图，目的是让不同的参与者聚集到一起来参与创新活动。参与式架构所形成的机制和方法帮助人们将各种创新活动整合在一起，形成一种协力优势。

参与式架构有两个明显的特征：第一是创新体系的模块化，第二是创新任务的"粒度"，也就是创新任务的规模。用"模块化"的概念看待创新体系，目的是分配、协调创新工作流程；而用"粒度"的概念看待创新任务，目的是让所有的参与者（例如有的资源多，有的资源少；有的能力强，有的能力弱；有的时间充裕，有的时间缺乏）都能够承担或多或少的创新工作。参与式架构中还应该明确，如何对参与者的贡献给予"奖励"。这种奖励机制可以是某种形式的激励，对网络（例如客户社区）中的成员给予鼓励；也可以是一种新的价值获取方式，让参与者分享创新收益（例如给参与者更多的参与权限，或是颁发网络"创作共享许可证"）。

网络中心化创新的特征

回顾汽车工业的发展史，我们可以知道 19 世纪的早期到中期是整个行业的"骚动期"，那时候，没有哪一种设计模式可以主宰市场。正是因为处于骚动期，所以形成了百花齐放的态势。当时，发明者尝试各种不同的汽车燃料（木头、酒精、汽油、电等），不同的发动机，不同材质的汽车结构等。有些发明被采用了，而大多数都成了过眼烟云。但是，不管是哪一种发明，它们都对 20 世纪形成的主流模型做出过贡献。

与此相似，网络中心化创新的环境中大规模的尝试也正在进行中。我们所面临的创新模式有着不同的结构、不同的行为方式，当然也就有不同的结果。下面我们各取一家企业作为案例来观察、分析这些不同的创新形式。

@ IBM 公司与开源软件社区

20 世纪 90 年代早期，开源运动还处于雏形阶段，但是 IBM 公司就采取了一个十分重要的举措，那就是积极地融入开源软件运动中。最能充分展示公司这种变化的就是 1996 年举办的亚特兰大奥运会。组委会要求 IBM 公司承接为运动会开发有史以来第一个奥运会专用网站。网站上要能够实时地公布比赛结果。尽管 IBM 公司自己曾经独立开发过网站服务器软件，但它还是决定使用以开源为特征的网络服务器软件阿帕奇。近年来，IBM 公司在开发各种解决方案时（例如网络服务器，操作系统，脚本语言，编程工具等），都是充分利用开源软件社区。

需要指出的是，IBM 公司接受开源这种方式并不是在履行公司的慈善责任，而是公司经过深思熟虑做出的经营决策。公司的前任技术副总裁瓦拉达斯基·伯格（Irving Wladawsky-Berger）曾经说过，做出这样的决策，是基于"对技术和市场发展趋势，社区的综合特征和承诺……以及它所提供的解决方案的质量"。

在与开源社区的合作中，IBM 实行的是一种网络中心化创新的战略。公司与全球网络中海量的软件开发者合作，他们为公司提供了各种各样的创新思想。IBM 并没有为开源社区制定创新议程，也没有直接从社区产品开发中获取利益。它充当了一个倡议者或赞助者的角色，它的目标是让开源运动始终充满活力，健康发展。当然，正像瓦拉达斯基·伯格博士所言，IBM 公司参与开源运动是一个"商业决策"，所以公司通过支持开源社区获得了间接的利益。比如，IBM 于 2001 年起投资了一种开源模式，之后其与 Linux 操作系统相关服务的年收入便直线上升。到 2004

年，通过开源相关业务，IBM 实现了 20 多亿美元的年收入。

@ 杜卡迪公司与客户社区

杜卡迪公司与创新客户社区的关系是网络中心化创新战略的又一种形式。杜卡迪公司是全球闻名的意大利摩托车企业。摩托车是与生活方式密切相关的一种产品，因此，成功的摩托车企业都十分关注构建与客户间的广泛联系，培养消费者的社区意识，这样对产品本身是一种有益的补充。

然而，杜卡迪公司并不是将客户社区仅仅看成是客户关系管理的一部分，而是把它当作公司创新战略的一部分。公司把客户当作自己的创新合作伙伴。2000 年初，公司建立了一个独立的网站，专门用于开展客户网络合作创新。杜卡迪拥有不同形式的虚拟客户环境，既方便客户参与前台服务创新，也允许他们参与后台程序创新（见图 2—1）。杜卡迪公司的客户都拥有专业的技术知识，有些客户甚至能提出一流的技术和设计改进创意。公司可以将这些创意融入到产品设计中，有些甚至已经成为现实。另外，在产品开发的过程中，客户也能在虚拟的客户环境中参与产品测试。

新产品开发平台的适用性

		前台参与（创意和概念）	后台参与（产品设计和测试）
合作的性质	参与的深度	技术沙龙 产品工程师提供建议 杜卡迪公司提供服务 技术论坛和聊天室	设计你梦想中的杜卡迪 专业测试 杜卡迪车库测试 虚拟团队
	参与的广度	在线调查以改进网站 问卷与反馈 我的杜卡迪 虚拟情景	产品的规模定制 基于网站的产品测试

图 2—1 杜卡迪公司的客户社区活动

杜卡迪公司就是采用这些方式实施网络中心化的创新战略，使客户社区的活动得以顺利、积极地开展，客户提供的创意和专业思想促进了公司创新活动的开展。

史泰博公司和发明者网络

史泰博公司是全球知名的办公用品公司。20 世纪 90 年代以来，公司一直在向市场提供低价的普通办公用品，所使用的品牌是生产厂家的品牌，但包装上注明是史泰博公司经销。过去，这种战略运行良好。据统计，2005 年公司的销售总额为 160 亿美元，其中史泰博自己的品牌产品占到 18％。然而，由于办公用品市场竞争激烈，过去几年中史泰博公司开始转变经营策略。它不想再将自己定位在低价产品和仿造产品上，而是追求更多自主创新产品开发，通过这些产品来展示公司的创新品牌形象。

史泰博公司并没有一支庞大的国内产品开发团队，那它该如何实现自己雄心勃勃的创新理想呢？史泰博公司明白，创新思想就在市场中。公司的品牌高级副总裁杰文·伊戈尔（Jevin Eagle）曾经说过："我们的工作就是在全球范围内寻求创意。"为了猎得那些创意，史泰博公司组织了一个创意大赛 InventionQuest，要求个体发明者提交创意，优胜的创意将被设计成产品，贴着史泰博品牌投放市场，发明者可获得年利润 8％的技术使用费（见图 2—2）。史泰博公司还聘用第三方企业（如 PDG LIC.）去接触发明者社区，希望它们能发掘各种创意，由公司投入到商业化运作之中。

在追求这种形式的网络中心化创新时，史泰博公司从发明者社区搜集创意，这大大提高了公司获得富有价值创意的潜力。在最近的一次竞赛中，大约有 10 000 名发明者提交了创意。史泰博公司的首席执行官罗恩·萨金特（Ron Sargent）认为，这种创新战略，即以外部发明者网络为中心的创新战略，将是史泰博公司未来利润增长的强劲武器。正是这种战略，使得史泰博公司在年利润上超越了主要竞争对手欧迪办公用品公司，并成为办公用品零售市场的领头羊。

Salesforce. com 与开发者网络

网络中心化创新的另一种形式是开发者生态系统，这些开发者可以在一个共同的平台上创新。我们以 Salesforce.com 为例来说明问题。该公司是一家制定客户关系管理解决方案的知名企业。它充分利用了独立

In Stores Now

Staples has received 22,000 ideas from amateur inventors in the past few years.
An assortment of products that made it to shelves:

Staples Rubber Bandits
Extra long rubber bands with a write-on label
Invented by: Adrian Chernoff
Introduced: May 2005
Price: $2.99

Staples WordLock
A combination lock that uses letters
Invented by: Todd Basche
Introduced: June 2005 **Price:** $5.98

Staples Handy Strap Stapler
Has removable base and a Velcro strap on the back
Invented by: Nancy Garner
Introduced: July 2005 **Price:** $9.99

Staples TackDots
Small rubber disc with adhesive on the back
Invented by: Neil Grimwood
Introduced: May 2005
Price: $3.99

图2—2　史泰博公司与发明者网络合作

软件开发者的力量。Salesforce. com是甲骨文公司的前首席执行官马克·贝诺伊夫（Marc Benoiff）于1999年创建的，它所开发的客户关系管理软件能追踪和分析公司与客户间所有的实时互动。Salesforce. com独特之处在于它的解决方案完全是为客户按需提供的，也就是说，客户企业可以通过互联网用浏览器得到应用软件的服务。

最近，Salesforce. com创造了一种独特的方式，它将独立的软件开发者联系在一起，用他们的创新能力去提升自己的软件质量。2005年，公司举行了名为埃普交流（AppExchange）的论坛，其目的是让公司外部的软件开发者开发出附加软件，链接或是整合到公司的主系统中。那些开发者开发了 600 多个附加软件，其中包括电子邮件营销工具、销售分析工具和金融分析工具等。

Salesforce. com 不仅为外部软件开发者提供了一个展示应用程序的平台，公司自己也参与其中，将论坛上展示的应用软件积极地推销给客户企业，达成交易后再将交易收入返还给这些外部的软件开发者，这一点与微软公司和甲骨文公司等大的软件开发公司是不同的。在许多情况下，它还为软件开发的合伙人提供创新思路，沟通客户企业与公司外部的软件开发者之间的关系。Salesforce. com 还在开发者网络中充当社区赞助者和促进者的角色，促进个体开发者之间的交流，甚至提供基础设施，让这些软件开发者分享定制化的应用软件程序。

因此，通过埃普交流论坛，Salesforce. com 实施的是一种网络中心化的创新战略，公司在其中发挥的作用是为创新提供广阔的视野和基础（即技术平台），也为全球合作者精心安排活动和交流。这样做，Salesforce. com 可以得到什么呢？它能得到两样东西——第一，来自埃普交流论坛的解决方案明显提高了公司为客户提供的基本软件程序的价值；第二，也是更重要的，埃普交流论坛的软件开发者社区为 Salesforce. com 增加了整体创新能力，扩大了创新范围。这家公司不提供像甲骨文公司和 SAP 公司那样面面俱到的企业解决方案。但是通过埃普交流论坛，Salesforce. com 拓展了它的服务面，进入了盈利性更强的领域，如人力资源管理、金融管理以及医疗卫生管理等市场。运用这种网络中心化的创新战略，该公司可以获得更多的创新收益。

3M 公司和电子研发市场

近年来，一大批电子研发网络迅速崛起，例如 InnoCentive 网（www. innocentive. com）和九西格玛网（www. ninesigma. com），它们是网络中心化创新机制的另一种形式。这些网络为科学问题解决方案的"寻求者"（例如大型的研发企业）和"解决者"（例如遍布全球的个体科学工作者及小型试验室）牵线搭桥。大公司通常会有一些具体的研发问题需要解决，但是要在有限的资金和时间内单靠公司内部的人力、物力又难以完成。当公司内部解决方案枯竭时，它们就运用远程研发网络这个工具去外部寻求答案，那是不乏科学家和工程师的全球人才市场。

大型工业制造商 3M 公司最近就碰到了一个研发问题——它想要开发一种黏性物质，这种物质能够永久地将聚酯薄膜和油性的天然石材或烧制的黏土表面粘在一起。对这种黏合剂的要求是防油、无污染、耐酸、防水。这种黏合剂还要保证在油脂浸泡的表面黏合 18 个月以上。由于在公司内部无法找到合适的解决方案，3M 公司将目光投向了九西格玛这个电子研发市场。九西格玛网络是一个汇集了全球无数个科学家和工程师的社区，他们都是不同领域的资深专家。在九西格玛网站上，提出了基于 3M 公司要求的"方案征集"。上千位相关科学家通过九西格玛网站阅读了这份征集启事，最终提出了 5 份可选解决方案。3M 公司评估了这些方案并从中选出了一份最适合的。

在这个网络中心化创新的情境中，全球化思维体现在科学家和工程师组成的全球社区中，其中，3M 公司是解决方案的寻求者，而九西格玛网站则是市场的运行者。

不同的网络、不同的方法、不同的结果

前面的例子描绘了不同形式的网络中心化创新。这其中有不同形式的网络，不同形式的全球化思维，企业扮演着不同的角色，网络成员间存在不同的关系，当然也有不同的创新成果（见表 2—3）。

表 2—3　　　　　　　　不同风格的网络中心化创新

网络中心化创新举例	网络的本质	企业在网络中的角色	企业的创新成果
开源软件社区与 IBM	软件开发者的全球网络	开源运动的赞助者和促进者	开源软件产品的协力优势
用户社区与杜卡迪	客户创新社区	促进和协调客户参与产品创新	提升产品的创新思路
发明者网络与史泰博	个体发明者网络	寻求新产品概念并促进其商品化	新产品或服务创意
埃普交流社区与 Salesforce.com	外部软件开发者的全球网络	精心策划营销外部开发者提供的附加软件	拓展创新平台的方法和范围
九西格玛网络与 3M	全球科学家网络	研发问题解决方案的购买者	具体技术问题的解决方案

上述归纳的这些差异在企业制定网络中心化创新战略时有重要的意义。

@ 创新范围和程度

网络中心化创新的不同形式使得企业对全球化思维和创新思想的利用程度和利用范围各不相同。例如,杜卡迪公司与其网络合作创新客户的联系是直接的,而3M公司和史泰博办公用品公司则是通过媒介与更大范围的网络成员(科学家和个体发明者)进行互动。

同样,创意的范围也各不相同。在3M公司的案例中,问题的关键是解决实际的技术问题。3M公司明确地定义了问题的本质,所以在寻找解决方案中没有多少不确定因素。

在史泰博公司的案例中,创新空间就没有那么明确。只要是符合史泰博公司品牌和销售渠道的创新产品概念,都是受欢迎的。另一方面,Salesforce.com 给出了基础创新平台和宽泛的设计参数(即它所需要的是客户关系管理软件程序),网络合作者按照这些标准提供软件产品,为创新平台提升价值。

由此,引出了值得思考的几个重要问题:这些创新理念是什么?企业应该联结怎样的创新网络?如何联结?企业应该在多大程度上利用创新网络?

@ 组织能力

显然,企业在参与网络中心化创新活动中扮演着不同的角色。它们与网络成员也有不同的关系。角色不同,关系不同,对企业组织能力的要求也不同。

例如,Salesforce.com 需要领导全球合作者网络,而3M公司是创新思维的寻求者和网络中专家智慧的利用者。与此不同,IBM公司希望自己成为开源软件运动的促进者和领头羊,但它并不愿意在其中发挥协调者的作用。我们还应该考虑关系能力。Salesforce.com 需要的是与一群全球合作者互动的能力,而史泰博公司、杜卡迪公司则需要与广大的发明者(或产品用户)形成的网络进行互动。

总之，网络中心化创新中不同的参与者需要不同的能力。明确了你的公司计划在网络中心化创新中所要承担的角色以后，就能有针对性地集中企业的组织能力和竞争力。

创新风险和回报

不同的案例也意味着创新活动中不同的风险和回报。比如，企业使用某些方法是为了降低企业、市场或技术的风险。以 Salesforce.com 的活动为例。该公司让外部软件开发者投入资金和精力为基础软件平台开发增值软件，公司便能与合作者分担创新风险。另一方面，有些企业寻求真正有创意的新产品，比如史泰博公司将从发明者网络获得的"原始"创新理念商业化，这样能大幅降低市场风险。

显然，网络中心化创新的不同形式意味着不同的创新风险和回报，也把各种值得深思的问题摆在了企业面前：企业预期从合作创新中获得怎样的回报？企业究竟愿意承担多大的风险？

探寻网络中心化创新方法

本章的阐述试图说明，不同的网络中心化创新方式意味着各种不同的机遇和风险。接下来的问题就是，企业如何判断什么样的方式是最适合的，能带来理想的创新机遇？

企业不应该尝试不同的方式，然后再判断哪一种方式最合适，也不应该模仿其他企业的有效方法。我们建议企业应该尝试系统的方法，从充分了解网络中心化创新机遇的清晰的结构开始。掌握了这样的知识，企业的管理者就能够集中精力选择与企业创新环境关系最紧密的方式。

这一章中我们提到过"创新环境"，它的含义是什么呢？所谓创新环境，是指行业、技术、市场和内部组织的种种特征，这些合起来形成了企业开展创新活动的框架。

例如，我们可以判断技术与市场的特征。企业的产品核心技术的活力如何？产品和技术是否多样化？客户基础有哪些特征？企业所在的行业是否要求复杂而昂贵的基础设施才能开展创新活动？资金密集型的产品如何商业化？我们可以用同样的方式来思考企业的组织特征。企业寻求的合作创新的本质是什么？企业现有的创新设施是什么？企业有什么样的合作经验？企业已经形成了怎样的关系技能？企业期望提供怎样的创新思维？企业愿意接受怎样的价值评价机制和"知识产权"体系？

回答了这些问题，就能了解企业希望参与怎样的创新网络，企业能够充当怎样的角色，应该具备怎样的能力，更为重要的是，合作创新活动对企业实现自己的经营目标会发挥怎样的作用。

然而在开始考察企业的创新环境以前，需要对网络中心化创新的结构有一个深刻的了解。在下一章，我们将着力研究网络中心化创新的四种基本模式。

THE GLOBAL BRAIN

第 *3* 章 Chapter 3

网络中心化创新的四种模式

看完一部电影或是电视纪录片，你是否想知道它是如何制作出来的？也许不想，因为我们想当然地认为所有的电影都是用大致相同的方法制作出来的。一般的制作流程是：电影制片厂（如米拉麦克斯影业公司）获得了剧本的拍摄权，决定把它拍成电影。接着，制片厂为电影寻找导演及主要演员。找到这些关键人物后，开始选择其他演员。同时，制片厂将选定其他专业人员，包括负责灯光、伙食和选择外景地等的人员。拍摄开始时，这些提供专业服务的人员都要随叫随到。制片厂负责协调参与各方的活动。虽然制片厂使用电影剧本来大致明确主题和影片预算，但它仍会为制作团队的创作留有余地，这个团队包括导演、演员、摄影师、化妆师、特效小组和电影编剧。电影完成后，制片厂与发行商（如索尼影业）签订合同，这些发行商轮流与影院（如 AMC 影院）合作发行和宣传电影。电影制片厂也要确保电影从剧院、录像带、国外出售、有线电视和其他渠道中产生的收入，按照合同条款在制作发行各方中分配。

这就是影片制作的常规模式：主要参与者（制片厂）确定了电影的情境，并为制作活动进行协调。然而，这并不是电影制作的唯一模式。近几年，出现了几种饶有趣味的电影制作新方法。

一种是与传统制片厂制作相对立的方法。在这种模式中，没有制片厂这样的单独挑大梁的角色。相反，所有参与制作的成员共同设计电影的拍摄路径，协调电影制作活动。这种影片的脚本可以称作"开源与好莱坞的碰撞"。以一部英国电影《一群天使》（A Swarm of Angels）的制作为例。这个项目的目标是聚集 5 万个参与者，投入 100 万英镑，共同制作一部电影。制作的第一步是将故事梗概放在网络论坛上。接着，邀请网上论坛的所有成员参与剧本的修改、制作和发行。项目负责人是马特·汉森（Matt Hanson），他是英国南部城市布赖顿数码电影公司的创始人，是他构思了这个想法。这个项目有三个阶段：资金筹集（从成员处收集启动资金）；电影制作（编辑剧本，完成电影的全部制作流程）；传播（宣传和发行电影，创造衍生产品等）。通过名为"九级"（Nine Orders，神学中天使分为九级。——译者注）的网络论坛，要求成员们每人贡献 25 英镑，成为该项目的正式合作者。大家为什么要对这样的"公开"项目投钱呢？因为合作者可以参与到故事片制作的创作流程中，这项权利从写剧本一直延伸到宣传和发行电影。这部电影使用了数码技术，成品依据创作共享许可证在全世界发行或宣传，它允许免费下载和观看，自由共享和再创作。目前，两个根据科幻小说改编的剧本《柳暗花明》（Unfold）和《小事故》（Gliteh）正在制作当中。

电影制作的另一个模式仍是制片厂唱主角的模式，不过，创作资源却来自社区的参与者。在这个模式中，制片厂负责宣传和电影发行，但电影内容则是产自社区。不同于传统的电影制片厂制作模式，这种模式中没有预先确定好的主题、剧本或导演。事实上，制作流程反向出现，是观众创作电影内容，而非电影制片厂制作电影并向观众宣传。

关于这种"反向"制作模式的一个极好的例子就是 Current TV 电视制作公司（www. current. tv），这是一家新媒体公司，是美国前副总统戈尔（Al Gore）的创意。戈尔和他的商业伙伴乔尔·海厄特（Joel Hyatt）建立了一家媒体公司 INdTV，目的是为被娱乐业高度重视的、年龄在 18～34 岁的目标受众提供一个独立的声音。最初的想法是为这些受众提供一个论坛，让"他们用自己的声音和视角来了解这个世界"。据报道，INdTV 公司以 7 000 万美元的价格获得了加拿大新闻世界国际网络的一个频道（维旺迪环球娱乐公司的一部分）。2005 年 4 月，戈尔和海厄特将网络的名称由 INdTV 改成了 Current TV。2005 年 8 月 1 日 Current TV 节目首次在美国落地（到 2007 年 7 月，在全美大约 3 000 万家庭中可收看到），在英国和爱尔兰是 2007 年 3 月 12 日落地。

Current TV 电视制作公司的大多数节目放映的是 3～7 分钟的"豆荚"，也就是电视短片。这些节目是由观众自己提供的。公司将这个计划称为"观众创作内容"（viewer created content，VC）方案。观众提交他们的节目录像以备播出，公司决定在其有线频道上播出哪些节目。当

Current TV 选中某个节目用于播出后，它就使用分级定价结构（报酬为500 美元到 1 000 美元不等）来独家买断节目的所有权。Current TV 让观众为节目投票，使他们加入到选择的过程中。这些观众投票的结果会决定节目是否被重播。最近，Current TV 拓展了其战略，使其观众参与到为 Current TV 节目的赞助企业创作广告的环节中。这些观众创作的广告得到的报酬也上升到了 1 000 美元。如果广告很好，甚至可在其他地方使用，创作者就能从赞助商那里得到高达 50 000 美元的报酬。

在这个制作模式中，Current TV 电视制作公司借助自有的基础设施（Current TV 的频道），获得了独立创作者的创作成果（"豆荚"）并将之商业化（播出），公司拥有内容的所有权。公司认为，创作者参与进来是出于三层动机——金钱、名誉和创作自由。

然而，还有一种电影制作模式采用的却是在制作流程和成果所有权上完全不同的方法。在这个模式中，参与各方得到了电影制作的基本素材，然后由他们决定如何创作，如何发行，如何对制作的电影进行评价。

为了看清楚这个创新模式是如何实际运作的，我们以 MOD 影业公司为例进行考察。MOD 影业公司是一家新生代电影公司，是由英国的一位媒体制作人米歇尔·莱德威奇（Michela Ledwidge）于 2004 年建立的。这家公司的商业模式是制作一部普通电影，采用的是可塑性很强的形式，然后通过互联网提供给全球观众，允许他们编辑、修改或重新编排以符合他们的口味。正如《连线》杂志提到的，MOD 影业公司提供了"一部多重角色的网上大片"。第一部这样的电影是《圣殿》（Sanctuary），这是2005 年在澳大利亚拍摄的一部科幻电影，片长 10 分钟。这部电影讲述的是一个女孩、她的计算机和一桩神秘的谋杀案。依据创作共享许可证发行的电影原作为观众提供了故事框架，他们可自行分解和重新编排题材来讲述他们自己对故事的理解。而且，最终的成果也可按照创作共享许可证获得。《圣殿》以 DVD 光盘、高清视频以及图书的形式发行。特别是，那些在 MOD 影业公司主办的网上论坛注册的观众，可以得到 9 个多小时的视频资料，90 多分钟的音频资料，还有照片等。观众可以使用MOD 公司提供的 Switch 软件下载工具获得这些电影元素进行自娱自乐。目前，更多的类似电影正在制作中。

这四种电影制作模式在组织方式、流程运作和成果所有权方面差异很大。但是它们也有共同之处，那就是网络参与者为创作创新作品而进行的合作。更重要的是，娱乐行业的这些模式是不断出现的创新模式的一部分，它们是社会化制作方法和企业模式、市场模式的融合。可以认为，它们是我们在主流商业社会所能看到的网络中心化创新方法的先驱。

实际上，娱乐业在管理和组织创新上总是一个弄潮儿。在一篇发表于 1977 年《哈佛商业评论》上的学术文章中，艾琳·莫利（Eileen Morley）和安德鲁·西尔弗（Andrew Silver）描绘了一位电影导演进行管理创新的方法，归纳出了一系列对企业管理者来说有效的创新理念。在随后 30 年左右的时间里，这些出自好莱坞的成功的电影制作理念和方法都被应用到企业经营中去了。而且，正如上述案例所显示的，电影和电视行业在继续为管理创新指引道路。

网络中心化创新的环境

娱乐业给我们带来了灵感，我们可以以此来思考电影制作的不同模式中体现出的一些规律，以及如何利用这些规律来为各行各业的网络中心化创新服务。

如果将电影制作的传统模式与 Current TV 电视制作公司采用的模式相比较，我们可以得出这样的结论，电影并没有预先设定好的主题或剧本。即使是制片厂制作的电影，电影内容也并不由制片厂控制。相反，这是参与者相互合作的结果。虽然按剧本制作的电影和纪录片仍是电影制作中的主要形式，但是，像 Current TV 公司这样的例子表明观众决定内容的现象越来越多，在这种情况下，消费者扮演了生产者的角色。

在制作电影《一群天使》中，创新的手段更为明显。在这部电影的制作过程中，制片厂扮演着微不足道的角色，它只是一个发起者和促进者，帮助那些独立的参与者进行协作。在这个模式中，独立参与者对电影制作的作用更大。此类影片制作创新的另一个例子是《回音室项目》（Echo Chamber Project），一个关于纪录片制作的实验。《回音室项目》是一部关于调查性的电视纪录片，主题是"电视新闻媒体如何不分青红皂白地就成为了准备伊拉克战争的职能部门的回音室"。这个项目的负责人是肯特·拜伊（Kent Bye），他是缅因州温特波特市的一名纪录片电影制作人。这个项目的主要部分是合作编辑流程。按照这个流程，首席创作者提供一套最初的视频片段，其他合作者帮助将这些片段分成不同主题的集群，并对其进行再创作。然后将编辑好的片段发送出去做最后的制作。

电影业中出现的模式和趋势使我们看到了创新活动的两个重要方面。第一是与电影自身的特征相关的，也就是说，电影整体的情节和内容是如何确定和演变的。第二是与参与者网络结构相关的，也就是说，如何集中大家的智慧，并运用到与制作、宣传和发行电影相关的活动中。

将这些创新特征应用到更广阔的创新环境中，我们可以思考创新活动的两个关键因素，那就是创新的性质和创新网络领导力的性质。这两个关键因素帮助我们构成了网络中心化创新的前景。现在，让我们进一步分析这两个因素。

@ 网络中心化创新的纬度

● 创新空间结构

在创新网络中可合作完成不同类型的项目。第 2 章"网络中心化创新"中曾经提到，一些项目是对现有产品、服务或技术平台进行明确的修改或提升。而另一些项目则是创新空间不甚明确，活动开始时也没有明确的最终成果要求。

根据这一点，我们可把创新空间看作一个连续体，一端是"明确的"，另一端是"突发的"（见图 3—1）。在连续体"明确的"这端，明确的是技术平台和技术标准。埃普交流论坛就是这样的一个例子，这个由 Salesforce. com 创建的开发平台负责引导独立软件开发者进行创新活动。创新空间也可以由现有的产品或流程建立起来的依赖关系来限定。例如，杜卡迪公司让其客户参与创新，主要是提出对现有产品的改进意见。同样，3M 公司利用九西格玛网络公司寻求黏性材料，也属于这一类。在所有的这些例子中，创新活动受到现有产品、流程或技术平台的限定和约束。

在连续体的另一端，创新空间的结构受到的限制较少，不确定因素也更多。虽然创新空间的整体轮廓是确定的（例如新产品、服务或现有的目标市场），但是，创新的性质或流程受到的限制很少。例如，当史泰博公司寻求创新想法时，它是为办公用品供应市场寻求新产品概念。与之相似的是，在开源软件领域，许多项目涉及开发全新的应用软件——

无论是开发一种新的开发工具还是开发一个新的操作系统。

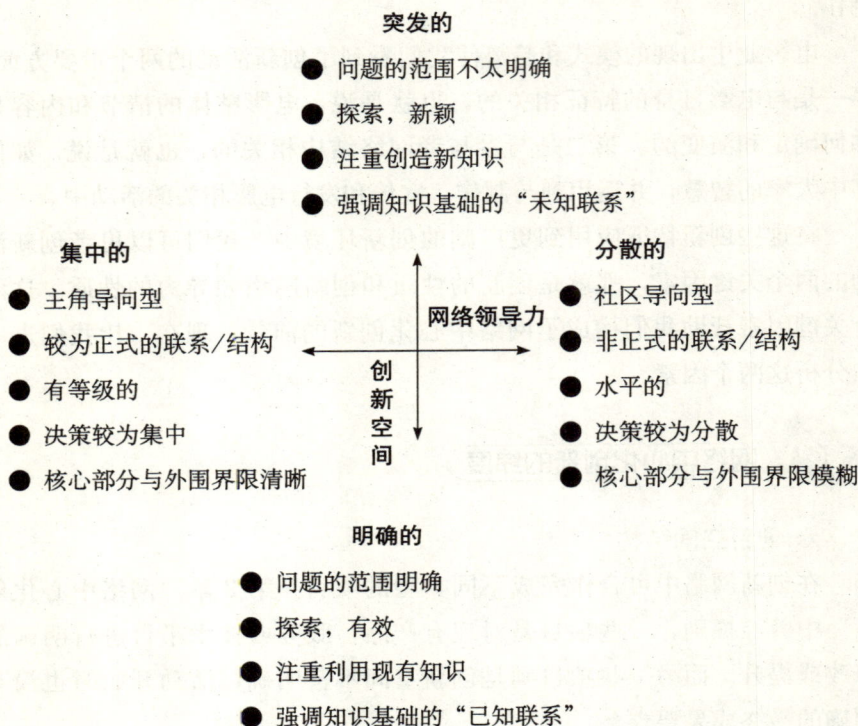

突发的

● 问题的范围不太明确

● 探索，新颖

● 注重创造新知识

● 强调知识基础的"未知联系"

集中的		**分散的**
● 主角导向型		● 社区导向型
● 较为正式的联系/结构	**网络领导力**	● 非正式的联系/结构
● 有等级的	创新空间	● 水平的
● 决策较为集中		● 决策较为分散
● 核心部分与外围界限清晰		● 核心部分与外围界限模糊

明确的

● 问题的范围明确

● 探索，有效

● 注重利用现有知识

● 强调知识基础的"已知联系"

图 3—1　网络中心化创新的维度

要理解这个连续体，还可以从能力和知识方面去思考。创新空间越明确，人们就越关注于对现有知识和技术的利用；反之，创新空间越是突发的，人们就越关注于如何探索新的创新机遇，以及不同的知识领域之间的创新联系。

● 网络领导力结构

不管是开源社区，或是像九西格玛那样的网络研发市场，还是像在Salesforce.com案例中那样的一个技术企业的生态系统，创新网络都包含了一系列独立的参与者，不同的目标和期望，不同的资源和能力，不同的商业模式。

对于所有参与创新活动的这些个体来说，必须有一个机制来确保它们之间活动、能力和目标的一致性。这个机制可以有不同的名称，例如"网络领导力"、"网络监管"或"网络管理"。无论使用什么样的表述方式，其实质就是需要一种能为创新提供方向和宗旨，并建立创新活动节奏的机制。

因此，我们给第二个要素取名为"网络领导力"，试图说明与管理相关的特点。

网络领导力可被看作集中化的一个连续体，它的两个极端就是集中和分散。在连续体的"集中"一端，网络由关键企业来引导。领导力可以用不同的方式来体现，例如，设想和建立创新架构，做出影响或形成创新性质或流程的关键决策，明确网络自身的性质和领导力。例如，Salesforce. com通过建立和提升技术平台以及推动其外部开发者的活动，在其技术生态系统中提供了领导力。

在连续体的"分散"一端，领导力趋于松散，分布在网络成员中。所有的网络成员共担领导网络的职责。例如，许多开源软件项目具有民主决策的领导力结构，其中，不同的社区成员分享制定决策的权力。

为了进一步理解这两端的区别，我们可以思考一下网络中的"核心"和"外围"这两个概念。网络核心可被认为是一个或多个相互之间联系密切的网络成员，它们形成了网络的中心部分。外围则是由那些相互之间联系有限的网络成员组成，它们离网络中心较远。你可以观察一下你所在的社会网络。一小群人形成了你的社会网络的核心。这些人也许包括你的直系亲属，你的志朋好友和同事。除此以外，就是那些泛泛之交，你的亲戚和远房亲属，你在工作场所中接触到的人等，这些就形成了你的社会网络的外围。

当在网络领导力的连续体上从左向右移动时，我们认为创新网络从一个具有明确定义的核心、单一主导企业的网络，变成了核心和外围都不太明确，或核心包含了所有或大部分成员的网络。例如，在最左端，我们可以考察一些网络，如微软公司的网络（Microsoft. net）或是英特尔微处理器的平台网络。在这些网络中，单个企业形成了网络的核心，掌握领导权，并做出所有的重要创新决策。当我们向中心移动时，我们会联想到IBM公司的Power芯片创新联盟（www. power. org），其中，IBM公司是网络的核心，但与其他网络成员分享决策制定权。当我们进一步移向右边，核心部分可能会包含不止一个成员。在最右端，核心部分可能会包含大多数甚至全部网络成员。例如，开源软件项目的领导层结构就是由连续体右边的不同点形成的。

网络中心化创新的四种模式

如果我们把"创新空间"和"网络领导力"这两个要素综合起来考虑，就会得出四种创新模式，这些模式有助于我们规划出网络中心化的创新环境。由于娱乐行业对创新有独到之处，所以我们将这四种模式称为乐团创新模式、创新集市模式、即兴创新模式和合作修改模式（见图3—2）。

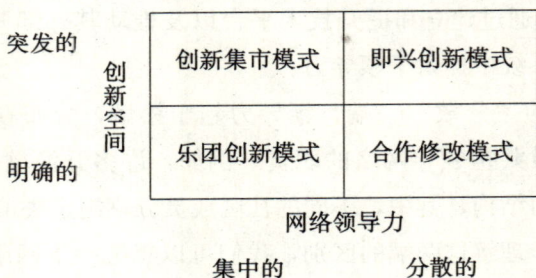

突发的			
	创新空间	创新集市模式	即兴创新模式
明确的		乐团创新模式	合作修改模式
		集中的 网络领导力 分散的	

图3—2　网络中心化创新的四种模式

现在，让我们描绘每种模式的特征，从音乐和娱乐行业中提取共同点。我们将在本书的第5章到第8章详细了解每种模式。

@ 乐团创新模式

当我们提到乐团时，我们想到的是一个手里挥舞着指挥棒的乐队指挥，指导着一群音乐家，每个人都是某种乐器的专家。音乐家们聚在一起演奏有乐谱的（通常是古典的）音乐作品。无论这件音乐作品是贝多芬的《英雄交响曲》，还是莫扎特的G小调第40号交响曲，它都为每个音乐家的表演提供了规划好的结构。虽然每个音乐家在创造性地诠释这些音乐时会有些偏差，但是，一般来说他们都能忠于原作。而协调音乐家的责任在很大程度上就落在了乐队指挥的身上。乐队指挥与每个音乐家交流（通常是通过手势），这种交流决定了观众听到的音乐是对作品的机械表演，还是对作品高雅流畅的诠释。正如评论家爱德华·汉斯立克（Eduard Hanslick）在19世纪80年代所提到的，最好的指挥要能够控制和塑造"音乐家演奏出的每个音符和音调"。

网络中心化创新的乐团模式与典型的交响乐团的组织结构非常相似

（见表 3—1）。在这个环境中，创新空间的结构相当明确，而网络领导力
也集中在一个主要的企业中。创新环境为规划创新网络中每个参与者的
活动提供了一个清晰的框架。就像交响乐团中的乐器需要相互共鸣一样，
乐团创新模式中的网络成员间的创新成果也要相互补充。

表 3—1 网络中心化创新的乐团模式

交响乐团	网络中心化创新的乐团模式
包含不同类型的乐器演奏者，每个人扮演一个特定的角色	包含一系列分散的合作者，每个个体负责不同类型的创新活动
作品或乐谱限定了音乐表演的范畴	创新架构为网络成员的创新成果限定了范畴
指挥大师协调每个演奏人员的表演	核心企业协调网络成员的创新活动
乐器组之间存在着多层次关系	网络成员间存在正式关系或联系

交响乐团需要指挥指导，他将每个音乐家的音乐表演编排起来，创
作出和谐的交响乐。网络中心化创新环境也是如此，主要企业提供的领
导力很关键，它能确保每个参与者的创新成果能汇总成一个有价值的
整体。

此外，在乐团中，在乐器演奏者之间通常存在着多层次的领导关系
或一系列被普遍认可的、正式的联系。例如，每个乐器组或乐器区有一
个领导者（首席或独奏），他负责指导这个组。乐器组之间也常常分等
级。例如，小提琴手被分成两组，一等小提琴手和二等小提琴手。一等
小提琴手的领导者被认为是整个弦乐部分的领导者。而且，这个领导者
也是乐团的副指挥，在指挥缺席时负责指挥乐团。与之相似的是，首席
长号被认为是低音区铜管乐（长号、大号等）的领导者，而首席小号通
常被认为是整个铜管乐部分的领导者。但是，我们不能将它直接与网络
中心化创新环境相比，它们的相似之处是创新网络成员间有一种正式的
关系。

网络中心化创新的乐团模式指的是这样一种情景：一组企业根据主
要企业定义和塑造的明确的创新架构，聚在一起开拓市场机遇。创新架
构更加关注创新效率，所以，它非常重视创新架构的模块化运作。为了
配合网络成员的角色和活动，创新流程的设计更加注重组织和协调。

乐团创新模式的例子很多，例如，微软公司的网络创新，Sales-
force.com 的埃普交流论坛，波音公司的波音 787 客机的开发等。这些例

子显示的是乐团创新模式的几种变化。在第 5 章中，我们将通过具体的案例更详细地研究乐团创新模式。

@ 创新集市模式

当你聆听喜欢的乐坛新人的音乐时，你是否好奇过，他是如何在音乐界的芸芸众生中受到注意，并最终发行一张贴有大型唱片公司标志的专辑的？唱片公司用很多方式沙里淘金。它们会通过星探或是"美国偶像"这样的业余歌手大赛来寻找有前途但名气还不大的歌手。或者，它们会选择初涉乐坛，已发行了一张新专辑或单曲，并拥有潜在的观众的值得期待的歌手。在这两种情况下，唱片公司通常只表现出对某些方面的特别兴趣——音乐流派和目标客户——而不是歌词或音乐舞蹈。然而，唱片公司在选择、制作和宣传这些专辑时拥有最终的发言权。换句话说，只要唱片公司仍然扮演主角，它就会采用公开、便利的方法来寻找人才，并让他们提交具有创新性的音乐。实际上，这就像是唱片公司在一个人才集市中进行采购。

这就是网络中心化创新的第二种模式：创新集市模式（见表 3—2）。我们认为，它与音乐制作模式是有相似之处的。这个模式描述了这样一种环境：主导企业在新创意、新产品和新技术云集的全球市场上采购以寻求创新素材，并运用自己独特的商业化基础来运作这些创意，使它们从创新理念变为创新产品。这里所谓的"商业化基础"包括设计能力、品牌、资金筹措、分销渠道等。

表 3—2　　　　　　　　　　网络中心化创新的集市模式

唱片公司	网络中心化创新的集市模式
唱片公司是主要角色，负责制定关键的技术和营销决策	企业是创新网络的主要角色，根据创新的商业化来制定决策
从各种渠道获取各类音乐作品，有的是经典之作，有的则是流行作品	创新理念（产品、服务、技术）来源于分散的创作者网络，从理念雏形到市场上行之有效的概念
有一套猎取音乐的机制，如星探、业余歌手大赛、音乐经纪人等	通过各种创新中介获取创意
对音乐的要求很随机，唯一的约束是它应符合公司的整体战略	创新的性质是随机的，唯一的约束是它应符合企业的目标市场和品牌战略组合

唱片公司从不同的艺术家手中获得新的音乐作品，与之相类似，运

用创新集市模式来获取新产品、新服务的企业使用各种机制来获取创作者的创意和技术。例如，产品侦探和特许代理商会辨别有前途的新产品和技术理念，并把它们引入大企业，获得进一步开发和商业化的机会。企业也会寻找更多市场认可的产品（也就是市场上已经有原型并行之有效的产品或技术概念），并从新产品孵化公司或是风险投资公司那里获得这些产品的专利。无论企业采用何种方法获得资源，它都是创新网络中的主角，提供自身开发和商业化创新的基础设施。然而，创新空间的界限并不明确，因为目标市场或技术领域的范畴相对广泛，有时并不清楚创意来自何方或将以何种面目出现。

总的来说，创新集市模式旨在寻找能够满足市场需求，并符合主导企业创新规划的机遇。我们将其称为"集市"，是想描述这样的一种情景：有令人眼花缭乱的陈列商品，品种繁多，从创意雏形、专利，到相对成熟的新产品概念都有。同时，集市上还有与企业打交道的不同的小贩，从创意侦探、专利经纪人、网络创新平台到孵化器代理商和风险投资商等。

@ 即兴创新模式

我们先来设想一部音乐剧的即兴演出部分。显然，它需要一群音乐家聚在一起表演或"即兴演出"，并不需要更多的准备，也没有按照某个特定的音乐剧模式或编排来表演的意图。即席创作是即兴演出成败的关键。音乐家通常按照"呼叫反应"模式来创作，也就是不同的音乐家表演的两个截然不同的音符或小节之间的部分，其中，"第二个小节被看作对第一个小节的直接解释或反应"。

即兴演出这个术语的使用可追溯到 1929 年。当时，它是指"整个乐队表演的短小的、完全即兴的章节"。这个术语表现了两个关键因素：第一，这是群体活动；第二，是即兴的。即兴的程度变化很大，从稍许遵从公认的弦乐先后顺序到完全即兴，都可以。而且，不同于乐团或其他音乐剧，即兴演出部分通常没有唯一的领导者。所有的音乐家对保持进度或旋律共担责任。

正是基于对即兴演出的理解，我们提出了第三种网络中心化创新模式——即兴创新模式（见表 3—3）。这个模式指的是个体参与者聚在一起，沟通构思创新活动。通常，创新空间并没有明确的界定，创新的目标和方向也是随机的。这里没有主导成员，领导和协调活动的责任分散在每个网络成员的身上。尽管所有成员不是平等地分享领导权，但形成创新流程和结果的重要决策往往产生于网络成员间的互动。

表3—3 　　　　　　　　　　网络中心化创新的即兴模式

即兴演出	网络中心化创新的即兴模式
一群音乐家聚在一起以即兴的方式演奏	创新网络的成员聚在一起以即兴的方式创新
音乐的性质和形式源自小组成员间的"呼叫反应"	创新的结构（目标、架构和流程等）是随机的；也就是说，它来源于成员间持续的互动
所有即兴演出部分的参与者共担协调的责任	创新网络的领导力分散在所有网络成员中

总的来说，即兴创新模式的特征是，具有相同兴趣的参与者共同开发创新领域，在指导和协调创新活动时共同承担责任。

@ 合作修改模式

MOD这个术语最初是用来代表现代主义的，表示起源于20世纪50年代末在英国伦敦追求时尚和音乐的年轻人的一种生活方式。但这个术语在21世纪初的电脑游戏行业中又获得了重生。电脑游戏是已有游戏的修改版。换句话说，"mod"代表修改。这也正是我们在此所要使用的意思。

企业将电子游戏的原始资料提供给玩家社区，这样就能得到游戏的各种创新。这些改编包括加入新人物、新性格、新故事情节等。根据改编的程度，它们可被称为"部分改编"或"完全改编"。完全改编通常会变成一个全新的游戏，只不过使用了一些原游戏中的基本内容或结构。改编是由全体游戏玩家或改编者完成的。越来越多的游戏企业开始资助改编者，为他们提供更多的工具和文档。随后，改编版会被放在互联网上传播和使用。最流行的改编游戏是"反恐精英"（Counter-Strike），这款游戏改编自另一款称为"半条命"（Half-Life）的游戏，是由位于华盛顿州贝勒由市的一家名叫Valve的软件公司开发的。

根据改编的理念，我们提出第四个网络中心化创新模式——合作修改模式（见表3—4）。这个模式有两个主要特征：第一，它在很大程度上是对已有产品、流程或服务的修改或促使其改变，也就是发生在预先设定好的创新空间范围内的活动，其目的是增加、提高或改编已有的产品或服务。第二，在网络社区中监管创新的评价标准和价值体系不是由一家主导企业制定的，而是由社区自身形成的。

表 3—4　　　　　　　　　网络中心化创新的合作修改模式

电脑游戏行业的改编论坛	网络中心化创新的合作修改模式
按照原创者提供的资料修改电脑游戏	根据现有的、界限明确的架构来创新。创新的本质是循序渐进的
剧本由全体游戏玩家创作完成	创新是由社区中的用户和专家来实施的
创新协调体现在整个社区中	领导权分散在创新网络的成员中

　　总的来说，合作修改模式注重由创新社区（创新用户、客户、科学家、专家等）中的成员利用现有知识解决市场或技术问题。此类网络中心化创新的例子很多，如商业化的开源社区（客户关系管理开源软件商SugarCRM），OpenSPARC 开源项目等。在这些项目中，专家网络在现有产品或流程架构界定的范围内进行创新。

从剧本到表演者

　　这四种模式有助于我们构筑网络中心化创新的环境。但是我们的框架还不完整。在每个网络中心化创新模式中，企业可以扮演不同的角色。什么是创新角色？这些创新角色可以分为几类？此外，所有的创新网络都需要一些用于创造及获取价值的基本的运作架构。这就包括了管理知识产权的机制和分享知识的体系。什么是网络经营架构的基本要素？我们将在下一章讨论这些问题。

第4章 Chapter 4

创新网络：表演者与剧本

回想一下你最近进行的房屋装修工程。这项工程或许包括许多参与者——总承包商、转包商、设计师、房产抵押公司或银行、装修工人、材料供应商等。这些参与者中的每一个人，包括你在内，都在项目中扮演着分工明确的角色。为了管理项目，你需要了解如何与每个人协作和交流。这也许包括制定合同条款，设计参与规则，确保工程按计划实施。就像任何一项合作活动一样，一个装修工程把一群互不相干的参与者聚集在一起，赋予其分工明确的角色，让他们通过在子系统内运作来管理工程。

同样，网络中心化创新需要网络中的参与者扮演一定的角色。这些角色由承担的工作，或是承担的创新活动来确定。理解这些不同创新角色的性质很重要，因为它决定了参与者需要为创新工程施展的才能。

协作项目还需要一个推动和协调网络中的各项活动的系统。需要有人决定如何管理和控制工程，还需要有人管理创造出来的知识，并决定谁拥有什么样的知识产权。

在本章中，我们将讨论创新网络中不同类型的参与者和为了管理网络而需要开展的各类活动。我们将网络成员扮演的角色分为三种——建筑师、改进者和代理者。网络管理涉及三种核心要素——网络监管、知识管理和知识产权管理。根据网络中心化创新模式的类型，我们来观察这些角色和活动的差异。

网络中心化创新中的参与者

即使是复杂的创新网络,其中的成员(企业、个人等)所扮演的角色也只有三种:建筑师、改进者和代理者(见表4—1)。

表 4—1　　　　　　　　　　创新参与者的类型

创新参与者类型	活动性质	举例	特点
建筑师	激发创新 构思和指导创新 管理创新网络	平台领导者,创新门户,创新服务者	通常位于网络的核心部分;承担较多的风险,从创新中获得的回报也较多
改进者	提供专业知识或服务和基础服务	完善者,创新者,专家	通常远离网络的中心部分;对创新产生有限的直接影响
代理者	对合作、知识转移和创新进行协调	创意猎头,专利经纪人,创新风险投资者	与不同类型的网络成员紧密相连;承担较少的风险,从创新中获得的回报也较少

@　建筑师

为了建造房屋,你需要雇用的第一个人是建筑师。他为房屋设计蓝图,确定房间布局,满足合理设计的核心要素。这一点,与创新网络相似。建筑师是设计和影响创新网络演变的中坚力量。在创新活动中,建筑师占据重要位置,因为他对网络的创新活动发挥着关键的作用。他所做的工作包括明确创新的格局和标准,决定如何使创新网络的创意产品商业化。换句话说,是建筑师在设想和实施网络中的"合作格局"。

扮演建筑师角色的成员通常位于网络的中心部分,与网络中的其他关键成员保持直接的联系。通常,建筑师所承担的创新风险要比网络中的其他成员高,这是由他们的工作性质和对网络的投入决定的,当然,他们从合作中得到的回报也比其他成员多。

建筑师发挥的作用主要有三项：激发创新、构思和指导创新活动、维护创新网络。

第一项活动是"激发创新"，指提供用于构建创新网络的原动力，明确创新内容。还包括扮演一个催化剂的角色，以形成动力，并确保创新工程的成功。例如，当人类基因组项目启动时，除美国中央政府以及美国能源部、美国全国卫生研究所这样的科研机构参与外，一个关键实体是总部设在英国的慈善机构 Wellcome 基金会。在 20 世纪 90 年代早期，Wellcome 基金会在促进英国的基因研究活动中扮演着核心的角色。1993年 10 月，Wellcome 基金会投资赞助了 Sanger 研究中心（位于英国剑桥南部的 Hinxton），这个中心后来成为国际联盟中先后出现的主要实验室之一。随着研究项目的不断发展，Wellcome 基金会在其中继续扮演着催化剂的角色，它为项目中的其他关键合作者，尤其是英国的合作者，提供资助，将他们召集在一起，促进交流合作。

第二项活动是"构思和指导创新"，它涉及为创新网络各方的活动提供基础，并使其协调一致。这项工作包括建立和维护创新格局，为创新发展和商业化提供关键决策。例如，IBM 公司和微软公司在它们主导的许多创新网络中（无论是 IBM 的 Power 芯片创新网络还是微软的 .NET 网络）就扮演着这样的角色。在消费品领域，像宝洁公司（P&G）和强生公司（J&J）这样的企业也通过专业的商业化能力来扮演类似的角色。它们为了将外部创意和技术推向市场，把自己变成了一个创新活动商业化运作的门户。

第三项活动是"维护创新网络"，指维持创新网络的整体性。就如园丁的工作，他决定在花园里种植何种花卉树木，以及种在何处。园丁还要关心植物的生长，及时清除可能影响整个花园健康的杂草和其他植物。此外，一个好的园丁也应知道互补栽培的优点——相互补充的植物应该被种得靠近一些。例如，在菜园里，薄荷和番茄应该种在一起。薄荷具有杀真菌的作用，能够延缓或抵制乳草类植物害虫、蚜虫、螨虫等的成长，从而促进番茄的生长，改善番茄的口感。

同理，建筑师在创新网络中扮演的"园丁"角色包括管理网络成员关系，为网络成长培育土壤。其职责包括推动制定一套网络中共享的标准和价值观，对网络成员传达一个共同的"世界观"，清除那些对网络健康有害的成员,聚集那些才能和资源互补的成员。这些"园丁式"的活动实际上就是创新工程成功的大致框架。

上述种种活动可能会交替出现,一些活动可能会以不同的形式出现在不同的网络中。而且,一些参与者可能会扮演多个角色。因此,在不同的网络中心化创新模式中我们可以看到不同的建筑师。表 4—1 中显示的是这些参与者的几个例子。在本书第 5~8 章中,在逐个详细讨论四种网络中心化创新模式时,我们将具体介绍网络"建筑师"的各种类型。

@ 改进者

为了使一个蜂群能够生存,每个蜂王需要大量工蜂按照其指示从事专项任务。与之相似,每个建筑师需要大量参与者按照其指示建设网络。我们称这些参与者为改进者,因为他们按照建筑师的指引,在网络中扮演不太核心但依然重要的配角角色。改进者通常远离网络的核心,与网络中的其他成员保持着有限的联系。

改进者的活动可以按主题分为两大类:一类是提供专业知识或服务;另一类是提供基础服务。

为解决研发问题,或是创造那些可以完善、扩展或提升创新活动的新的要素,一些改进者为创新程序带来了高度专业化的知识和专业技能。例如,美国英泰软件公司(Intacct)在 Salesforce.com 的客户关系管理(CRM)网络平台中就扮演了这样的角色;它开发并公布了一个在客户关系管理平台上运作的金融管理辅助软件。同样,为了给网络研发市场上企业提出的研发问题提供解决方案,有些科学家也扮演着这样的角色,他们依靠的是自己的专业知识。在开源软件社区,有些人为软件编写代码,他们扮演的也是改进者的角色。

改进者在网络中也提供其他的支持服务。例如,在半导体行业的创新网络中,一个会员机构可以集合和提供设计与测试代码库作为基础服务,以此来支持其他会员机构的设计和开发活动。例如,中国台湾的半导体制造企业 TSMC 公司是世界上最大的半导体零部件生产商,它在自己的网站上为其他公司(比如芯片设计公司)提供基于网络的第三方电路设计图书馆。同样，在个人发明家网络中，象 Eureka Ranch①这样的企业也扮演着相应的配角角色，它为新产品概念提供市场认证服务。

表 4—1 显示的是几个关于改进者角色的例子。我们将在第 5～8 章详细描述改进者角色。

@ 代理者

创新网络中集聚着各种不同的角色。把这些角色聚在一起，不能依靠偶然的运气，而要依赖于经纪人或中间人。我们把他们称为代理者。

代理者是一个创新中间人，他负责协调创新网络中的互动和创新活动。代理者在创新网络中提供经纪人、桥梁或中间人这样的服务。不过，他们也能扮演更多微妙的角色，而不仅仅是简单的经纪人。

代理者在网络中心化创新中执行三项活动：联系成员或协调互动，技术代理或协调知识转移，创新转换或协调创新。

第一项活动涉及的是传统的中间人角色，即连接两个互不联系的网络成员。这与房产交易或人事招聘的中介服务类似，代理者也帮助建筑师在创新环境中进行"寻找和筛选"。例如，创意猎头搜索发明者社区，寻找和筛选那些大公司客户可能会感兴趣的新产品概念。当找到一个有前景的创意时，他们就召集或联系发明者和公司客户。

代理者也促进或协调与创意相关的知识从一个成员到另一个成员的转移。也就是说，他们可扮演知识或技术经纪人的角色。这项活动不仅包括在两名成员之间建立联系，还包括在两名成员拥有的不同类型的知识（或技术）之间建立联系。

一个众所周知的知识经纪人 IDEO 公司是一家知名的设计咨询公司。IDEO 公司的工作可被看作代理者的工作，它负责将 ElekSen 纺织品公司开发的"智能织物"技术转移到新的应用领域。ElekSen 公司在生产触摸式互动织物方面处于世界领先地位，它结合了传导织物和微芯片技术。该公司的核心技术是 Elek Tex，一种独特的具有导电性、柔韧、耐久、粗糙的"智能织物"。这种技术有多种用途，不过它进入计算机领域是由

---

① Eureka Ranch，美国一家致力于企业创新和研究的智囊公司。——译者注

IDEO 公司代理的。IDEO 公司促成了 ElekSen 纺织品公司和 Logitech 公司（一家计算机鼠标、键盘和其他配件的开发者）的合作，推动了电子织物技术向 Logitech 公司的转移，从而将其应用到了计算机配件市场。运用电子织物技术，Logitech 公司开发了一种称作 KeyCase 的键盘，这是一种 PDA 的织物包，展开后可变成键盘。由此可见，在这个案例中，IDEO 公司作为代理者的角色不仅仅是两个成员间的桥梁，而且提供了技术转移的通道。

第三项活动是"协调创新"，这是指中间人协调网络成员间的联系或知识转移，以及创新活动。例如，一位代理者需要某位成员的创意，以此创意为基础进行开发，然后将经过改造的创意转移给另一位成员以寻求进一步的发展。与早期的活动相比，代理者在执行这项活动时所处的位置更接近于创新，某种程度上也成了创新者，而不仅仅是中介。我们将在第 6 章分析这种被称为"创新投资者"的代理者角色。

创新角色的含义

你或许会问："角色包含哪些内容?""在网络中心化创新中，理解不同创新角色有什么意义?"一个创新角色就是一次参与网络中心化创新的机会。所以，对不同的创新角色的理解促使企业回答两个问题：首先，我们具有扮演该角色的资质吗？其次，扮演何种角色才能使我们从创新网络中获得的利益最大化？

为回答第一个问题，企业需要清楚承担该角色所需的主要资源和能力。正如我们将在第 10 章讨论的，企业为网络中心化创新做准备时，要认清和培养与角色相关的组织能力和竞争力。

为解决第二个问题，企业需要了解与角色有关的风险和回报。对企业来说，即使具备作为参与者所需要的能力，还是需要评估网络中心化创新的机遇是否值得去追求，要理解其中的风险和回报。

除上述两个需要思考的问题外，企业清楚认识创新角色还有第三个原因。有时，企业可能会在不同的网络中扮演不同的角色。以 IBM 公司为例，在 Power 芯片联合网络（power.org，一个基于推进 Power 芯片架构的网络）中，IBM 扮演了领导者的角色。另一方面，在 Linux 的开源社区中，IBM 公司则扮演了配角。这样多重的角色产生了一些问题，"针对不同的角色，我们需要同样的组织能力吗？""我们扮演的角色之间是否具有协同作用呢？"

在本书第5~8章逐个讨论四种网络中心化创新模式的同时，将识别每种模式中的各种角色，并讨论它们的含义。这样的讨论有助于在第9章对在网络中心化创新环境中企业该如何针对可能扮演的角色制定战略决策的分析。

网络管理的要素

为保证网络的运转，参与者需要一套支持和促进协作创新的体系和机制。网络管理包括三个要素：网络监管、知识管理和知识产权管理（见表4—2）。

表4—2 创新网络管理的要素

创新网络管理的要素	目标	系统类型	选择合适系统的标准
网络监管	确保成员间通用的行为模式并协调成员间知识和资源的交换	正式的机制（合同和协议，规则和程序，标准）；非正式或社会机制（限制性网络进入；文化氛围；集体制裁和名誉体系）	网络成员间的相互依赖性；创新环境
知识管理	推动网络中知识的产生、编码和利用	促进成员对话，提供通用词汇，推动知识的转移、解释和整合等的机制	该领域知识的交替程度；创新的性质；网络成员间的技术或专业的"差距"
知识产权管理	使创造者控制对其创新产品及派生物的使用	传统的法律手段（如专利、商标、版权等）；较为灵活的许可计划，如创意共享、通用公共许可等	创新的性质；网络成员间的关系；网络结构

网络监管

监管一词通常与管辖或控制相关。网络监管的确包括监督和控制个别成员潜在的欺骗或机会主义行为，这些行为可能对其他成员和整个网络进程是有害的。但是监管不仅仅是管辖，它也包括创造一个有益于信息和资源互动和交换的环境。监管的系统和机制规定了成员间的互动模式，以及成员间的资源流动模式。

我们先来观察工作场所中的个人网络，也就是同事和商业伙伴的网络。你在这种网络中的关系、相互接触和交换行为受到正式和非正式机制的双重监管。例如，组织结构可能界定了你与组织中其他成员的关系。你的雇用合同，你签署的任何秘密协议，你所在部门中的规章和程序可能也会影响你与公司内外成员的接触。

此外，有些约定俗成的东西也会影响你在网络中的关系。还记得电视连续剧"宋飞传"①中主人公乔治·科斯坦萨（George Costanza）在与公司女清洁工鬼混时被抓的场景吗？当有人指责他的这种不当行为时，乔治回答说："这有错吗？我难道不能这么做吗？伙计，我根本不知道这不能做，有谁告诉过我吗？"当乔治被解雇时，他终于明白，有些事虽然没有被写下来，或是说得很清楚，但是它们依然影响着组织或网络成员之间的关系。同样，如果在创新网络中从事一些损人不利己的行为，就有可能受到制裁，或是失去信用。这就是非正式的或社会监管机制。

在创新网络中，不管是正式的还是非正式的监管机制，它们均是具有相关性的，不过它们的相对重要性则取决于网络中心化创新的模式。正式的监管机制包括法律合同、合伙人协议、交换规则和程序的协议、公认的标准等。例如，由英特尔公司和思科公司这样的企业领导的创新网络常常有一个关于成员权责的章程，潜在的合作者在被网络接受时必须签名认同。在软件行业也有类似的情况，能力成熟度模型（由美国软件工程协会开发和推广）设定的标准和规则被用作大规模合作开发项目的协调和监管。正式的机制不仅界定什么是可被接受的，而且提供了一个协调互动和交换关系的框架。

---

① Seinfeld，美国著名情景喜剧。——译者注

非正式的或社会网络监管机制的形式包括限制网络入口、培育文化氛围、利用集体制裁、使用各种名誉机制等。一种选择是成员的参与资格，只有那些在过去与行业或部门中的现有成员或其关联企业的交往中表现出竞争力的个体才有资格参与。例如，许多乡村俱乐部使用"门控网络"（gated network）这样的方法。它们仅将俱乐部会员资格授予那些现有会员认识的（或在社会上有广泛影响的）人。如果网络成员资格的认定是以这样的标准为依据的，那么这些成员通常有更多共同的预期和特征。因此，监督或协调网络中的每次交换会变得更容易，所需的次数也更少。换句话说，成员资格本身就可作为一种监管机制。

另一种选择是培育并推广反映网络整体创新机制的文化。其范围广泛，可以是共同的创新设想，也可以是能为网络内各成员在行为和决策上形成一定的一致性的标准和价值观。例如，成员该如何评价开源社区中各人的贡献呢？随着时间的推移，网络文化通过网络内成员间反复的互动得到界定，形成了创新网络中公认的行为准则。

集体制裁和名誉体系形成了另一套监管机制。以 eBay 网站为例。eBay 网站上的商家（也就是网络成员）根据相互间曾有的交换行为的性质和质量进行评级，这可作为监管未来交易的机制。被降低可信度和信誉等级的成员，从长期看会付出高昂的代价。而且，那些在操作中违反被认可的一般准则和价值观的成员也会受到制裁。这样的集体制裁范围广泛，可以是来自 eBay 公司董事会的临时驱除令，也可以是完全驱除，失去在网上做买卖的权利。

集体制裁的威胁促使网络成员遵守公认的行为准则。有关成员行为的信息流越有效，网络成员由于欺骗行为而损害自己的网络声誉所付出的代价就越高。

对特定的创新网络，上述各种监管机制哪种才适合呢？这要取决于网络成员间的依赖程度，也就是网络中心化创新模型的性质。此外，大多数网络都需要正式和非正式机制的结合。在第5~8章，将为四种网络中心化创新模式分别选出合适的监管机制组合。

@ 知识管理

让我们回顾一下第 2 章中提到的杜卡迪摩托车公司和它的用户社区的案例。杜卡迪公司将它的用户社区应用到新摩托车的设计和开发创新中，主要是它清楚地认识到与创新和知识创造有关的三个基本方面。

第一，杜卡迪公司意识到，用户社区的互动和对话形成了新的知识创造的基础。因此，它通过建立不同类型的在线和离线论坛，将用户聚在一起，并主导他们的互动，从而促进了用户间的对话。

第二，杜卡迪公司还意识到，欲使这样的用户对话有效（即使这样的对话会引出一连串的创意），用户需要相互"理解"各自的想法。这需要有通用的语汇。为获得这种连贯性，杜卡迪为用户社区提供了一套设计模板和标准。

第三，杜卡迪公司也明白，要想将用户的想法转化成产品，就必须将用户的知识转移到组织中，并将其有机地整合到其他的设计知识中。为此，杜卡迪树立了新的组织角色，就如产品工程师使用的新程序使用户创新能够被有效地利用一样。

这三种知识管理的思想奠定了杜卡迪公司基于用户的网络中心化创新的动力：对话、通用词汇、转移和解释。

不过，上述三种思想并不是杜卡迪公司的创新环境所独有的。它们同样可被很好地应用到其他的网络中心化创新环境中。事实上，这三种思想反映了在任何创新网络中必须支持的三类知识管理活动，即知识产生、知识编码、知识利用。

在创新网络中建立的用于知识管理的体系和机制必须支持这三项活动。例如，随着网络成员间的互动越来越成为知识产生的途径，"连接"成员并加速互动频率的体系和机制愈发显得重要。这些并不一定总是需要在线沟通或是利用现代信息技术沟通。例如，英特尔公司管理着一些兼容性测试工作室（称为"多厂商互操作性测试"（PlugFest）），它们将基于英特尔技术平台的不同的硬件和零部件的生产商聚集在一起。这些工作室为这些企业（也就是英特尔的网络成员）间的对话提供了环境，确保不同的产品能够相互兼容和共用。通过互动产生的知识又反馈到各个企业，融合到设计修改中。

同样，人们需要对产生的知识进行编码，目的是对这些知识进行共享和改进。对知识进行编码的基础是通用语汇，包括技术标准、技术架构，以及公认的市场评价标准。

最后，为使成员能利用产生的知识，需要建立一套将这些知识转移给网络成员的系统和机制，也就是说，成员必须知道从哪里得到这些知识，如何获取这些知识。而且，知识被一名成员转移后，它必须被解释和融入到成员的内部环境中。例如，我们在第 2 章讨论过的史泰博办公用品公司的案例中，公司通过产品猎头、创意竞赛等机制，获得来自个体发明者的新产品概念。在获取新创意后，史泰博公司必须解释并将它融入到自身的环境中，这是指一个由其目标市场、现有品牌组合和其商业化基础所界定的环境。

推动知识的产生和流动在管理网络中心化创新中起着关键的作用。随着网络中成员数量和他们的专业技术（或知识基础）多样性的增加，推动网络知识管理的体系和机制的复杂性和重要性也在增大。

目前，有不同类型的知识管理体系和机制，它们是否合适取决于成员间的"距离"，所交易的知识交叉的类型和范围，以及创新的性质。在第 5～8 章中，我们将对四种网络中心化创新模式分别解释，并讨论与之相符的知识管理机制。

@ 知识产权管理

知识产权的历史可追溯到公元前 700 年的古希腊，当时锡巴里斯（古希腊的殖民地，今天的西西里）的厨师有权垄断使用一种"新颖或美味的菜肴"烹制方法，为期一年。构成现代知识产权的其他要素，如专利、商标、商业秘密等，在古罗马以及文艺复兴期间也都显现出来。例如，公元前 100 年，罗马颁布了旨在保护织物、灯、玻璃和牲畜的商标的法案。与之相类似的是，一位佛罗伦萨大教堂的建筑师布鲁内莱斯基，由于其用内河船运输大理石的新颖和有效的方法，于 1421 年被授予了第一项保护技术发明的专利。上述及其他一些例子表明，保护和管理与创造力和发明有关的产权的经济和社会的动力有着悠久的历史。

这些管理知识产权的系统和机制经历了几个世纪，虽然在形式上已经有了相当大的变化，但是毫无疑问，它们的基础还是基本相似的。随着"自由软件"和"开源软件"在 20 世纪 80 年代和 90 年代的出现，关于知识产权的管理出现了前所未有的全新的视角和意义。这些新视角的主要动机是创新中协作程度的不断加深。

实际上，企业在协作创新项目上面临的最头疼的问题是创新权利的分割。换句话说，就是谁拥有什么？或是谁从创新中获得多少比例的好处？正如我们从大量的与专利有关的法律诉讼和案例中所看到的，即使只有两名合作者，与知识产权管理有关的问题还是很棘手的。如果有更多的合作者，问题会变得更富有挑战性。因此，对于网络中心化创新中的所有参与者来说，支持和推动知识产权管理的系统和机制是至关重要的。

一家企业（或网络成员）可以从其创新投入中获得的回报的程度，是私有制的一项功能。经济学家用这个术语来表示保护创新及其利润的方式和方法。法律上的知识产权制度有四种手段：商业秘密、专利、版权和商标。专利为创新提供了最短的保护，其次是版权、商业秘密和商标。此外，知识产权合同形成了企业获得回报的另一种方法。例如，知识产权许可证详细说明了在两个或多个实体之间知识产权使用的条件。

在某些环境下，这样的法律手段效果或许很有限；相反，为创新而形成的技术或知识的特性或许更有实际的专有性。例如，在冲浪设备生产行业，制造冲浪板的一项关键技术涉及坚硬的聚氨酯泡沫塑料核心，也就是行业中熟知的"板坯"。Clark 泡沫塑料公司是这个市场中的主导者。公司富有创新力，生产的板胚完善至极，以至于大多数冲浪板制造商完全依赖于该公司的产品。实际上，Clark 泡沫塑料公司在美国冲浪板的板坯市场中占 80%～90% 的份额。它的成功不是源于专利或商业秘密等法律手段对其知识资产的保护，而是由于制造板坯的特定流程中包含的隐性知识。正如一位冲浪行业的评论员所提出的，"飘起的泡沫塑料是一门黑色艺术"。换句话说，就 Clark 泡沫塑料公司来说，技术（知识基础）的特性本身就是其专有性的要素。简而言之，专有机制的可行性、力度和有效性——无论是法律手段还是其他手段，在不同的行业和部门是有很大差异的。

随着协作创新结构和新的数码技术的出现（这些数码技术可获取、进入、修改和传播创新知识），传统知识产权制度的另一个局限开始显现出来。新技术给创新环境带来的根本性的变化越来越削弱传统法律手段的控制。

　　开源软件社区在表达对新的知识产权制度的需求方面首当其冲，它还引进了几种创新许可证制度，使软件开发者能够发表他们的产品资源，并允许其他人以灵活的方式使用或修改这些资源。例如，GNU① 通用公共许可证可能是开源软件方面早期最主要的许可证制度。通用公共许可证授予接受者使用、修改、改进和再传播产品的权利。重要的是，许可证试图确保上述权利在衍生物中也能得到保护；也就是说，这是一份"反版权"的许可证。与这种许可证不同，像 BSD② 许可证这样的"免费软件"许可证制度允许的程度更高，它不仅授予使用、修改及传播软件产品的权利，而且允许衍生作品作为专利软件被再传播，也就是说，它是一份"中间版权"许可证。除这两种主要的许可证制度，也有其他大量的"公开"许可证被开发出来。例如，Mozilla 公共许可证、通用公共许可证、开源软件许可证、OpenSSL 许可证和 Eclipse 公共许可证等。这些许可证要么适用于特定的产品，要么适用于开源社区的特定部分。

　　这些许可证制度为软件行业以外领域的创新知识产权制度的发展铺平了道路。最值得一提的是"创作共享约定"和"科学共享约定"的倡议，它们将上述的知识产权管理概念延伸到了艺术、娱乐和科学等领域。例如，创作共享约定采用反版权的主张，并根据投入性质的不同和接受方被授予的对衍生作品与商业使用的权利的不同，引入了六种不同的许可证制度。

　　随着创作共享约定许可证和其他不断出现的类似的许可证制度的应用迅速扩展到其他领域（从音乐和艺术到新闻业、学术课程和医学），在不同的网络中心化创新环境中对管理知识产权的选择也在不断增加。因此，在本书中，我们将相应地考察一系列知识产权管理体系，从传统法律手段到更新、更通用的许可证制度，而且，我们将为不同的网络中心化创新模式描绘合适的机制组合。

---

　　① 原意为非洲牛羚，现为 GNU's Not Unix 的缩写，指类似 Unix 的自由软件的完整的操作系统。——译者注
　　② Berkeley Software Distribution，伯克利软件套件，是 Unix 的衍生系统。——译者注

结语

在本章和上一章中，介绍了分析网络中心化创新环境中的结构和机会的框架。首先，定义了两种网络中心化创新的范畴，并解释了四种网络中心化创新模式。其次，提出了创新角色的类型，也明确了网络管理的三个要素——网络监管、知识管理和知识产权管理。在接下来的几章中，我们将运用这个框架进一步阐述网络中心化创新的不同模式。

第Ⅲ部分

全球脑

网络中心化创新的

四种模式

第 **5** 章 Chapter 5

乐团创新模式

　　请回忆一下上次应邀参加的自带饭菜的晚会。主人通常会确定一种主题，例如烧烤，或者意大利料理，他还会要求每位客人都带一道菜，一个甜品，或者其他一些能烘托就餐主题的东西。主人自己一般会负责主菜，客人带的东西则是为整个宴会锦上添花。

　　再看一个"石头浓汤"的故事。传说一个大兵来到一个闹饥荒的村子，发现村民们因猜疑都把食物藏了起来。起先大兵打算到别处去碰碰运气，但他转念一想，心生一计。他跟大伙说浓汤的原料自己都备齐了，接着就往大铁锅里加满清水，下面点上火，还往锅里放了一块石头。一个好奇的村民凑过来问大兵在干什么。大兵说自己在做好喝的石头浓汤，要是再来点白菜就更好了。不一会儿，有人就把白菜拿来了。大兵又说，可能还缺点土豆和洋葱。不一会儿另一个人就帮着补齐了。就这样，从白菜到调料，都从村民那儿得到了。最后大家都喝到了美味的浓汤。

　　这两个故事既有相似点又有不同点。相似之处在于两个故事里面都有一个核心角色（宴会的主人和过路大兵）负责确定主题，而团队成员所做的努力都围绕这个主题展开。另一个相似之处在于作出贡献的成员（不管是晚宴的客人，还是村里的村民）都共同分享了最终成果。不同的是，宴会的主办者负责主菜，作为整个晚宴的基础。客人们所做的努力起到锦上添花的作用。而在石头浓汤的故事里，是通过村民们各自拿出的食物混合在一起，才做出了大家共享的美味。

　　上述的相似点和不同点正好可以解释网络中心化创新过程中乐团创新模式的两种类型。上文提到过，乐团创新模式，即若干企业联合起来，由主导企业定义创新项目的一个清晰的结构框架，然后众企业共同努力，寻找基于此创新项目的市场机遇。这里有三个重要的概念，即主导企业、创新结构和网络成员。但是，根据主导企业扮演的角色、创新结构发挥的作用、网络成员工作的性质的不同，乐团创新模式又分为两类。

第一，乐团—集成型。石头浓汤的案例就属于这种类型。主导企业（或者网络的领导者）为核心创新项目确定框架，网络成员承担各不相同的工作任务，再由主导企业把各组成部分整合在一起，对其进行营销开发。

第二，乐团—平台型。宴会的案例属于这种类型。主导企业确定并提供一个基本的结构框架作为创新项目的基础平台，其他网络成员在此基础上进行补充和丰富。网络成员的创新同时或分别从广度和深度上完善了这个基础平台。

在本章中，我们将通过具体例子描述这两种类型的乐团创新模式，其中包括了不同的创新角色和网络管理系统。下面我们将以波音公司787梦幻客机的开发这一绝佳例子来介绍乐团—集成型创新模式。

乐团—集成模式：以波音787梦幻客机为例

787梦幻客机项目由波音公司于2004年4月26号正式启动。787客机是200～300座客机，标志着波音公司进军中型长途商用客机市场。首批客机本计划于2008年5月交付使用。能否从空中客车公司手中夺回价值600亿美元的喷气式飞机市场霸主地位，787项目是波音公司的关键一搏。

从基本设计到技术，再到为乘客和机组人员准备的机上设施，新款787客机都进行了大幅度的改进。由于采用新型轻质碳合成材料作为主体材料，787客机与其他同类客机相比，油耗将降低至少20%。787客机适用通用电气公司的GEnx和劳斯莱斯汽车公司的Trent 1000两种型号的发动机，也就是说，787客机提供了一个标准的发动机界面，每架新飞机都可以在不作任何改动的前提下使用上述任何一款发动机，这无疑增加了生产的灵活性和适应性。

对于乘客和机组成员来说，787客机的内部设计也颇具新意。比如，787客机是一架数字客机，机组人员可以使用电子航班程序包（electronic flight bags，EFB）来处理电子表格、电子备忘录和其他相关信息；乘客则可以借助卫星通信系统登录互联网，还可享受无线系统维护和全程娱乐服务。另一个有趣的创新在于舱内压强和湿度的控制。787 客机的舱内压强被控制在 6 000 英尺高度，这与传统的 8 000 英尺高度是不同的。增加压强的目的在于提供更加舒适的旅途体验，特别是在长距离飞行中。与之相类似的是，787 客机的舱内湿度也保持在 20％～30％ 的标准，而其他传统飞机只有 10％。这依赖于由碳合成材料制成的机身结构不会被湿气腐蚀，而较高的湿度自然增加了乘客的舒适感。

波音公司前首席执行官哈里·斯通塞弗（Harry Stonecipher）先生在 2004 年把新型 787 客机喻为波音公司的"游戏规则颠覆者"。前波音商用客机公司的首席执行官艾伦·穆拉利（Alan Mulally）对 787 客机的评价是"下一航空时代中商用航空领域的标杆"。两位所称道的都是上面提到的尖端技术和创新特点，同时也概括了 787 客机从设计到制造的整个过程中采用的创新模式。

事实上，787 梦幻客机的故事同时也是商用航空领域的一次"创新模式本身的创新"。这也正是波音公司对 787 客机诞生过程和与全球伙伴合作的经历的一个界定。

@ 波音公司的网络中心化创新战略

在研发 787 客机的过程中，波音公司采取的设计和开发战略从根本上背离了传统模式。787 项目组认为，所有负责零部件生产的外部合作伙伴都同时负有相关部件的设计责任。这正是对以往研发流程最大的背离，787 项目中波音公司并没有包揽设计工作而只让合作商进行生产。从一开始，787 项目就是一个网络成员高度合作的项目。

波音公司在全球范围内集结了众多值得信赖的合作伙伴，参与到从概念到生产的整个研发过程。这些参与合作的公司遍布世界各地，包括日本、澳大利亚、意大利、加拿大等。每个合作者都要经过一系列的严格标准进行筛选，以使每个企业都要对更高水平的系统和组织负责，而且还要带动各自供应链上的分包商和供应商。

设计和研发工作不是单纯地外包给这些合作伙伴，实际上，合作者也要对这些项目进行融资。波音公司的国际关系部高级副总裁托马斯·皮克林（Thomas Pickering）曾说过"利益共享，风险共担。得到好处的人也要相应地承担风险"。具体到这个项目，就是合作者承担当前设计制造的相关费用，以此来对 787 项目进行投资。在研发新客机所需的约 100 亿美元中，合作伙伴们承担了近 40 亿美元。波音公司要求它们自行消化这些研发过程中产生的一次性费用，也就是说，合作者不可以将这笔费用分摊到自己产品的售价中去，这一点在各合作者与波音公司签订的协议中有明确规定。各份合同中都有条款反映波音体系的核心主题"一损俱损，一荣俱荣"。

虽然客户的作用在很大程度上被局限在产品概念阶段，为客机设计提供一些想法和建议，但它们依然是波音 787 客机设计网络中的一分子。波音召开"项目峰会"，邀请众多客户伙伴（世界各地的航空公司）参与大规模讨论，对客户需求进行开放性的探讨，并提出 787 客机设计理念的标准化和简单化的想法。这种做法也有利于波音公司的客户及时跟进 787 客机的研发进展。787 项目中的每个参与者（网络成员）在操作过程中都彼此相关，同时它们又都与波音保持直接联系。787 项目是高度中心化的创新系统，以波音为核心，辅之以全球合作伙伴。

787 客机的研发过程可划分为三个阶段：概念形成期、联合研发期、具体设计期。早在 2003 年，波音公司就成立了 787 项目中央管理团队，并任命具有 24 年丰富经验的专家迈克尔·布莱尔（Michael Blair）担任 787 项目的高级副总裁兼项目负责人。这标志着第一个阶段的开始。波音公司的另一位经验丰富的专家沃尔特·吉勒特（Walter Gillette）也加入了该小组，自 20 世纪 70 年代中期，吉勒特对每架波音喷气式飞机的技术创新都功不可没。他也将是 787 梦幻客机的创新力量。在这一阶段，该团队与一系列外部组织互相配合，其中包括客户（航空公司）、供应商、技术专家以及营销专家，以识别并定义新型客机的基本概念。这些工作确保了 787 新型客机的商业运营空间。波音公司还积极吸取外部组织对于机身构架的创新。比如，将新型复合材料用于机身结构，并测试通过了若干替代材料。在基本概念形成以后，下面的工作就是确定 787 客机的基本结构。

在联合研发阶段，首要任务是敲定新型飞机的基本外形构架。787 项目总负责人迈克尔·布莱尔认为，坚固的构架指的是牢固的飞机结构，精确的推进和系统构架。比如，确定螺旋桨和机翼的规格，机身、尾翼、引擎和其他所有零部件的精确尺寸。换言之，这个阶段的工作决定了客机的基本构架。

虽然与最终构架相关的决定权全都集中在波音公司的手上，但是各国合作伙伴的参与也同样至关重要，原因在于正是从这一步开始，合作者开始承担产品研发的相关风险。波音和它的伙伴们花费了一年左右的时间来确定 787 客机的构架。

787 项目团队最终于 2005 年 9 月 15 号拿出了客机构架方案。

联合研发阶段的任务不仅包括确定 787 客机的构架，同时也要明确各国参与者之间设计任务的划分以及所应共同遵守的标准及评价指标。新机型整个结构的设计工作分为 6 个"独立单元"或者说 6 个工作组。其中每个大型部件都从零开始由一个或若干项目合作者进行设计。

从机体结构的设计到开发，波音公司仅负责约 35% 的工作，包括垂直尾翼、舱板、机翼固定及活动的导向板、部分前机身，以及机翼与机身的连接处。其他的任务则由众多全球合作伙伴联合完成。它们包括三菱重工、富士重工、意大利阿莱尼亚航空工业公司、沃特飞机公司、美国古德里奇公司、川崎重工公司等（如图 5—1 所示）。

图 5—1　波音 787 客机设计与开发任务分配

三菱重工负责飞机主翼箱设计，富士重工则设计和开发中央翼箱，并负责将翼箱与主着陆轮整合起来。川崎重工负责提供机翼和机舱连接的侧翼部分、主着陆轮和将主翼固定在侧翼边缘。意大利的阿莱尼亚航空工业公司设计并开发宽达 64 英尺的水平稳定器，并与沃特公司联手制造整体侧翼。

不同于按图施工的老模式，这次要求参与者"设计加施工"，波音只给出一个总体的框架以及目标性能标准，至于怎样达到这个标准就是每个参与合作的公司自己的事情了。由此，客机整体架构的科学性和性能的卓越性自然成为各国参与者所追求的共同目标。

全球借脑：让更多聪明人为你的公司工作

明确了客机结构以后，波音率领其合作伙伴开始了第三个也是最后一个创新阶段——具体设计主要部件。每个参与者都清楚，最终的成败不仅由自己的努力所决定，同时也取决于其他公司的投入。正是出于对全局目标的理解，各国合作者齐心协力地开展设计开发活动。

客机部件从设计到生产的工作都由合作者完成。787客机的各部件被运往华盛顿州的埃弗里特市进行最后的组装。

本来预计787客机在埃弗里特市的组装时间为3天，然而波音公司计划在2011年之前将这一时间缩短至两天。这也就意味着，每两天就有一架崭新的波音787客机可以翱翔蓝天！

● 787项目中波音公司及合作伙伴扮演的不同角色

我们来回顾787项目中波音公司和合作者所发挥的不同的作用。波音负责核心设计，确定客机的总体架构，具体到各个部件的细节设计则由各合作者分别负责。实际上，合作者们承担了整个设计工作的70%以上。更值得一提的是，大部分重要结构的设计开发工作也是由各国合作者完成的。比如，日本公司就包揽了整个787客机机翼部分的设计开发工作。正如波音的托马斯·皮克林所说："我们第一次把整个机翼托付给合作伙伴。"事实上，没有任何其他型号的波音飞机使用过外国公司提供的机翼，波音公司对这类被喻为"皇冠上的宝石"的飞机制造关键技术是严格保密的。

因此，波音在787客机开发项目中扮演的角色与以往有着本质的区别。用波音公司负责飞机研发与生产的副总裁斯科特·斯特罗德（Scott Strode）的话来说，波音从一个"制造者"转型成为了一个"整合者"。斯特罗德指出，波音作为"整合者"肩负起了更多的责任，其中包括组建团队、分派任务、明确要求、统一流程和通用工具，以及决定关键技术问题等。

这一转变是波音宏伟计划的一部分——波音2016愿景：将公司从制造者转变成尖端客机的设计整合者。而且波音的合作伙伴对此十分理解。正如波音787项目合作伙伴之一的沃特飞机公司负责产品质量和设计的副总裁维恩·布鲁莫尔（Vern Broomall）所说："波音负责整合，其他公司负责部件生产，这样的商业模式是一种全新的尝试。"

波音是整个系统的核心决策者。虽然其他合作者设计自己负责的部件时有较高的自主性，但是遇到重大研发问题时，还需要一个最高决策者。这些决策则由波音管理层做出。负责波音商用机全球战略合作伙伴的副总裁史蒂夫·谢弗（Steve Shaffer）恰如其分地概括说："我们之间信息共享，相互合作，波音虚心听取合作者的想法，但是最终波音拥有绝对的领导权。"

波音的另一项职责是在成员间明确地划分任务，做到相互独立，互不重叠。就像沃特公司的布鲁莫尔所评价的，这个项目的权责划分清晰明确，任务安排连贯紧密，超越了以往任何一次。沃特公司目前正在着手设计机身的两个大型部件，不久将与意大利阿莱尼亚航空工业公司设计的其他部件进行组装。布鲁莫尔表示，他们和意大利公司协同作业，关系融洽，波音则为这一切提供支持和便利。因此，团队中各成员按照自己的设计思路操作的同时，波音不仅要为累积的知识创新提供便利，还要合理安排这些分散的创新活动。

作为整合者，波音相对有限地参与细节工作，是为了把更多的精力和工作重心放到其他业务上。正如沃尔特·吉勒特所说，作为整合者，波音需要在产品开发阶段更注意倾听客户的声音。同时，波音可以专心致力于提高产品的整体性和竞争力，以应对复杂的外部环境和剧烈的市场变化。

那么，在这个合作网络中各国合作者发挥了什么作用呢？它们的首要任务是进行创新，协助波音确定新客机的整体构架并负责各零部件的设计和开发方面的创新。同时它们也要负责筛选和监督项目中的二三级参与者（各自的供应商），这项工作以往一直是由波音公司自己负责的。由外部组织来管理二三级供应商，而不是自己亲力亲为，从这个角度讲，787项目开创了波音商用飞机开发的先河。

● 团队管理

要协调来自三大洲的合作伙伴，对信息交流和沟通提出了很大挑战。全球各地的公司必须实时利用统一的表达方式进行沟通，解读其他公司的设计信息，并与自己负责的设计工作相融合。也就是说，为了在设计方面进行协同合作，必须建立一个系统，提供通用的语言，支持各公司之间的对话交流，实现设计信息的快速传达和整合。作为创新系统的领导者，波音有责任提供这样一个信息管理的基础设施。

为了迎接这一挑战，波音建立了一个先进的全球虚拟协作体系，合作伙伴以此来共享信息，协同合作。设在波音和各个合作伙伴的全球协作中心彼此互连以召开视频会议，并通过加密传输以提高安全性。

这个终极解决方案集合了许多先进的技术和工具。比如，波音与法

全球借脑：让更多聪明人为你的公司工作

国软件公司达索系统进行合作，利用一套产品周期管理软件工具来支持合作设计与开发任务。其中包括 CATIA（V5），一种计算机辅助设计工具；DELMIA，一种制造解决方案；以及 ENOVIA，一种工程设计界面。各国的合作者还积极利用航空业网上交易平台 Exostar，获取有用的协作工具。同样，利用瑞迪科技公司的数据库和通信系统传输海量信息。此外，波音还开发出了一种可视化应用系统，各国合作者可以对设计内容进行实时检查，而不必考虑下载模式的延迟。

所有这些工具帮助组成了一个高度协作的网络，而实时互动系统则促进了成员间的沟通交流。而且客机构架和设计界面被植入公共数据库，实现了所有成员的共享。另外大量工具使用标准化的工程设计语言，便于理解和整合不同公司的设计内容。

波音商用客机全球战略合作伙伴的副总裁史蒂夫·谢弗表示，787 项目很重视成员的全局意识。每个成员都对其他公司的设计工作保持关注，同时还要注意外部环境对商业计划和技术革新的影响。全局意识，或者说是共同的时局观念是网络中心化创新活动的基础之一。在整个 787 项目中，全球协作体系建立并维护了这种成员间的全局意识。

● 营造互信体系

在与合作者签订的合同中，波音明确列出了合作的性质及其成果的相关要求。此外，波音还下大力气营造了一个互信的合作体系。全球合作者很快意识到，把大家组成一个团队，并在技术方面达成一致，这绝非易事。克服既有文化习惯的冲撞就更是难上加难了。迈向成功的关键要素是相互信赖，相互理解，相互包容。

比如翼箱的开发是由日本三菱重工负责的。787 客机的翼箱将是有史以来商用飞机的最大零部件。在开发和测试过程中，三菱重工要与波音和系统中的其他合作者紧密协调。在测试阶段，三菱与波音关于雏形选择和测试材料方面意见相左。测试材料宽约 18 英尺，长约 50 英尺，是整个机翼的一半长度。新材料的使用面临两方面挑战：新部件的设计和新材料的研发。

波音机翼测试与技术生命周期生产小组的负责人丹·史密斯（Dan Smith）说："我们在项目之初就努力在波音和三菱之间建立互信。"例如史密斯要求波音和三菱在 6 周内完成测试设备雏形的初步开发，具体分工是波音负责设计雏形，三菱负责研究出用于雏形检验的工具。设立了

"啤酒/清酒比赛"，不能按期完成任务的一方要为对方购买啤酒/清酒以示惩罚。这种做法提高了公司之间的互信，竞赛的结果是皆大欢喜，两家都按要求完成了任务，都喝到了由对方买单的啤酒和清酒。重要的是，两家公司加深了彼此的理解，肯定了彼此的能力。

这种彼此信任以及对合作伙伴工作和文化背景的理解应该推广到每个合作成员中去，而不是仅局限于两家公司之间。这需要从全新的视角审视风险共担和信息共享。史蒂夫·哈金斯（Steve Huggins）是波音的主要合作者之一古德里奇公司负责战略发展的资深副总裁，他认为，以往大家都对自己的市场战略和公司信息保密，就像玩扑克时深藏自己的底牌一样。然而在787项目中，大家的做法却恰恰相反。哈金斯说，各公司畅谈各自对未来的预测，描绘愿景，不是为迎合波音公司这个大老板，而更像是同事之间的交流。而且信息和创意的共享有利于进一步的互信和整体性，这些恰恰是网络中心化创新成功的根本所在。

当然这种做法也有不利之处，从长期来看，波音承担了保密技术泄露的风险。比如，机翼设计技术被称为"皇冠上的宝石"，而参与787机翼设计的日本公司在航空制造方向也有自己的狼子野心。再如，川崎重工就有意独立进军商用航空市场。同样，三菱重工也打算利用在787项目中积累起来的材料知识为自己日后的发展服务。三菱的执行副总裁评价说，对于日本企业在未来几年内发展成为30～50座民用飞机的独立制造商，787项目将起到重要作用。波音与其他公司的这种合作会不会引起技术泄露进而培养出未来的竞争者呢？答案只能留给时间了。

@ 与空客 A380 和波音 777 项目比较

总的说来，787梦幻客机涵盖了网络中心化创新中乐团—集成模式的全部特点。表5—1概括了这种模式的基本特点。

表 5—1	波音 787 梦幻客机的合作网络
网络中心化 创新诸要素	波音 787 梦幻客机合作网络
创新系统的性质	在外部合作者的协助下，由波音公司决定新机型的市场定位和基本构架。这一规定决定了创新网络的性质，也包含了设计研发新机型的协作模式。

续前表

网络中心化 创新诸要素	波音 787 梦幻客机合作网络
网络领导结构	波音公司是整个网络的领导者，所有重大事项包括机型构架在内都由波音公司一家公司决定。也就是说，网络的领导权是高度集中的。

创新角色分配

建筑师	波音发挥集成者的作用，也是网络中的唯一领导者。
改进者	如川崎和富士重工等合作伙伴研发出新型客机的主要部件，在网络中扮演创新者的角色。
代理者	波音公司与所有合作公司保持直线联系，因此在这种模式中不存在任何中介机构。

创新网络管理

网络监管	波音与各成员签订正式协议，并在系统中建立互信机制，通过严格的系统准入和高可信度的运作机制对网络进行监管与协调。
知识管理	全球协作中心遍布各地，为成员对话、信息交流和技术集成提供服务，并提升了互动沟通的质量。
知识产权归属 和创新成果分配	采用专利保护和其他规范手段对知识产权进行管理。787 项目的部分知识产权属于波音公司，部分属于其他全球合作伙伴，还有一些由双方共有。

在结束这个案例的讨论之前，有必要与波音 777 客机和竞争者空客 A380 客机的生产研发过程进行比较，以突出波音公司在 787 项目中的独到之处。表 5—2 对这三者进行了分析比较。

表 5—2　　　　波音 777、波音 787、空客 A380 研发策略比较

特征	波音 777 项目	波音 787 项目	空中客车 A380 项目
基本情况	1990 年启动，耗资 60 亿~70 亿美元。	2004 年启动，耗资 130 亿~140 亿美元。	2002 年启动，耗资 100 亿~120 亿美元。
总体策略	合作者按图施工。	合作者自行设计制造，并达到要求性能。	按图施工与自行设计制造相结合。

续前表

特征	波音 777 项目	波音 787 项目	空中客车 A380 项目
成员关系	波音作为甲方，控制管理所有供应商，包括二三级供应商。	波音遴选出核心的全球合作者，由它们自行筛选监督二三级供应商。	空客作为甲方，筛选并控制所有供应商。
风险及利润分摊方式	供应商以固定价格合同的方式投标承包，承担很小的创新和财务风险。	合作者投入资金承担研发成本，并承担大额的技术和财务风险。	供应商共出资 31 亿美元，承担较大的财务资金风险。
领导者的作用	波音从零开始承担全部设计、研发、制造和装配任务；供应商负责提供零部件。	波音作为乐团—集中模式的指挥者，规划并协调系统成员的创新活动。	空客在法国图卢兹设立中央指挥中心，协调成员合作。
任务分配	波音承担 76% 的研发和制造任务；负责关键部件的研发制造。	波音承担 35% 的研发制造任务；包括机翼部分的核心部件都交由全球合作者负责。	空客公司是研发的主体；负责关键部件的研发制造。

在宽体客机 777 的研发过程中，波音采用了传统的"按图施工"的做法，供应商只需按照波音要求的规格进行生产。因此，777 客机的设计包含的重大技术突破，大多是波音的功劳，外部合作者的贡献微乎其微。以日本企业为例，只负责不到 20% 的零部件生产工作。而且，与 787 项目不同，很多关键技术（如机翼设计）是波音严格保密的。另外，在 777 项目中，供应商只承担十分有限的与技术和对新的设计和生产的投入有关的风险。

虽然空客 A380 项目体现了网络中心化的方法，但与波音 787 相比还是逊色不少。为什么称之为网络中心化的方法呢？表面上看来，空客公司是总部设在法国图卢兹的一家独立运作的企业。而实际上，它由分别位于英国、法国、德国和西班牙的四个独立的分支机构组成。这四家欧洲航空公司正是空客的前身。事实上，早在 2006 年，空客前任首席执行官克里斯蒂安·斯特雷夫（Christian Streff）就说过，空客还只是这四家公司的简单叠加而已。这四家公司要承受各自所在国政治方面的压力，还会因利益的不一致性而产生分歧和不满。所有这些都令空客公司十分头疼。

A380 的设计研发工作由这四家子公司分摊，其中由英国公司负责机翼设计，德国公司负责机舱外设，西班牙公司负责尾翼，法国公司进行最终的装配。另外，许多欧洲和世界其他地方的供应商也参与了一些次要部位的附件设计工作。应该说 A380 跟随了网络中心化创新形式，尽管与 787 项目相比，外围供应商的设计职责受到了限制。不过，像 787 项目一样，空客 A380 的供应商也承担了部分研发费用，大约为 31 亿美元。

上述这些在创新过程中采用乐团—集成创新模式的例子留给了我们什么启示呢？波音 787 与波音 777 相比，大大缩短了研发时间，促进了创新技术和材料的提升，降低了总体的研发成本。沃特公司的布鲁莫尔说："与以往的机型相比，我们少用 1/3 到 1/2 左右的研发时间，节省了 50% 的研发成本。"

另外，A380 的例子也说明了主导企业（整合者）的领导作用在创新过程中是至关重要的。2006 年 7 月，空客公司发表郑重声明，由于 A380 内部的线路设计问题，该计划将被推迟。具体来说，就是汉堡公司设计生产的线路不符合法国图卢兹的装配要求。调查表明，产生问题的原因是使用了互不兼容的设计软件。仔细分析 A380 项目就会发现，虽然对设计任务进行了分配，但是却没有人扮演领导者，而这个角色关乎乐团—集成型创新的成败。另一个问题是，A380 项目中没有一个通用的知识管理系统。用于 A380 研发的 PLM 软件工具已经落伍，在支持各成员间虚拟协作方面的作用十分有限。例如，该软件不能建立 A380 的数字实体模式。这种知识管理能力的缺陷加上组织领导工作的不到位，破坏了团队成员间应有的共识，从而不能及时发现设计中的不足，导致了项目延误和费用增加。

我们可以从这些事例中归纳出乐团—集成模式成功运作的三个要点：

● 作为整合者的主导企业必须在团队中处于强势领导地位。主导企业必须有能力对创新网络进行总体规划和调整修改，促进并协调成员间的创新活动，对最终的创新成果进行集中整合和市场推广。

● 主要的团队伙伴应该对创新项目充分投入。换言之，主导企业应该保证所有合作伙伴利益共享、风险共担。

● 主导企业应为成员间的互信营造适宜环境，并能实现网络内知识的实时共享，以提高全局意识。

接下来我们来研究乐团创新模式的第二种类型——乐团—平台型创新模式。

乐团—平台模式：以 Salesforce. com 和 AppExchange 为例

在第 2 章中，曾经提到过 Salesforce. com，那是一家客户关系管理解决方案的提供商，利用它旗下的 AppExchange 论坛进行网络中心化创新的先行者。在下面的篇幅里，我们将系统分析这个乐团—平台创新模式的成功案例。

@ Salesforce. com——从出售解决方案到提供创新平台

在迅速崛起的客户关系管理市场中，1999 年成立于旧金山的 Salesforce. com 是行业的领跑者之一。该公司的软件产品主要适用于销售力量、市场营销、伙伴关系管理以及客户服务与支持等的自动化。其中的销售力量自动化服务可以为客户建立一套用于管理客户账户、追踪销售动向、分析消费趋势以及协调销售队伍的其他工作的系统。营销自动化服务帮助企业管理营销活动。客户服务与支持自动化则是帮助企业与现有客户进行全方位的沟通互动，处理产品维修、意见或建议、投诉等方面的问题。

该公司产品的主要特色就是客户可以通过普通的网络接口登录其网站，按自己的需要定制合适的产品。这种按需定制、网上交付的软件系统在未来的十几年中将会有长足发展。据预测，到 2011 年，25％的企业软件将实现"度身定制"。成立 8 年来，Salesforce 公司凭借其在网上交付型软件市场上独到的经营理念，迅速成长为行业的明星企业。到 2007 年 7 月，已经有 32 000 多个客户使用该公司的软件，并有 646 000 多用户有偿订购各种信息服务。

Salesforce 公司不甘于只在客户关系管理方面取得的成绩。从 2003 年开始，公司就着手搭建并运营了一个软件创新平台。具体来说就是公司搭建了一个用于按需型软件开发的基础平台，以供全世界的有识之士进行软件开发，并扩展 Salesforce 公司的核心产品。公司打算通过转型，在原来客户关系管理系统的基础上，进军其他领域的应用软件市场。这种平台战略使 Salesforce 公司无须完全利用自有资源，而是利用外部软件开发者的资源和能力，进而使自己提升为全方位企业电子商务解决方案的提供商。

Salesforce 公司的创始人马克·贝尼奥夫（Marc Benioff）说："我们公司的战略是百花齐放，优中求新。"公司希望外部合作者设计出的操作系统可以与公司原有的客户关系管理系统整合，优化现有的使用界面，整合各种功能，这样 Salesforce 公司就可以坐享产品功能的扩展和升级。

Salesforce 公司的技术平台

Salesforce 公司开发的技术平台包括若干部分，外部开发者可以利用这样的平台按需开发软件。最重要的是它包括了核心的销售与营销功能和客户服务与支持功能。此外，该平台还包括了按需操作平台、按需编程语言、集成平台，还有按需资源共享的服务。

来看一看技术平台中的重要组成部分——Apex 编程语言。Apex 是公司向外部设计者和客户开放的类似 Java 的按需编程语言。用它编写的程序可以像网络服务一样按照 XML 和 SOAP 标准进入。Apex 编码可以在公司网站的服务器上自由读写，并且在速度和质量上优于其他语言。功能的加强为外部设计者提供了更广阔的空间。此外，利用 Apex 编制的程序可以通过与客户关系管理系统相兼容的程序编写界面进行数据的读取和控制。

Salesforce 公司的合作伙伴可以利用 Apex 语言设计整套的新程序并与原有的客户关系管理程序进行整合。原因在于 Apex 语言本身就是从公司内部的研发语言的基础上衍生出来的。同样，现有客户也可以利用 Apex 语言来定制产品的特点和功能。这样，外部开发者和客户都可以独立于 Salesforce 的平台本身，用规范的方式编写和修改应用程序。

Salesforce 公司的创新平台还具有其他一些提高整体性能和软件功能的特点。比如，它拥有一个数据关系应用程序接口，可以用于复杂数据关系的读取和管理、实时通信，还包括一个针对其他程序和重大事件的提示系统。此外，Ajax 工具包将 Salesforce 公司网站的所有程序通过"程序大全"与谷歌地图等其他系统联系在一起。

开放这样一个技术平台，公司有自己的想法。负责程序管理的副总裁亚当·格罗斯（Adam Gross）说："我们的目标是开发数以万计的按需定制软件。其中我们只研发客户关系管理方面的应用程序，我们通过 Apex 编程语言和我们的技术平台将舞台留给我们的合作者，由他们自由发挥，设计出各种按需应用软件，从人力资源管理到库存管理，再到各种电子商务交易软件。"实际上，通过推广 Apex，公司扩大了在企业管理软件领域的影响力。就像 Java 在 20 世纪 90 年代在客户网络中发挥的作用一样，公司希望 Apex 也可以在新兴的按需型网上交付软件市场上大放异彩。

与乐团—集成型创新不同的是，乐团—平台型创新模式中的主导企业所做的不是在团队成员间进行分工，而是为创新建立一个基础平台，团队成员可以在此基础上进行补充完善，拓展原有产品的领域。

当然，这种创新模式所需要的不仅仅是建立一个技术平台，还需要平台的管理者领导推动团队成员在原有的创新成果上锦上添花。在这个例子中，实现平台管理的途径是 AppExchange 开发者网络或者说论坛。

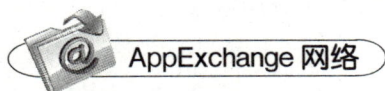

@ AppExchange 网络

AppExchange 是 Salesforce 公司创建的一个论坛，作为所有成员交流共享的平台。这些成员中既有独立的软件开发商，也有客户和其他技术合作伙伴。AppExchange 论坛发挥着多重作用，既为外部开发者研发的辅助性应用软件提供市场平台，又便于成员间技术知识的共享。

在 Salesforce 公司创建的这个创新网络中，其主要参与者是独立软件开发者，他们依托公司的技术平台开发应用程序。他们扮演的角色是"补充者"，在核心的客户关系管理解决方案之上补充各种应用程序。他们可以天马行空地进行创新，只需要考虑平台的技术参数和市场需求，剩下的就是挑战他们自己的创造力了。

下面我们通过两个例子来了解一下 AppExchange 平台中功能齐全的应用软件。语音处理软件开发商 Envox Worldwide 公司开发了一款名为 Envox Phonelink 的程序，使客户可以在客户关系管理软件的基础上为其客服中心增加屏幕弹出和点击拨号的功能。另一个外部开发者"软件梦工厂"，在客户关系管理软件的基础上加入了许多辅助功能，包括团队协作自动化和管理能力等，具体有项目管理、统筹时间和文件共享能力。

AppExchange 有两个目标：第一，帮助公司得到平台技术，以及利用这些技术的信息。作为领导者，Salesforce 公司唯一的任务就是定义这个平台，并引导平台升级。它通过 AppExchange 与软件开发者沟通交流，告知这些合作者有关平台的最新发展，探讨业界的需求变化和行业大事，致力于新技术的应用。

第二，搭建软件发布与交易平台。外部开发者可以将自己研发的程序列入 AppExchange 的产品目录。现有客户或者其他系统成员可以通过浏览目录，试用或者直接购买安装自己感兴趣的产品。

到 2007 年 7 月，AppExchange 的产品目录上已经列出了约 600 种按需定制的软件，功能涉及财务解决方案、人力资源管理以及库存管理等。在 Salesforce 公司的 32 000 个用户中有多达 7 400 个安装过目录中的至少一个应用程序。其中的一些是免费提供的，另一些则是有偿使用的。产品目录为查找、测试和安装这些应用程序提供了便利，就像浏览苹果公司的 iTunes 网站试听并下载或购买流行歌曲一样简单。因此，AppExchange 就是提供基于公司的技术平台开发的商业应用程序的在线共享服务的服务商。

Salesforce 公司把 AppExchange 称作"按需计算的 eBay"，外部开发者可以通过这个平台开发和提供与公司的原有核心解决方案能很好融合的"服务生态系统"。就像 eBay 网站一样，公司实现了几何级数的扩张。产品越多，客户越多。良性循环下去，研发者也就越多。

● AppExchange 的管理

就像 eBay 一样，Salesforce 公司在为众多外部研发者和合作伙伴提供这样一个平台的同时，也要对其进行必要的管理和监督。Salesforce 使用了如下正式和非正式的机制对 AppExchange 进行管理。

● 注册：没有注册的软件开发者或者合作伙伴不能享受 AppExchange 的目录服务。也就是说，虽然注册是免费的，但公司还是可以利用进入限制来实现第一步管理。

● 认证：发布和交易应用软件之前，所有软件都要经过全面的检查和认证过程。这样做的目的在于确保平台上的软件符合安全、稳定和质量等方面的标准。整个过程包含一个严格的"300 点测试"，具体包括安全性审核、整合与功能设计检查、功能测试和客户试用。最后一步客户试用的目的在于了解客户反馈。顺利通过所有审核程序的应用软件才可以得到"AppExchange 认证软件"的标志。

● 品质评级：公司利用使用者社区对软件品质进行评估。就像 eBay 一样，用户群体是评价软件质量的评委。评委们在使用后对软件给出从 1 颗星到 5 颗星的五个层次评价，最终的平均成绩会显示在产品目录中。用户也可以对软件提出具体的评论或修改意见。

● 平台监管：Salesforce 公司也对外部研发者使用技术平台的情况进行监督，从而保护平台及解决方案的完整性。外部开发者提供的软件可能过于复杂或根本不能执行，也有可能违背操作简易、准确可信等公司价值理念。为了规避这些风险，公司实施了一些预防措施来避免 Apex 的使用者由于不当使用而产生的问题。比如，每一次执行 Apex 编码，系统都会对其内容过程和所调用的资源进行经常性的监督。也就是说，公司对这些程序的监督并不是在审核后就结束了，而是延续到其以后的使用中。

平台领导者的其他创举

Salesforce 公司近几年也采取了其他一些措施来更好地为网络创新服务，保证创新产品的品质。

● 交流灵感，各抒己见

Salesforce 公司的客户同样是创新网络的一分子。他们是新软件或软件升级的灵感之源。公司专门设立了一个名为"灵感集市"（IdeaExchange）的论坛，方便感兴趣的客户就产品和技术方面的问题与公司进行沟通交流。用户可以登录到论坛中，提出自己的产品升级方案或是新产品的概念。公司会及时考虑这些评论和意见，并从中筛选出具有建设性和可操作的想法。大家也可以跟帖灌水，从而置顶那些有价值的帖子。反响最大的创意自然会得到公司的重视并积极地研究开发。用户还可以通过这个论坛与公司的产品经理直接互动。因此，"灵感集市"为 Salesforce 公司的用户提供了一个积极参与到产品创新中以实现价值最大化的机制。

最重要的是，这个论坛也是外部研发者的"灵感花园"。论坛中涉及的很多问题都是客户希望增加到现有软件体系中但目前还不存在的功能和服务。这也说明了个性化软件补丁的市场潜力。同时公司也利用这个平台向客户和股东披露技术信息和产品开发计划。正如公司高级副总裁肯德尔·柯林斯（Kendall Collins）所说，"灵感集市"为公司的发展计划、客户的需求铺设了一条公开透明的路线图。

● 联合营销，价值共享

AppExchange 是软件补丁的交易市场。外部研发者可以推广和交易自己的软件给潜在客户。也就是说，AppExchange 是按需定制软件的全球市场，并不只是外部研发者价值共享的工具。在软件营销的过程中，Salesforce. com 发挥着更为积极的作用。

例如，在一种软件得到公司的认证后，开发方可以跟 Salesforce 公司一起进行联合营销，包括事件赞助和在 AppExchange 上付费陈列等。此外，公司的销售团队也会积极地推广运作一些满足客户需要的软件补丁。这就相当于外部开发者利用 Salesforce 公司的营销力量来推广自己的软件。公司原来的核心客户关系管理软件和这些软件补丁相得益彰，提高了整个软件包的竞争力。每成交一个软件补丁，Salesforce 公司会给研发者一定比例的提成。

● 联盟协作，统一战线

有些技术公司也是 Salesforce 公司软件创新网络的核心成员。其中包括主要网络设备的制造商，网络安全、电子集成技术等方面的公司。利用这些伙伴的辅助技术，Salesforce 公司可以为特定行业的客户度身定做电子商务解决方案。

Salesforce 公司把这些合作伙伴联合起来为平台提供各方技术和营销支持。例如，为了发展 Apex 程序设计语言，公司组建了"Apex 联盟"，其中包括埃森哲公司、Adobe 公司、Business Objects 公司、辛格勒无线公司（Cingular Wireless）、戴尔公司、德勤会计师事务所、ExactTarget公司、奔迈公司（Palm）、RIM 公司、萨蒂扬软件技术公司（Satyam Computers）、西门子公司和塔塔咨询服务公司等。

通过联盟和论坛，Salesforce 公司发布技术平台的动向，为外部开发方和联盟成员定位软件市场的潜在机会和开发方向。同时联盟也把 Salesforce 公司和其他的行业领头羊联系在一起，提高了行业地位和市场形象，从而吸引更多外部研发者参与到系统中。

● AppExchange 中心商业孵化器

前面我们已经提到过，Salesforce 公司在软件补丁营销推广中发挥了积极的作用。2006 年下半年，公司提出了一个更加大胆的计划，成立 AppExchange 中心"商业孵化器"，鼓励、促进各种软件开发创新活动。

实际上，AppExchange 中心就是一个创新软件的孵化器，基础设施由 Salesforce 公司出资构建。中心同时也对公司内部有意协助软件开发的技术人员开放。首家 AppExchange 中心于 2007 年 1 月在加州的圣马蒂奥成立，靠近 Salesforce 公司位于旧金山的总部。合作伙伴可以以一年 20 000 美元的价格租用该中心的办公室，当然这笔费用也包括使用 Salesforce 公司的技术支持和营销资源。公司正计划在东京、伦敦、班加罗尔、新加坡等地建立更多类似的创新中心。

创新中心的作用在于为外部开发伙伴提供一揽子商务服务，从而缩短研发时间，降低市场运作成本。这些服务包括使用 Apex 编程语言，利用技术平台上的各种控件，提供用于研发的基础设施，协助产品开发，支持市场运作，负责资金筹集，规划商业前景等。

创新中心体现了 Salesforce 公司在搭建整个创新网络中所应发挥的积极作用。这个中心在发掘有潜力的外部研发者的同时，也为它们开发和推广创新成果提供了实在的帮助。反过来，公司也期待着此举可以增强客户对技术平台和客户关系管理核心产品的需求。

创新中心还可以给公司提供发现"黑马"人才和朝阳企业的机会，以备公司今后人才和产品的扩展。

对于并购其他公司，Salesforce 公司尽管表现得野心不大，但是在许多情况下，这种并购是双赢的。比如在 2006 年，Salesforce 公司并购了一家名为"Kieden"的小型公司，该公司的核心业务是一款基于主服务器之上的附加软件，功能在于竞买和管理基于谷歌引擎的广告营销活动。这款软件的作用在于能够通过分析谷歌广告关键词的浏览者的购买力排名，帮助广告经理分析其推广方案的营销效果。并购使得这个只有 4 个人的旧金山公司能够开发这款软件的公用版本，并能在 AppExchange 这个舞台上全方位地展示自身优势。

Kieden 的例子说明 Salesforce 公司可以通过多种途径利用其开发者社区中的创新力量。这既可以为各种软件的研发提供帮助，从而提高整个技术平台的综合实力，也可以吸纳明星软件融入公司原有的核心软件包当中。

乐团—平台模式的主要特征

概括地说，AppExchange 代表着 Salesforce 公司的一个转型，从一个只提供客户关系管理软件的公司转变为一个提供创新平台和各类型按需定制程序、利用和平衡网络中的各方力量来提高自身价值的平台领导企业。表5—3归纳了 Salesforce 公司的乐团—平台型网络中心化创新活动中的几个要素。

表5—3	Salesforce 公司与 AppExchange 论坛的创新平台
网络中心创新的要素	Salesforce 公司和 AppExchange 论坛
创新网络的性质	基于核心的客户关系管理软件和按需调整的结构框架，外部研发者利用该平台研发应用程序。AppExchange 既是创新系统的基础，也帮助实现程序间的对话。
网络领导的结构	Salesforce 公司是创新系统的领导者，拥有这个核心的技术平台，决策与平台升级有关的所有问题。
角色分配	
建筑师	Salesforce 公司是该平台的领导者，是创新网络中唯一的领导者。
改进者	外部开发商起到补充丰富的作用，对核心客户关系管理软件的功能进行补充或者强化；客户是灵感的源泉，提出各种未满足的需求，并对新软件的效果进行评估。
代理者	Salesforce 公司还承担代理者的角色，通过 AppExchange 产品目录，把外部开发商的软件推介给终端客户。
创新网络管理	
网络监管	Salesforce 公司的合作伙伴管理系统通过明晰的选择标准遴选出合格的外部合作者，将它们与公司建立起准正式的联系；Salesforce 公司管理协调外部开发者社区；AppExchange 则作为成员间进行软件交易的市场平台。
知识管理	ADN（AppExchange 开发者网络）是一个成员间开展对话和知识共享的论坛，同时 Salesforce 公司也可以利用这个网络对不同的开发者进行分类集中。如 adn@dreamforce 等的离线论坛把外部开发者集中在一起，探讨平台今后的发展方向。AppExchange 的商业孵化器提供所需的技术为合作者所用。
知识产权归属和创新成果分配	AppExchange 为外部开发者提供主要的市场机制。Salesforce.com 也利用自己的销售力量和市场渠道营销推广这些软件补丁，而相关的知识产权归开发者所有。

就像 IBM、微软、英特尔、思科等平台领导者一样，Salesforce.com 在这个例子中突出了领导者在指挥协调网络成员的创新过程中所应发挥的核心作用。通过对技术平台的缜密规划，平台领导者为整个创新活动提供了一个核心框架，指导并整合了原本分散的各方力量。而且，通过这个案例我们可以看出，平台领导者的责任包括三个重要方面：第一，培养和资助网络中的合作伙伴；第二，协助并支持创新活动；第三，负责产品的市场转化和相关收益分配。

在第 10 章讨论平台领导者的组织能力时，我们还要提到上述内容。

结语

本章讨论的乐团创新模式的两种形式就如同一个硬币的两面。

在两种创新形式中，由主导企业构建的创新构架是网络参与者进行创新活动的基础。不同的是，在乐团—集成模式中，创新构架的作用在于为参与者的创新活动限定一个范围，使其创新成果满足主导企业设定的目标产品或者服务的要求。而在乐团—平台模式中，平台的作用表现在为创新系统中各参与者拓展创新空间，并以此提升平台的整体实力和范围。

两种形式共同面临的棘手问题是如何把一群各自为政的精英集合在一起，组织他们全身心地投入网络创新，协调创新活动并转化成令整个创新系统共同受益的创新成果。总之，主导企业应该在团队中树立这样的形象，即自己是在为所有团队成员提供一个机会，大家积极参与，分享成功。

第6章 Chapter 6

创新集市模式

有时候，企业可能通过全球智囊库"采购"创意，而不是由企业自己去开发新产品。创新集市指创意、产品和技术的全球市场。当企业觉得市场时机是一个重要的考虑因素，或是企业感觉外部环境充满创新潜力时，到创新集市采购显得尤为重要。

对创新思维、创新产品或是创新技术的采购其实与购买食物来充饥没有什么不同。在采购者面前有两种不同的选择。你可以去食品杂货店买原料自己做饭吃；你也可以在饭店订购现成的饭菜。自己做饭可以节省一部分成本，但是要花费较多的时间和精力；而且，如果不是一名专业厨师，你做的饭菜质量可能有点难以把握。从饭店订购饭菜又快又方便，并且大多数情况下能确保饭菜质量，然而，你的选择会局限于菜单上的种类。还有一个需要考虑的因素，那就是你必须为这种便利与饭菜质量支付较高的价格。

同样，一家企业购买创新产品也面临相似的选择。第一种选择，你可以从发明者那里得到产品和技术创意的"原料"，然后将这些设想付诸实践变成商品和服务。第二种选择，你可以获得市场上成熟的产品、技术，甚至是一家初创的企业。正如拿购买食物所作的分析，这两个选择在成本、范围、风险和进入市场的时机上是截然不同的。

无论企业以何种方式购买创意，都需要同创新者和创新中间商在网络中的合作。本章中，我们将介绍企业在创新集市中购买创新产品的不同选择。正如我们在第3章所提到的，实施这种创新模式的一般是大企业，它们利用来自外部的创新思维和技术，以及自身的商业化基础设施（比如品牌、设计能力、销售渠道等）将创意变成实际的产品推向市场。

创新集市的连续集

　　企业可以获得不同成熟度的技术创意或是创新产品，有的只是一个想法或概念，有的则是可以直接拿来推向市场的产品。企业可以使用不同的机制或依靠不同类型的中间商获取这样的创新成果。所谓不同的机制，是指企业究竟愿意花费多大的代价，或是承担多大的风险来获得这些创新成果。此外，企业还得考虑其他各种因素，例如，创新网络中能够收集到多少创意，需要花多长时间才能把创意变成商品推向市场。图6—1 显示的是创新获取机制的连续集，也即创新集市的连续集。

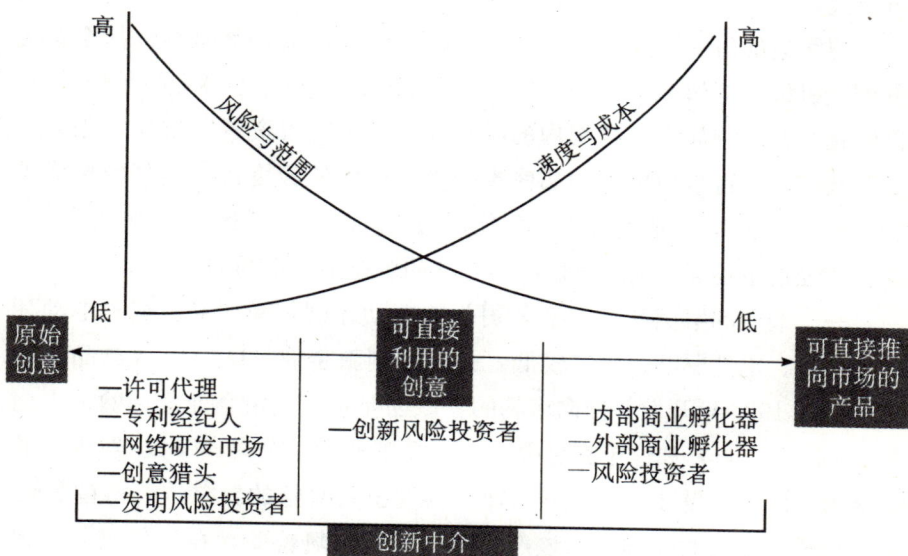

图6—1　创新集市的连续集

　　在连续集的左端，企业能获得的是未开发完善的"原始"的产品或技术创意。它们可以直接与个体发明者接洽，收购其创意。例如宝洁公司的"联系与开发"（Connect＋Develop）计划，它邀请发明者提交具有商业潜力的专利产品或技术构思。卡夫、金佰利等公司也通过自己的网

全球借脑：让更多聪明人为你的公司工作

站发出通知，邀请个体发明者提供产品创意。

这种原始创意或专利发明也能够从创新中间商那里获得，包括专利经纪人和网络研发市场（例如 NineSigma 和 Yet2.com）。这些中间商致力于大企业和个体发明者之间的联系。他们是纯粹的经纪人，因为他们只是从中撮合，而并不涉足创意的开发。还有另外一种中间商，就是所谓的"创意猎头"，他们代表大企业到发明者网络社区猎取创意，使用他们的专业市场技能锁定新创意，而并不投入到创新过程中。这类经纪人和中间商能够在更广的范围内猎取原始创意，降低了获取成本。但是发明者的创意不太成熟，要变成产品上市，还有一条漫长的道路。就这点而论，这样做的市场风险较大，企业必须通过二次开发和市场测试来降低风险。

连续集的另一端是企业可以直接购买创新产品，其机制包括企业内部孵化机构（例如 Salesforce.com 的 AppExchange 中心商业孵化器）、外部孵化机构（例如大学校园内的孵化器）和风险投资者（指投资创新产品和技术、自行承担风险的那些投资者，他们的最终目的是将创新成果转让给大企业）。一般情况下，孵化机构或风险投资者提供的创意都是成熟的、经过市场证明的、可以找到合适的企业投入市场的。

一个经典的案例就是宝洁公司收购电动牙刷创新产品。这种电动牙刷（新颖、电池驱动、成本较低）是一家创新企业（Dr. Johns 产品有限公司）在 1999 年开发并推向市场的。该创新企业是由企业家约翰·奥谢尔（John Osher）和位于克里夫兰的一家工业设计公司诺丁汉-斯皮克的合伙人，以及该设计公司的专职律师共同出资兴建的。宝洁公司在 2001 年收购电动牙刷的专利时，该产品已经通过市场检验，在沃尔玛超市销售得非常成功。

在这种形式的创新集市上，企业可以将创新产品或创新技术直接收购，投入市场。因此，大企业承担的创新风险较低，投入市场中获益所需的时间也较短。然而，收益与投入是成正比的。这种创新产品或技术的采购成本很高（例如，宝洁公司为得到电动牙刷付出的代价是 4.75 亿美元）。而且，企业能够猎取的创新产品或技术也是有限的，因为这样的成熟创意数量有限。当然，购买创新产品和技术的大企业一般都有现成的市场渠道、销售组织，以及将产品推向市场的基础设施，一般情况下，企业也不必再为此投入成本。

@ 创新投资者——填补中间空白

上述两种方式都不是购买创新产品和技术最合适的解决方案。连续集左端的创意猎头等中间机构只是把原始的创意卖给企业，而风险投资者、创新孵化公司则是把成熟的产品或是把一个完整的创新企业卖给大企业。购买原始的创意风险太大，而购买完全成熟的企业成本太高。正如一些精明的政客喜欢说的，"这里必然有第三条道路"，一种包含了两种方法优势的最优机制。在创新集市连续集中，确实存在填补中间空白的"第三条道路"，它帮助企业在创新的范围、成本、风险和进入市场的时机等方面实现平衡。

我们称这第三条道路为"创新投资者"（innovation capitalist，IC）。创新投资者是一个组织，它从个体发明者中筛选有投资意义的创意，将这些创意变成成熟的概念，然后再将相关的知识产权卖给大企业。实际上，这些创新投资者所提供的是"成熟的创意"，它既不同于原始的创意，也不同于成熟的产品。所以，创新投资者所提供的价值超越了创新经纪人（如创意猎头、研发市场等）。具体来说，创新投资者实际上是对创意进行投资，承担风险，以出让知识产权的形式获得利润。

创新投资者充当的是大企业创新活动中"模糊前期"（fuzzy front-end）的延伸。所谓模糊前期，就是企业创新中最初始的、不系统的部分。这使得企业在商业收益和创新投入之间有了一个理想的投资回报。与前文提到的食品烹饪相比，创新投资者销售的是半成品，也就是经过配制的菜肴原料，只需少许加工就能成为可口的饭菜。

在深入探讨创新投资者的特征以及企业如何与它们合作之前，我们先研究创新集市连续集左端的企业寻求原始创意的两种选择，也就是与发明者团体合作，以及与创新中介（例如创意猎头）合作。我们不讨论创新集市连续集右端的那种选择，因为收购创新企业等于传统的并购，这不属于网络中心化创新的范围。

与发明者团体合作：Dial 公司及"创新伙伴"活动

与发明者合作可以直接到达源头，即拥有创意的个人。要了解这种

全球借脑：让更多聪明人为你的公司工作

方式如何运作，可以考察 Dial 公司的经营方式。Dial 公司是一家大型消费品生产企业，总部设在美国亚利桑那州的斯科特斯戴尔市。该公司设立了一个名为"创新伙伴"的项目，目的是积极地与发明者联系。目前，Dial 公司的核心市场主要有三个：个人护理、衣物护理和家居护理。公司的著名品牌有 Dial，Purex，Right Guard，Pure & Natural，Borax 和 Soft Scrub 等。它的产品在美国市场上已经销售 130 多年。1953 年，Dial 公司设计了一个十分著名的广告语，"使用 Dial 将给您带来快乐"。依此，Dial 成为全美国最受欢迎的抗菌皂品牌。

2004 年 3 月，Dial 公司成为德国汉高公司的子公司。汉高是一家总部设在德国杜塞尔多夫市的消费品生产企业集团。尽管母公司汉高公司为 Dial 公司打开了全球的市场，但是在美国，与行业巨头（如宝洁、强生）相比，Dial 公司依然是一家中等规模的企业。这种规模上的差距迫使 Dial 公司不得不将战略的重点放在创新方面，以保持自己的竞争优势。近几年，积极的创新促使公司以更广阔的渠道从外部获取创新资源，尤其是由"创新伙伴"活动所获得的合作关系。

Dial 公司与外部发明者合作始于 2003 年。当时，公司建立了一个单独的机构，称为"技术采购部"。德博拉·帕克（Debra Park）被任命为采购部部长，负责从外部寻找新的产品和技术创意，再将值得商业化运作的创意交给公司的研发部门。

2004 年，技术采购部迈出了第一步，那就是启动"创新伙伴"项目。该项目最初是一个网站。个体发明者可以通过网站将自己已经获得专利的创意提交给公司，由公司评估其潜在的商业价值。如果认为具有商业价值，Dial 公司就会与发明者洽谈，甚至直接从发明者手里收购。2004 年，作为项目的一部分，Dial 公司发起了一场针对个体发明者的竞赛，称之为"寻找冠军"。在这场竞赛中，公司邀请参赛者提交已经获得专利权的（或者正在申请专利的）创意，将其分门别类，并从中挑选。

竞赛中通过网络递交的创意达数百件。Dial 公司成立了一个审查小组，对这些创意进行筛选，最后留下 60 件。审查小组要求入围者制作一个表达想法的 5 分钟短片，以使公司形成一定的感性认识。Dial 公司还要求发明者回答两个重要问题："如何将创意变成现实？由创意形成的产品与现有的产品相比有哪些优势？"根据这些短片的内容，Dial 公司将范围进一步缩小到前 10 位。此后，公司邀请这些发明者到位于亚利桑那州的公司总部，向公司的高管展示他们的创意。

公司为每一位发明者分配了一个展台，展示他们发明创造的产品原型。评委从中挑选出了 3 个最优的创意，并给予发明者奖励。Dial 公司同意将这 3 种最优的创意放到市场上接受检验，进行可行性分析。公司与发明者签订协议，如果某种创意具有市场潜力，公司将购买这个专利。

2005 年，Dial 公司又组织了一场冠军争夺赛，收集到许多新的创意。同年，公司又为"创新伙伴"项目增加了一个内容，设立名为"提交创意赢大奖"的抽奖活动。从所有符合抽奖基本条件（例如，有专利权或是正在申请专利的创意）的创意提交者中，随机抽取 3 位中奖者，每位奖励 1 000 美元。这项活动的宗旨是吸引发明者浏览网站，向公司提交自己的创意。到目前为止，"创新伙伴"项目至少采用了 5 种产品创意，这些创意已列入 Dial 公司的产品开发中。对相对成熟的日用消费品市场来说，公司能够设计这样的合作项目意义深远。

Dial 公司的创新伙伴项目有许多方面值得关注。首先是创新网络的性质。Dial 公司创新网络的成员基本上是个体发明者，他们的个性差异很大。德博拉·帕克曾经说过："他们中的一部分是退休的研究人员，多年来一直在研究这样的创意，如今退休在家，有足够的时间继续他们的研究。但是，也有一些人是灵光闪现。而且，这些人的生活经历各不相同。"

Dial 公司与本地和国内许多发明者协会合作，通过这些渠道联系到各种各样的发明者。公司认为，通过与发明者团体建立相互信任的合作关系是至关重要的。通过与发明者协会合作，Dial 公司向人们暗示自己是一个可靠的、值得信任的伙伴。Dial 公司先后得到两个发明者协会的支持和帮助，即美国发明者协会和亚利桑那州发明者协会。美国发明者协会将从 Dial 公司那里得到的"寻找冠军"及其他活动的信息传递给发明者团体。据德博拉说："美国发明者协会在发明者团体中备受尊重。所以，参赛者更加信任从它那里得到的消息……在这些发明者眼中，Dial 公司是一家信得过的大企业。"

Dial 公司也为创意的商业化运作搭建了一个平台。我们可以把这样的角色称为"创新门户"，指像门户网站一样为市场提供创意服务。作为创新网络的主导者，Dial 为创意的商业化运作进行决策，并决定用何种方式开发新产品，以及如何将新产品推向市场。如果这些创意拥有专

全球借脑：让更多聪明人为你的公司工作

利权，Dial 公司就会对创新产品的收益进行价值评估，与发明者分享。

Dial 公司成功运作的关键是为拥有创意的发明者提供了门户网站那样的服务。德博拉·帕克说过："创新伙伴项目的一个理念是'首先考虑 Dial'。谁有了新的创意，应该首先想到我们，而不是我们的竞争对手。我们要打造一种形象，让发明者愿意与我们合作。"为了达到这个目标，Dial 公司努力使整个运作过程透明化，并且与发明者团体建立长期的、互相信任的合作关系。例如，公司确保能够及时、有礼貌地将创意的成果传达给发明者。正是公司的这些举动，使得它能够与发明者建立牢固的网络，这些发明者愿意将自己的创意提供给 Dial 公司。

尽管 Dial 公司不使用中间机构，直接与个体发明者联络，但是它得到了发明者协会的帮助，通过发明者协会将各种活动信息传达给发明者团体。例如，发明者协会帮助宣传 Dial 公司组织的竞赛，主动与全国各地的地方协会进行沟通。发明者协会愿意充当这样的角色，因为它们一直都在花大力气教育协会成员不要受那些假冒的专利经纪人的欺骗。而且，通过与像 Dial 这样具有良好声誉的企业合作，协会能够保证发明者可以从创意的商业化运作中得到理想的回报。反过来，Dial 也赞助了一些协会的教育活动，以此来巩固自己在发明者协会中"模范企业"的形象。

在与个体发明者的合作中，发明者之间在网络中并没有正式的联系，因此对他们的管理主要是基于信任和声誉。大多数发明者对专利权或者如何对产品进行商业化运作知之甚少。因此，他们对 Dial 公司的信任就显得格外重要。另一方面，Dial 公司也非常需要在发明者团体中树立良好的声誉。发明者只要与 Dial 公司有任何的不愉快经历，人们就会一传十、十传百，Dial 公司想要成为发明者群体受欢迎的门户网站的目标也会泡汤。

Dial 公司也向发明者承诺，只要是有前途的创意，就一定会组织力量对其进行产品开发。例如，Dial 公司有这样一个规定，即使一项创意并不完全符合公司的产品组合战略，公司也会出资组织对其进行评价。如果没有这样的规定，个体发明者提供的创意很可能被搁置在公司里，没有推向市场的希望，因而就会挫伤发明者提交创意的积极性。

进一步来说，由于汉高公司收购了 Dial 公司，对创意的收集和利用有了更浓重的全球化色彩。例如，2007 年初，汉高设立了"创新奖"，那是全球范围的产品创意竞赛。这项竞赛是由美国的发明者协会与国际发明者协会合作组织的，包括德国发明家协会和美国发明家协会。而且如果某一项产品创意不能完全符合 Dial 公司当前的产品战略，就会被推荐给汉高公司的其他业务单元。德博拉说："我们现在不仅为 Dial 公司收集创意，也为汉高公司做这样的事情。"这种全球化的运作方式使 Dial 公司对个体发明者具有更强的吸引力。

Dial 公司使用多个指标来评价创新合作项目是否成功。它把创意的价值体现分成几个阶段，例如通过网络提交的创意，经受概念测试的创意，进行产品开发的创意，产品最终投放市场的创意。显然，最主要的评价指标是一项创意能否变成产品投放市场。正如德博拉所说："创新合作项目是否成功，终究还是要看有多少创意变成产品，最后贴上 Dial 的品牌投放市场。这是评价我的工作的唯一标准。"

Dial 公司是使用创新集市模式的先行者之一，宝洁、金佰利、卡夫食品等公司也已经开始使用相似的创新模式。然而，Dial 公司的案例说明，这种模式的成功需要精心打造与发明者团体的长期合作关系，构建相互之间的信任，要努力寻求发明者团体的帮助。

与创意猎头合作：BIG 及 "创意猎头"

创新集市模式的另一种形式不是直接与发明者接触，而是依赖中介机构（例如创意猎头）去寻找创新思想或技术。

坐落在英国汉普郡曼彻斯特市的大创意集团（Big Idea Group，BIG）就是一家专门为大企业寻找创意的公司，尤其是日用品、食品、饮料、小家电方面的创意和技术。这家公司是在 2000 年由迈克·柯林斯（Mike Collins）创立的。迈克曾是一位风险投资者和玩具生产企业家。多年来，公司构建了一个大型的个体发明者网络，通过这一网络来寻找创意。

曾经有一档电视节目叫"文物鉴赏"，在节目中由文物专家对人们从家中带来的文物进行鉴别。BIG 也有自己的"鉴赏节目"，它组织各地的发明者提交自己的创意，由专家进行快速、免费的评估。不管是公司，还是发明者本人，在创意评估阶段都不需要承担任何责任。如果最初的评估表明这个创意具有开发潜力，BIG公司将邀请发明者以一种较为正式的方式提交创意，并且签署授权协议书，依此BIG负责将创意推荐给某一家客户企业，进行商业化运作。如果有公司对这个创意感兴趣，BIG将与发明者分享收益（大多数情况下是五五分成。）。

BIG通过创意鉴赏活动实现了几个目标：

■ 它为个体发明者提供免费服务，因此在发明者团体中赢得了声誉和信任。

■ 每一位参加创意鉴赏的发明者（无论其创意是否得到开发和商业化运作）都将成为BIG"发明者网络"的成员。鉴赏活动有助于BIG建立公司的珍贵资源，那就是发明者网络。2007年7月，BIG的发明者网络已经拥有12 000多个发明者，对任何一家目标客户企业而言，这都是一个不可小觑的创意资源。

■ 在其巨大的发明者网络中，BIG格外关注前500位"优秀发明者"。公司认为，这些人的创新能力很强，他们的才能符合客户企业对创新人才的选择标准。

这种聚焦式的发掘被称为"创意猎头"。BIG代表大企业客户（如吉列公司、史泰博办公用品公司等）和精密工具制造企业（如德国的博世公司、美国的Dremel磨具公司等）发掘创意。BIG通过创意发掘活动从发明者网络中搜寻有价值的创意，帮助客户企业满足市场的需求。例如，一家客户企业指定了具有广泛的或特定的市场需求的产品，BIG依此将信息传递给发明者网络，寻找潜在的产品创意。发明者通过网络递交创意后，BIG会对创意进行筛选，然后提供给客户企业。这样的创意发掘可能会花费赞助企业4万美元以上。迄今为止，BIG已经为其客户企业开发出60余种新产品，其客户企业包括史泰博、eToys等。

BIG并不是唯一一家扮演这类中间商角色的企业。另一家创意猎头企业是产品开发集团公司（PDG）。它代表客户企业（如史泰博）接受、汇总、评估新产品创意。其目的是判断新产品创意与史泰博公司的需求是否一致。PDG并不对创意的未来前景进行市场研究。它仅仅在交给客户企业之前，对接收的创意进行筛选、整合。

在电子研发市场也有相似的企业，如InnoCentive和Yet2.com。个体发明者在这类网站上递交专利技术，同时企业也到网络上浏览，评估其潜在的商业价值。许多新兴的企业都加入到这个领域，我们将在"智力风投公司：创新投资者"专栏中介绍。

智力风投公司：创新投资者

智力风险投资公司（Intellectual Ventures LLC, IV）是一家创新投资公司。它是在 2000 年由前微软首席技术官内森·麦沃尔德（Nathan Myhrvold）和科学家爱德华·琼格（Edward Jund）合作创办。公司的目标是投资专利权，将收购来的专利转让给有意将专利进行商业化运作的客户企业。麦沃尔德和琼格创立这家企业是基于这样一个信条，那就是发明或专利是"商业食物链中最有价值的部分"。

然而，IV 并非关注于个体专利的市场化，而是通过将与某共同市场问题相关的专利的整合来实现增值。因此，公司的重点不在于传统的产品开发和专利转化，而是为客户企业提供一套更加完备的基于已有的商业化运作环境的专利组合。

对于客户企业来说，像 IV 这样的中介提供了两种潜在的利益：

■ 就如创意猎头，它设法捕获创新思想和技术，也就是说，它是在做"沙里淘金"那样的最艰难的工作。

■ 它是在将各种专利和商业机会进行匹配，再将匹配的结果提供给客户企业，这样就加速了创新的流程，提高了其成功率。

值得一提的是，企业从创新投资者那里购得这些专利以后，仍然需要对其进行开发和商业化运作，这也是格外困难的工作。

像 BIG 和 PDG 这样的创新中介所发挥的作用是在发明者网络和寻找创意的大企业之间联络。正如 BIG 的创始人柯林斯所说："企业不想和发明者一对一地联络。我们看到了在发明者和需要产品创意的客户之间搭建一座桥梁的需求。"这些中介并不在产品开发和创意验证等工作上进行投资。它们只是对创意进行筛选、过滤，提炼出有价值的想法。

然而，要做到这些，它们首先要接近发明者团体。因此，BIG 等企业需要具备建立和维护一个个体发明者网络的能力，这是十分关键的。从这个网络中，企业能获取创新创意。网络越大，对创意的搜索成功率就越高。但是，由于网络中的个体发明者之间没有正式的关系，所以，凝聚网络的是管理的社会机制，即信任和声誉体系。信息技术（例如网络论坛）可被用来进行个体发明者之间的沟通、交流和知识共享。同时，人们用协议、专利许可等手段对创意加以利用，分享创意创造的价值。

与创新投资者合作

　　创新投资者（innovation capitalist，IC）实际上是一个机构，它从发明者团体和其他外部渠道寻找并评估创新思想和创新技术，然后对这些思想和技术进行提炼、开发，再把这些创意和技术推销给大的客户企业。换句话说，一家 IC 机构是在把创意转换成大企业能够对其进行价值判断的产品概念（参见：IC 公司的特征）。

IC 公司的特征

　　常青树 IP 公司（Evergreen IP，EIP）是一家坐落在美国科罗拉多州常青树市的一家信息技术公司，它的主要业务是在消费品创新市场寻找创意。具体来说，就是从个体发明者中发掘有前途的创意，并通过市场调研、产品设计和专利申请等工作为这些创意增值。然后把创意或是专利技术转让给生产消费品的大企业，例如宝洁公司、Dial 公司等。其目标产品门类很广，包括保健产品、美容产品、日常家用器具、宠物保健用品、宠物玩具，以及技术含量不高的小物件。公司的创始人中有一名企业家、一名会计师、一名消费产品的营销专家。这家企业至今已收到 1 600 多种产品创意，有超过 15 种正在进行中的产品开发项目，其中有 6 个项目正商谈购买。

　　IgniteIP（IIP）是一家总部设在美国的投资公司，在纽约和加州都有办事机构，它的主要业务是发掘创新思想和创新技术。公司设法发掘有前途的创意并对其进行投资（投资额从 50 万美元到 200 万美元不等），然后通过传统的市场渠道转让专利。为了做到这一点，企业聘请了各类专家，例如技术、生产、营销和法律方面的专家。IIP 在技术领域的高层管理者之间建立了一个广阔的网络，并利用这个网络去开展知识产权的营销工作，把入选、提升后的创意销售出去。至于投资风险（主要是技术风险和开发风险），公司与发明者共同分担。尽管 IIP 没有十分明确的投资方向，但是它主要关注的领域是化学、能源、环境和软件。

　　IC 帮助企业将创意构思和创意开发两项工作外包给其他的机构和个人，而在整个产品开发过程中，这两项工作是最具风险和最耗时费力的环节。IC 的价值主张主要表现在四个方面：范围广、风险小、速度快、成本低。IC 能够为大企业拓宽它们的创新范围，帮助企业在更大的范围内筛选创意。企业可以不必与发明者团体直接联系，不必投入过多的精力去实施关系管理，不必太多地承担利用知识产权的风险。而且，企业接触到的创新思想和创新技术比较成熟，商业化运作成功的几率更高。

因此就降低了创新风险，缩短了商业化运作的时间，也降低了购入创新成果的成本。IC还帮助企业降低了管理成本，企业可以直接依靠自己的品牌和经营渠道去利用创新成果。有时候，IC在较早的阶段介入创意开发和专利收购，这就比购入一家成熟的创新企业成本要低得多。正因为有了这样的四项价值主张，IC就有条件去分享客户企业的创新收益。

那么，IC与我们在本章中讨论的其他创意获取渠道有多少区别呢？在表6—1中，我们归纳了IC与其他创意发掘渠道的差异。正如我们先前所阐述的，IC对创意进行投资，还进行增值运作，这与创意猎头和专利经纪人是有差异的。尽管IC与风险投资企业有一些共同的特征，但是它们在资金投入上是很有限的，而且它们的投资主要是在创意的提炼上，而不是为把创意变成实际的产品去组建公司，实施管理。另外，IC所开展的大多数项目（创新产品或创新技术），一般都不同于VC（风险投资者）的商业模式。它们一般规模不大，没有能力去开展必要的研发或生产管理，也没有能力去拓展市场渠道。IC的预期盈利也低于VC，也就是说，它们的投入不如VC，当然回报也要小得多。总部设在纽约的琼斯公司的合伙人之一史蒂芬·马伦鲍姆（Stephan Mallenbaum）说："一家IC就像是大型客户企业创新机构的分支机构。它所提供的服务很独特，弥补了VC的服务空缺。"

表6—1   **IC和其他创新中介的特征比较**

特征	创意猎头、发明投资者等	创新投资者	风险投资者、创新孵化器等
核心目标	建立个体发明者与企业之间的关系	建立可商业化运作的创意与企业之间的关系	建立创新公司与企业之间的关系
关键功能	在创意市场承担经纪业务	为创意提供生产和营销专家	为创新企业提供营销和财务专家
增值	寻找并筛选与企业创新目标匹配的创意	将"原始创意"转变为可市场化运作的概念	为创意成立一个机构
核心竞争力	成本收益高 有利于对创意进行测试 建立发明者团体网络	前端创新管理 提供生产和营销专家 开展关系管理 提供知识产权管理	建立风险投资公司 提供营销专家 提供财务风险管理 建立发明者团体网络

续前表

特征	创意猎头、 发明投资者等	创新投资者	风险投资者、 创新孵化器等
资金投入	在创意开发上没有投入	在创意开发上投入较少	为建立风险投资机构投入很多
所承担的风险	没有或较少	承担较大的前期创意开发风险	承担较大的财务风险
知识产权	没有或较少	享有知识产权	拥有风险公司和知识产权的股权
与客户企业的关系	转让创意	长期合作关系	转让创意

@ 创新投资者的价值链及竞争力

为了实现公司的价值主张，创新投资者要建立自己的价值链。这一价值链由三部分组成：寻找和评估创意、开发和提炼创意、对创新思想及创新技术进行营销。图6—2显示的是创新投资者的价值链，表6—2则罗列了其需要具备的竞争力。下面将仔细分析创新投资者的价值链和竞争力。

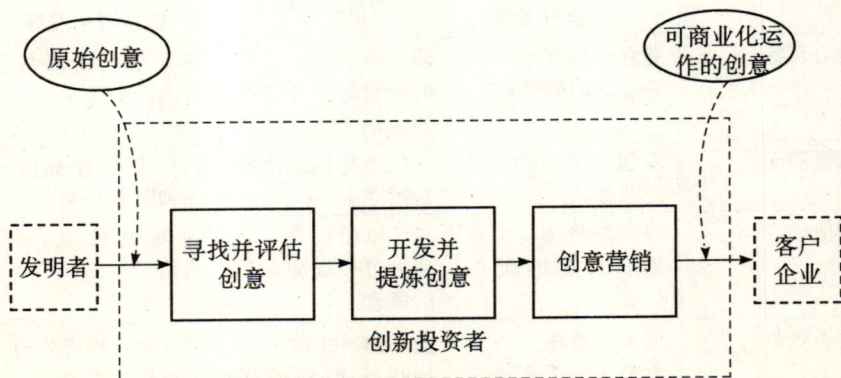

图6—2 创新投资者的价值链

表 6—2　　　　　　　　　　　　创新投资者的竞争力

创新投资价值链	竞争力		
	生产及营销	创新项目管理	网络及关系
寻找及评估	评估市场风险 识别关键的市场需求或空白	建立清晰的评价体系 管理知识产权风险	建立并维护发明者网络 建立发明者网络中的信任体系 传递客户企业及市场的需求信息
开发及提炼	整合行业信息 明确营销成功的要素	管理创意开发风险 协调创意开发活动	建立并维护合作者网络
营销	了解客户企业的品牌及主要创新需求 管理知识产权	了解客户企业的创新流程和评价指标	建立与客户企业的长期关系 构建价值评价机制 传递创意的市场潜力

● 寻找及评估创意

所谓寻找和评估，是指从发明者团体中收集创意，并选择那些最具潜力的创意进行开发，使之成为适合市场需求的产品或者技术。

这项活动需要两种能力。第一是 IC 必须建立一个发明者网络，从而保证从广泛的区域中收集各种创意。一些 IC 公司积极参与地区或是当地的发明者俱乐部活动，赞助对发明者的培训活动。与发明者团体的直接联系，有利于建立 IC 公司声誉，并与发明者团体建立长期的、相互信任的关系。由于历史的原因，相互信任是至关重要的。过去，由于个体发明者对专利申请和创意的商业化运作知之甚少，一些专利经纪人从中渔利，创意中介机构也因此而名声不佳。建立信任，提供公平、公正的创意评价体系，对于从发明者团体中收集好的创意来说至关重要。IIP 的合伙创始人和董事布兰登·威廉斯（Brandon Williams）说过："整个运作过程应该是一个双赢的过程。"

第二种能力是筛选和识别创意的能力，也就是遴选出那些值得投资和开发的创意。一般情况下，第一次筛选是对创意核心价值的定性分析，看其能否获得理想的知识产权。这被称为"5 分钟取样测试"。由于原始创意的样本很大，所以 IC 公司要能够尽量降低相关的成本。前文中提到过 BIG 的例子，该公司在全国各地组织对创意的"鉴赏"活动，个体发明者都能参加，提交自己的创新思想和创新技术，然后由专家进行评价，

全球借脑：让更多聪明人为你的公司工作

这是符合成本效益机制的。另一方面，常青树 IP 公司则是利用一种被称作"社区中心"的方法。公司派出创意猎头到那些发明者经常去的地方，实地对创意进行评价。用这种方法，常青树 IP 公司可以通过口碑相传找到"创意的发源地"，并且提供快捷的评估，这能够帮助发明者调整自己的思路，并促使发明者再次光临 IP 公司。公司这样做的目的是提供一种公平、透明的评价机制，方便企业迅速地发现、评价有商业价值的创意。

通过最初的评估以后，企业要对创意进行严格的定量测试，以检测创新产品和创新技术是否具备市场价值。例如，EIP 公司就运用创意拦截工具（Merwin，由一家市场调研公司开发的数据库）对创意进行评估和打分，从而判断其潜在的市场价值。EIP 公司的合伙创办者约翰·芬克（John Funk）对初期的筛选工作做了如下的描绘：

> 按照这种评价工具，能够在市场上取得成功的创意平均得分是 100 分。消费品制造企业一般都是用创意拦截工具来测试创意。如果一项创意能够得到 120 分，他们会欢喜雀跃。但是，我们却认为这远远不够，我们追求的目标是 170 分。只有达到 170 分，才能通过第一层筛选。接着，我们再使用一种叫作"风险螺旋式降低"的模型。什么是成功的最大阻碍？是否有可以保护的知识产权？如果没有可保护的知识产权，就不会有可以转让的专利技术。因此，有时候我们要先考虑知识产权，进行专利调查，看是否有申请专利的可能性。

> 这项创意的价值有多大？如果得到授权，它能带来足够的投资回报吗？评价工具发挥的作用就在这里。因此，我们既能够明确创新产品，通过设计来提升其价值，也能保证我们购买创意是有意义的，并且能够寻找到理想的买家。

> 如果找到了一家大的客户企业，我们会与它建立良好的合作关系。所有的人都知道我们，喜欢我们，我们能够与管理层会面商谈。但是，如果我们没有东西能够吸引客户的兴趣，那就没有意义了。大企业的工作中惯性很大，因此，我们必须让它们认为物有所值，愿意来采购我们的产品创意。

● 开发及提炼创意

在收集到创意以后，要对创意进行开发和提炼，目的是判断其是否具有商业化的潜力，能否最终被转售给大企业。一般情况下，IC 公司首先要与发明者谈判，协商获得部分知识产权，这是公司追加投资的先决条件。到了这一阶段，创意已经变成了 IC 公司的一个项目，公司的项目管理能力决定了项目成功的几率。

尽管开发和提炼创意的许多工作可以外包给其他公司去做，但是 IC 公司本身必须具备两种能力：第一，相关领域的知识；第二，杰出的市场定位能力。创意的转化过程通常是非常曲折的，公司一边要判断存在的风险，一边要设法降低风险。这些风险有的是市场风险（它反过来需要由市场来验证），有的是制造风险（它检验着企业的设计能力和制造能力），有的是知识产权保护风险（它需要企业评价知识产权的价值），等等。创意能在多大程度上转化成产品或技术，取决于创意本身的特征、行业或市场的特征，以及最终可能接受创意的客户企业的性质。

我们以 EIP 公司最近从事的一个项目为例。一位发明者带来了一个创意，一种折叠式塑料垃圾收集器，它可以用于收集聚会、野餐及其他集体活动所产生的垃圾。最初的评估显示，虽然这个创意有开发的价值，但是发明者提出的解决方案并不具备经济上的可行性。EIP 公司联合几家潜在的客户企业对该项创意进行了核查，认为发明者确实找到了一个机遇，其市场规模达 25 000 万美元。但是，发明者所提交的方案并不是利用这一市场机遇的最好方法。因此，EIP 公司在创意转化项目上投资，使其更易于商业化运作。后来，公司完成了产品设计，拿出了产品原型，它吸引了产品市场上许多制造商的眼球。在这个案例中，创意转化涉及各个方面的工作，这就是对创意的开发。

上段中提到的案例也说明了一个问题，发明者在原始的创意中往往并没有一个好的产品构思。然而，他们对产品机遇的感知却卓尔不凡。正因为如此，IC 的投资战略就比较灵活，它使自己的战略适应发明者的创意，不管这种创意是非凡的产品设计，还是仅仅提出了一个潜在的市场需求。

● 营销创意

创意的营销活动是指将创新产品或创新技术（包括知识产权）转让给客户企业。换言之，也就是通过许可协议或专利出售等方式，从创新中得到相应的价值。营销活动包括寻找对创新产品或创新技术感兴趣的企业，开展营销活动，商谈知识产权的转让事宜。

开展营销活动需要两种能力。第一，IC 公司必须拥有精湛的公关技

全球借脑：让更多聪明人为你的公司工作

能，它必须同大企业建立和维持长期的合作关系。一家 IC 公司对客户企业的竞争能力要有充分的了解，只有这样，它才能清楚地判断，一项创意是否符合客户企业的商业化运作框架。正如 EIP 公司的大卫·贝莱斯（Dave Bayless）先生所说："我们主要关注客户企业的品牌策略，看其在品牌拓展和品牌延伸方面还有哪些空白，还存在哪些障碍。我们花费相当大的努力不断地了解潜在的客户……了解他们目前主要关注什么，他们希望在哪个方面突破，他们将把市场做到多大的规模，等等。"通过这些了解，IC 公司也需要能够调整自己的后台运作，使之与客户的创新流程完美结合。IC 公司需要与客户企业建立信任关系，这种关系有助于协商与谈判。

另一种能力是对产品创意的知识产权的管理能力。IC 公司必须具备一定的知识和能力去运作知识产权，确保自己得到合理的产权份额。例如，IIP 公司最近对一项技术进行评价，这项技术是从水中提炼重金属，降低采矿企业对水的污染。发明者曾试图以这项技术为基础成立一家公司，但是没有成功。IIP 公司接手这个项目以后，对市场进行评估并得出结论，创意面临的最大挑战在于采矿企业的惯性思维，它们一般不愿意采用这样的新技术。因此，IIP 公司一面修改技术，充分显示其市场潜力；一面制定创新许可计划，为客户企业提供充足的激励，使它们愿意采用这项技术，同时保证 IIP 公司和发明者本人都能获得充足的回报。

IC 公司需要拥有适当的技巧进行有效谈判，保证自己能从创新中获得适当的、公平的投资回报。因为面对大的客户企业，IC 公司处于弱势地位。IC 公司对创意进行审核、评价，但是一般只有 2% 的创意能够投入商业化运作。因此，它们一定要能够在最后被大企业接手的创意中得到充足的回报。

和早期的创新中介不同，IC 公司是不收取服务费的。相反，它们与发明者分享从创新中得到的回报。尽管分享回报的方式各不相同，但一般都是预先商定知识产权转让后双方的收益分配比例。IC 公司分得的份额一般是 40%～70% 之间。

IC 公司的创新项目投资规模相差很大，这要看潜在的市场规模。但一般在 5 万～50 万美元之间。据 IIP 公司总裁布兰登·威廉斯称："我们不是像风险投资者那样通过投资来增值。相反，我们是依靠对市场、网络和创新的管理技能来增值。"正是 IC 公司的这种增值模式，使它与大企业的创新战略形成了一种互补。由此可以看出，IC 公司的综合竞争力对大公司的内部创新机制是一种补充，它也成为 IC 公司成功经营及与大公司结成长期合作关系的重要因素。

上面讨论的是 IC 公司的价值主张和竞争力。我们还可以从大企业客户的角度来观察 IC 公司，讨论大企业（如宝洁、强生和联合利华等）应该如何与 IC 公司开展合作。

与创新投资者建立双赢的合作关系

IC 公司是大企业的有效合作者，有了它们的支持，大企业的创新机制能运作得更好。然而，若要成功合作，客户企业也应该积极配合。

大企业必须要做的第一项重要工作是挑选几家 IC 公司（以及与它们联系的发明者团体）建立一种特别的关系。另一项工作是指导或推动在网络上开展的创新活动。大公司可以为某一个产品市场寻找创意，也可以利用公司自身的商业化运作机制去推进创意。

客户公司应该认识到，创新网络中的任何成员之间都不存在正式的关系，既指 IC 公司和个体发明者之间，也指 IC 公司与客户企业之间。因此，大型客户企业与 IC 公司之间信任和理解的重要性怎么强调都是不过分的。要做到这一点，大公司应该选择几家 IC 公司建立长期的合作关系。这将保证双方对创意的商业化运作谈判能顺畅进行，因为双方都了解彼此的决策标准和过程。其次，大公司在合作关系中也可以建立一种非正式约定，那就是企业对 IC 公司提供的创意会慎重考虑，这其实是对 IC 公司和创新团体将大公司作为"优先的创新门户"的回报。

为了提升合作关系中的相互信任，大企业应该更多地向 IC 公司提供信息。例如，大公司可以及时通报自己的产品空白、创新重点和经营目标。了解了大公司的创新重点，IC 公司就能更好地匹配发明者网络中的创意，从而满足大企业的需求。这种举措还方便了 IC 公司判断一项创意是否符合大公司的入门标准（如市场规模、利润率等）。信息共享的最终目标，是对大公司的创新环境形成共识。

对大企业来说，对其内部机构（特别是研发部）强调 IC 公司的作用和价值也非常重要。这样的宣传和教育，也就是强调对 IC 公司的信任，有助于克服人们惯有的"外部人发明"的偏见，因为企业的研发部门往往瞧不起非在编人员的发明和创意。这还有助于将大公司内部的创新决策与 IC 公司的作用更好地融合在一起。通过 IC 公司的前期努力，再加上大公司内部的后期开发，产品创意进入市场的时间可以进一步缩短，成功率也得到提升。我们曾对一家 IC 公司开展过案例分析，它使用产品概念评估体系和工具（如"产品生命周期管理工具"），而这些体系和工具都已经被它的"首选"客户企业使用过。这就加速了从 IC 公司到客户企业更快的项目转换。

大企业也可以通过"反向流动"的模式来加强与 IC 公司的合作，也就是说，为 IC 公司提供创意的源泉。有时候，大公司已经将产品或技术创意开发到一定的阶段（包括产品原型设计），但出于某种原因搁置了这种创意。

EIP 公司的约翰·芬克说过："有时候，我们去拜访客户企业的时候，它们会告诉我们，有些创意可以向我们展示。这些创意是客户企业让自己的员工开发出来的，但是却与当时的品牌理念不相符合，或是当初设计的时候归属的那个品牌已经被转让。有时候，因为这些创意不太符合现实，如战略的原因、品牌的适应性、资源、投资回报率等。于是，就把这些创意搁置起来，至今没有为它们找到出路。后来，我们把这些创意带走，经过更深层的开发以后转让给其他企业。"换句话说，客户企业现在变成了"发明者"。

例如，宝洁公司的外部企业开发（External Business Development，EBD）小组最近就和一家 IC 公司合作了一个项目。宝洁公司开发了一项产品创意，但是发现目标市场价值仅仅在 3 500 万～5 000 万美元之间（大大低于宝洁内部制定的创意入门标准，并且这个产品概念并不适用于已有的产品组合）。因为这个概念需要更进一步的开发工作，所以宝洁公司就和一家 IC 公司协商，由其负责进一步的开发，然后将此创意转让给其他大型企业。

宝洁公司 EBD 小组的副董事汤姆·克里普（Tom Cripe）说："我们对这种交易很感兴趣，因为它使我们从创意中获得潜在收入。那些搁置的创意往往需要大笔的投入才能成为可以上市的产品。这种交易还使我们强化了与 IC 公司的合作关系。当然，我们也希望 IC 公司在发明者团体中发现有趣的创意的时候，把宝洁公司作为首选的合作对象。"所以，对那些使大公司进退两难的创新思想和创新技术，有了两个方面的收益：

第一是潜在的新产品收益；第二是增进了与 IC 公司的关系，使自己成为 IC 公司的"首选创新门户"。

那么，与 IC 公司合作是否有不利因素呢？当然有。客户企业应该考虑到与 IC 公司合作的某些风险。首先，IC 公司属于新生事物，它们还需要调整自己的经营模式，减少各种不确定因素。例如，与风险投资者比较，IC 公司要求的回报少一些。这也就意味着，它们需要通过不断地获得创意、开发创意、转让创意来维持经营。但是，同时开发的项目过多，IC 公司在某一个创意上的增值就会减少，这就会威胁到与客户企业和发明者团体之间的合作关系。客户企业面临的第二种风险就是关系风险。一方面，客户企业为了更好地利用 IC 公司的能力，就必须与其分享信息；另一方面，为分享这样的信息而建立相互之间的信任需要花费一定的时间。这就为客户企业带来许多风险，尤其是在 IC 公司比较年轻、各种机制还不健全的情况下。

表 6—3 展示的是创新集市模式中的一些要素。需要再次强调的是，要想与 IC 公司成功合作，必须与它们建立密切的合作关系。

联合利华公司家庭和个人护理用品分公司的研发部主任大卫·邓肯（David Duncan）曾经说过："我们希望这种合作关系不仅仅是提供更多的创意，而且是在建立创新能力上齐心协力。"

表 6—3   **创新集市模式与创新投资者**

网络中心化创新的要素	与创新投资者合作
创新空间	对从发明者团体中产生的创意进行商业化可行性评估，并与客户公司的创新目标匹配。
网络领导结构	由客户企业（如宝洁，Dial，史泰博等）对创意的商业化运作进行决策。
创新角色	
建筑师	客户企业扮演创新门户的角色。
改进者	独立的发明者扮演创新者的角色，提供产品和技术的创意。
代理者	创新投资者。
网络管理	
网络治理	在网络成员中没有正式的关系；依靠信任和声誉机制来实现网络中的治理与合作。
知识管理	创新投资者负责建设与发明者交流和共享知识的框架；客户企业与创新投资者共享创新目标等信息。
知识产权和价值分配	用专利许可或协议来对知识产权和价值进行分配。

结语

在创新集市模式中，大企业建立与个体发明者和发明者团体以及不同类型的创新中介之间的合作网络，依此"购买"创意。创新集市中有三种合作模式，显示了不同的风险和创新成本。本章还介绍了创新投资者在创新合作中所扮演的重要角色。

尽管创新投资者有助于搜集创意，但这也仅仅是大公司开展创新活动的一种形式。大多数大公司需要利用各种创新模式。换句话说，它们需要的是创新机制的组合。问题是，大型企业如何去搭配创新机制，以保证组合中各因素的平衡？最理想的组合是什么样的呢？这些都是企业面临的重要问题。我们当然可以简单地说：一切由市场要素来决定。但是我们依然要在下面的章节中对其展开深层次的讨论，判断企业如何在网络中心化创新中识别市场机遇。

第7章 Chapter 7

即兴创新模式

在乐团创新模式中，企业与合作者努力探索，寻求创新，而且企业十分了解这种创新的本质。在创新集市模式中，尽管最初的创意源于发明者团体，但企业仍然起主导作用，它决定了如何将创意开发成为可商业化运作的产品或服务。然而，创新有时只是灵光闪现，它主要依赖于发明者团体，是由个体的发明者协同努力的结果，而且在协作的初期，人们并不了解创意的最终走向。我们还是使用类推的方式。网络环境下的即兴创新模式就好像音乐家们聚集在一起共同创作音乐。在第3章里，在介绍即兴创新模式时，我们把即兴音乐表演比作协作创新，并归纳出了即兴创新的三个特征：

1. 创新的目标和流程等是随机的，它取决于成员间的持续互动；
2. 创新网络的领导力分散在所有网络成员中；
3. 整个创新架构支持即兴创新，创新结果共享。

完美体现这三项本质特征的创新是阿帕奇软件（Apache）的开发。阿帕奇软件是一个源代码开放的网络服务器软件，它可以在大多数操作系统下运行，包括 UNIX 和 Windows。自 1996 年创立以来，阿帕奇已经建立了其在网络服务器市场的霸主地位；目前，互联网中 70％以上的网站都是使用阿帕奇软件，可以说，它是使用最广的网络服务器软件。

阿帕奇软件的开发可以追溯到 20 世纪 90 年代初。那时，一个开发团队正试图改善 HTTPD 服务器（最初由罗布·迈科库（Rob McCool）在位于伊利诺伊大学香槟分校的国家超级计算机应用中心开展）。其最终产品——阿帕奇服务器 v 0.6.2 于 1995 年 4 月推出。与其他产品不同，作为一种开源软件，它在网络服务器市场迅速脱颖而出。1999 年，该项目

全球借脑：让更多聪明人为你的公司工作

得到了更为广泛的认可，吸引了更多的志愿者，为更好地组织和引导志愿者论坛成员的开创性贡献，阿帕奇软件基金会（Apache software foundation，ASF）应运而生了。

阿帕奇在其发展历程中发生了一次重要的转折，引起了各界的关注。尽管最初只是开发和支持阿帕奇网络服务器产品，但是到了21世纪初，在开发者团队中，大家的视野变得更为宽广，涉及与万维网其他领域相关的更多项目。在这一宽广的视野下，阿帕奇软件基金会不再只是开发网络服务器的机构，它已经发展成为一个创新团队。团队中的成员有着共同的价值观（讲求实力，兼容并蓄），为抓住每一个软件开发的灵感而共同努力。

随着团队成员人数的不断增加以及创新项目的多样化，阿帕奇团队采用了开放式的管理模式。每个项目都有其独立的项目管理委员会，由项目成员组成，对与项目相关的决策和行动享有完全的自主权。而中心委员会（由最为尽责的团队成员组成）则通过适当的支持活动使得整个团队紧密地联系在一起。由个别成员提出的项目构思会受到评估。评估的标准不是项目本身，而是该项目和相关负责的团队与整个团队的目标、准则和价值观的黏合度。

Apache.org网站支持这一协作流程，使得团队成员能够聚集在一起，为各个项目做出努力。另外，团队成员的所有创新成果在阿帕奇许可的公共领域中是公开的，使更多的团队成员可以获得帮助。

阿帕奇突出了前文中提到的即兴创新模式的主要原则——创新灵感在团队构建的环境中得到进一步发展，并且使团队所有成员从中受益。这种协作创新模式在软件行业的其他领域（包括操作系统、网络服务器，以及企业管理软件和终端用户工具软件）也屡见不鲜。

但是即兴创新模式的应用并不局限于软件行业，在其他领域的应用也十分成功，而这些领域与软件行业则是大相径庭。为了详细介绍即兴创新模式，在本章中我们将列举来自两个完全不同的领域的例子，即生物医学研究领域和消费者互动服务领域。通过对这两个不同领域的介绍，希望读者可以了解此种模式应用的广泛性。

我们首先来介绍热带病倡议组织（Tropical Disease Initiative，TDI，它是生物医学研究领域基于社区团队成立的创新组织）的案例。

即兴创新寻找治疗方案：热带病倡议组织和 TSL 组织

　　热带疾病是药品发明行业不太重视的领域。在新开发的药品中只有
1‰左右的药物是用于治疗热带疾病的。热带疾病多发生于亚非地区的发
展中国家，而这些地区的患者却极少能负担得起专利药品的昂贵价格。
同样，制药企业对该领域药品的研发也缺乏兴趣。正如世界卫生组织报
告中所指出的那样，热带疾病不能依靠商业化的正当方式解决，它代表
着巨大的需求和开放协作研究的机遇。

　　TDI 是基于网络的协作创新团队，致力于寻找疟疾、肺结核等热带
疾病的治疗方法。该项目是由一批科学家和研究人员发起的，其中包括
来自加州大学伯克利分校的斯蒂芬·毛瑞尔（Stephen Maurer）、杜克大
学的阿蒂·雷（Arti Rai）和加州大学旧金山分校的安德雷·萨利（An-
drej Sali）。TDI 的目标是聚集具有计算机技能的生物学家和其他的志愿
者，使他们在特定的热带疾病领域团结协作，并把协作创新的成果在公
共领域发布，而其他的研究人员可以利用这些成果来指导自己的临床研
究工作。

　　因为药品研发过程中的各项工作可以分开进行，所以药物发明尤其
适合协作创新模式。药品研发过程主要包含两种类型的工作：理论工作
和临床工作。从事理论工作需要具备丰富的专业知识以及思维能力和判
断能力，但是只需少许的实验或其他的技术基础。如包括确定目标，设
计计算机化的疾病模型等。按照伯纳德·穆尼奥斯（Bernard Munos）在
《自然》杂志中阐述的观点，理论工作是指"科学家们引用其他学者的观
点，利用各种手段获得更深层次的观点，从而获得突破性的发现"。换言
之，也就是通过不断的交流而进行发明创造。另一方面，临床工作涉及
临床实验，需要重要的实验器材、设备、研究对象（患者）和资金。如
包括临床实验、毒理学研究和其他需要大量实验的工作。因为临床工作
要服从严格的管理要求，所以就需要高度有组织的、受约束的研究环境。
因此，基于网络的协作创新模式并不适合临床工作，但却是进行理论工
作的有效良方。

　　由于运算在药物研发过程中愈发重要，所以协作模式在理论工作方
面成功的可能性更高。事实上，运算和生物学的快速集成为组织协作创

新工作提供了新的机会。运算资源的获得越来越便宜，也越来越方便。分散式的运算技术使得分布在不同组织、不同国家的多余的运算资源整合成一个强大的通用架构。而更新、更强大的软件工具可用于药物发明。这些新型的工具可以帮助科学家们鉴别目标蛋白质和先导化合物，挖掘基因数据库，实现结合部位可视化，绘制新陈代谢网络，以及设计结构复杂的分子。由于这些工具兼容各种医学数据库，志愿者们在家中便可参与创新项目。而且，很多都是开源软件。例如，OpenScience 软件就是为药物发明和其他的研究项目而开发的开源软件。

运算资源的增加以及软件工具的改善使得计算型的药物发明所处的环境发生了巨大的变化。TDI 的发起人斯蒂芬·毛瑞尔、阿蒂·雷和安德雷·萨利认为，计算型的药物发明与软件开发有相似之处。他们在所撰写的论文中指出：

> 与软件开发人员在开源软件中寻找程序漏洞、编辑补丁程序十分相似，生物学家要寻找蛋白质（"目标"），挑选药物（"候选药物"），使它们之间形成化学键，以有效的方式影响它们的习性。在两个案例中，创新工作不仅包括发现机遇，还包括在大量的代码中寻找细微的错误。

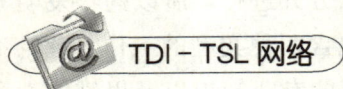

@ TDI - TSL 网络

TDI 聚集了一批研究人员和科学家，他们在药物发明方面志同道合，愿意为共同的爱好奉献自己的时间和精力。TDI 提供了一个基于网络的环境，有助于将科技人才、计算资源（例如软件工具）以及大量的化学、生物学和药学数据库整合在一起。在这种环境下，TDI 与另外一个名为 The Synaptic Leap（TSL）的组织一同合作，寻求发展。

TSL 是由软件专家金杰·泰勒（Ginger Taylor）于 2005 年成立的一家非营利机构，总部位于美国加州的北部。TSL 为支持生物医学开放式协作研究提供了网络工具包，而网站则为管理不同的研究工具、技术和数据库以及向团队成员（科学家们）开放提供了媒介。团队成员可以查看网站中所列的研究工作，选择自己感兴趣的项目，然后注册成为会员。他们可以下载任何必要的数据和工具，然后对数据进行处理。其他网络工具（例如聊天室、维客、博客以及讨论区）则为他们探讨创新思路提供了交流平台。因此，通过提供网络平台，TSL 弥补了 TDI 在资源和能力上的不足。正如泰勒所说，"在与 TDI 发起人交谈之后，我发现他们只关注生物医学，对建立和管理协作式网站并无太大的兴趣。因此，我们进行了整合，他们向我们提供信息，而我们则负责网站的建设和维护。他们以及其他的科学家可以通过网站进行协作。"

在 TDI - TSL 网络中有三种类型的成员。初创者中的核心力量（包括来自 TDI 和 TSL 的成员）担当创新主管，为团队确定整体的发展方向，促进成员之间的协作和沟通。来自世界各地的科学家无偿提供他们的时间及专业知识，为各种项目作出贡献。因此，他们担当了创新者的角色。他们的动机可能是提高自己的知名度、获取新知识和技能、拓宽自己的职业人际网络，甚至是为了寻找一份好工作。最后，外部机构（包括营利性机构和非营利性机构）则承担了创新赞助商的角色，它们负责提供资金以及其他各种资源，其中包括计算资源、软件工具等。

TDI 已经明确了项目的主要目标，即预防和治疗热带疾病。但具体的项目则由团队成员自行决定。任何成员都可以提出新的项目。只要所提的项目在 TDI 的主要研究领域，而且团队成员有足够的兴趣，它便会被采纳。在 TDI 众多项目中最活跃的是关于疟疾的研究。

正如前文中提到的，团队的目标和行动都是临时确立和发起的，例如血吸虫病项目。在疟疾研究项目开始不久，一位来自悉尼大学的化学家马修·托德（Mathew Todd）便提出了对血吸虫病进行开放式研究的项目构思。他的目的是开发一种更为廉价的吡喹酮（目前血吸虫病的治疗药物）的生产方式。他与 TDI 的发起人进行交流，表达了他对开展该项目的兴趣。TDI 的发起人鼓励他与金杰·泰勒合作制定一份有关该项目以及社区网站设计的更为正式的纲要。他在 TSL 网络论坛的博客中张贴的项目内容引起了社区成员很大的反响。让-克洛德·布拉德利（Jean-Claude Bradley）便是其中一位志愿者，她是费城德雷塞尔大学的化学家。布拉德利看到了托德张贴的帖子，并已开始提供关于协作完成该研究目标的构想。社区成员的浓厚兴趣表明该项目可以持续下去，而托德则主动承担起血吸虫病论坛版主的角色。在接下来的几个月内，他与 TSL 的泰勒合作，开发可作为血吸虫病协作研究项目门户的信息构架。

在 TDI，新项目的确立和发起也是同样的流程。例如，锥虫病（南美地区常见的一种疾病）项目最初是由一位来自委内瑞拉的年轻生物研

全球借脑：让更多聪明人为你的公司工作

究员提出的。同样，另外一位科学家，米格尔·米切尔（Miguel Mitchell）正主持一个与肺结核有关的新项目。随着新成员的不断加入，提出了更多的研究构想，大家共同分享并不断加以补充，最终形成独立的项目。

@ 走出实验室，进入市场

在 TDI 的网络中，知识产权和药物的制造是最关键的问题。尤其是谁"拥有"TDI 项目的研究成果以及这些成果如何进入"市场"等。TDI 社区成员可以有几种处理知识产权的方式。研究人员有权在专业学术期刊中发表他们的观点。此外，科研共享组织（Science Commons）还提供了开源许可协议（类似于创作共享协议），即其他科研人员可以利用 TDI 项目的成果进行后续的研究工作。

同样，如果通过 TDI 项目发现线索或新的药物配方，那么进一步的研发工作可能由外界其他机构进行。值得注意的是，早期的药物发明过程只是实验阶段，甚至还不能申请专利。但是，考虑到 TDI 的宗旨，即知识的创新要以开放源码的形式进行，所以外界可以利用 TDI 所提供的信息进行各种活动。例如，非营利性的制药机构或者"虚拟的制药机构"（例如寰宇卫生研究所（One World Health）和被忽视疾病药物研发组织（Drugs for Neglected Diseases Initiative）等）可以利用这些信息进行临床实验和药品生产。

TDI 创新网络将其早期的成功归结为以下几个因素：计算生物学的出现为新药物的研究和发明提供了强大而精密的工具；基于网络的架构将愿意奉献个人时间和知识进行协作研究的科学家及研究人员聚集到了一起；各种体制保护并分享了在开放源码形式下的知识产权。正是这些因素促使了协作研究论坛的产生。而协作研究论坛则完全遵循了即兴创新模式的三项原则，那就是：（1）即兴的创新理念和目标；（2）社区导向的分散式领导模式；（3）支持协作型知识创新和价值获取的网络架构。

@ 即兴创新模式在生物药学研究领域的其他案例

即兴创新模式在生物药学研究领域的其他案例则与开放式数据库有

关。其中典型的案例包括人类基因工程（Human Genome Project）、SNP研究协会和国际人类基因组单体型图计划（International HapMap Project）。

我们以国际人类基因组单体型图计划为例。它是一个多国参与的合作项目，旨在确定和编目人类遗传的相似性和差异性。人类基因组单体型图（HapMap）是人类基因组中常见的遗传多态位点的目录。利用HapMap 获得的信息，研究人员将能够发现与人类健康、疾病以及对药物和环境因子的个体反应差异相关的基因。换言之，研究人员能够将单倍体（遗传多态位点）和特定疾病联系起来。项目正式开始于 2002 年 10月，由来自日本、英国、加拿大、中国、尼日利亚和美国等 6 个国家的科学家和资助机构组成，所产生的全部数据将免费向公众开放。但是，数据发布必须遵循"按键约束"协议，即要求进入 HapMap 数据库的研究人员不能对通过 HapMap 的信息研发的产品进行专利申请。换言之，HapMap 项目采用的是"非营利版权"许可计划。

尽管该项目只允许相关机构的研究人员参与其中，但是该活动的整体结构属于即兴创新模式。科学家网络主张对项目保持一种宽广的创新视野，例如，在本案例中，通过人类基因组单体型图描绘常见的遗传多态位点，而且可以利用他人的研究工作进行协作创新。单独的项目按地区进行分散管理，而中心网络架构则可用于数据和项目其他成果的共享以及保护。

为了解即兴创新模式在其他领域的应用，接下来我们将介绍基于网络的消费者互动服务创新以及"第二人生"（Second Life）的相关案例。

即兴创新模式下的消费者体验：第二人生

1992 年，尼尔·斯蒂芬森（Neal Stephenson）创作了一部至今还十分经典的科幻小说《雪崩》（Snow Crash）。在书中他描绘了一个基于现实的虚拟网络，并将其称为"超自然的世界"（Metaverse），这也正是当今互联网的一个发展趋势。在斯蒂芬森超自然的世界中，人们有自己的"虚拟化身"或在线虚拟实体，他们的网络社会地位由角色的级别决定。"超自然世界"的描述激发了对创造虚拟世界以及实现斯蒂芬森书中所阐述的理念的大量尝试。到 20 世纪 90 年代末，随着 3D 技术的迅猛发展，

全球借脑：让更多聪明人为你的公司工作

虚拟世界的建立已经成为现实。

最早的类似于"超自然世界"的三维虚拟世界是"动感世界"（Active World），于 1995 年 6 月推出。随后则出现了 There，"第二人生"（Second Life），"宫殿"，Uru，Dotsoul Cyberpark，Blaxxun，以及"安特罗皮亚世界"（Entropia Universe）等。其中部分已经消失，部分依然存在，但最有代表性，也最知名的当属"第二人生"。

第二人生是部分采用订阅模式的三维虚拟世界，由林登实验室（Linden Lab）于 2003 年推出。林登实验室是一家私人企业，本部位于旧金山，由 RealNetworks 公司的前任技术总监菲利普·罗斯戴尔（PhiupRosedale）于 1999 年成立。第二人生的"虚拟世界"依托大量的计算机服务器，由林登实验室负责管理和经营。在第二人生的"虚拟世界"中，用户可以利用公司提供的网络工具和技术创造、浏览和修改自己的角色和其他对象，并参与虚拟经济活动。从"第二人生"创立以来，常驻用户数急速增加，到 2006 年 10 月 18 日，用户数突破 100 万；截至 2007 年 7 月，用户规模达到了 700 万。

林登实验室的目的在于创造一个用户自定义的、类似于超自然世界的"虚拟世界"。在虚拟世界里，用户或居民可以互相交流，玩游戏，参与其他各种活动。但是，第二人生并不仅仅是用于娱乐的三维虚拟世界。林登实验室称之为提供和促进"消费者体验"的商业创新模式。第二人生向它的居民提供了不同类型的体验。这些体验并不是由林登实验室创造的，而是居民通过个人的创新思维和相互的交流协作创造出来的。林登实验室只是向居民提供了创造体验的环境和工具。简言之，第二人生是协作体验创新的一项重大的尝试。同样，它也是即兴创新模式的典型案例：尽管创新空间构成了"用户体验"，但是这些体验（也就是创新的宗旨）是随机的，居民（即创新者）"聚集在一起"，即兴创造那些体验，共享创新的成果。

@ 第二人生网络及参与者

下面我们继续探讨第二人生中创新网络的本质和参与者。整体上来说，第二人生中的创新网络包含了三种角色：林登实验室担任的是创新主管的角色，第二人生中的个人和其他居民则承担了创新者的角色，而试图连接社区的企业则起到了创新赞助商的作用。

林登实验室的宗旨是通过聚集协作者，向他们提供用以创新的支持工具、技术和分享创新价值的架构，最终促成第二人生中的体验创新。林登实验室的成功源于其创建人罗斯戴尔（Rosedale）的三个主要构想。

罗斯戴尔最核心的构想是建立一个在线论坛，将居民聚集在一起，向他们提供一个可以相互交流的平台。这些在线的交流形成了体验——没有任何情景是预先确定或者预先设计的。林登实验室中的计算机要进行大量的计算工作，以保证第二人生网络的动态更新，使其更贴近现实世界。

第二个关键构想则是通过提供可用于创造第二人生中的实体（其中包括居民的虚拟化身）的易于使用的工具和技术，来支持居民们的创新活动。这些技术不仅易于学习和掌握，而且其强大功能足以支持第二人生中不同居民的创造力。例如，3-D Modeler 这一软件可以帮助居民运用一些基本的建筑材料建造仓库、大楼、雕像和花园等复杂的事物。居民们可以利用第二人生中的脚本语言（被称为林登脚本语言）来调整他们所创造的对象的行为。他们也可以利用第二人生提供的工具，在任何三维对象表面增加纹理（例如角色皮肤特征），使其更加美观。另外，他们还可以为这些对象增加多媒体功能（例如声音）。居民们利用这套功能强大的工具可以在第二人生中创造十分华丽的对象，使之展现不同的行为，并通过相互的交流产生不同的体验。

第三个关键构想便是保留居民们对其创意（可能是他们自己的虚拟化身，也可能是他们所创造的其他对象）的所有权。这一特色使得林登实验室在第二人生中营造了一个真正的协作创新环境，它强调了居民的创新者职能。

作为创新者，居民们通过他们所创造的对象以及所参与的交互活动，为社区作出了贡献。因此，在第二人生的世界中，居民类型越多，所形成的体验就越丰富多彩。

最后，一些公司、非营利组织以及其他类型的机构通过赞助和促进协作式体验创新也参与到第二人生中。作为创新赞助商，企业可以直接支持和促成各种体验。例如，美国服装公司（American Apparel）在第二人生中开设了一家零售店，居民们可在其中浏览各种产品，为他们的角色挑选虚拟服装。在实体店铺推出新款牛仔裤之前，该公司会考虑在虚拟店铺中进行试销。通过促成居民的虚拟购物体验，该公司为社区作出了贡献，作为回报，它可以进行宣传，提高品牌认知度。企业也可以赞助用户体验创新。例如，2006 年 9 月 14 日，PopSci.com（《科技新时代》的网站）在第二人生中赞助了一场演唱会，第二人生的虚拟世界中的著名音乐人乔纳森·库尔顿（Jonathan Coulton）、梅尔文·图克（Melvin Took）等参加了演出。

@ 在第二人生中管理"角色"的行为和权利

第二人生社区的成员在注册的时候必须与林登实验室达成一系列服务协议。协议允许林登实验室设立一套基本的"可接受"的行为或者基本规则以及违反这些规则的具体后果。例如，骚扰其他居民或者进行破坏行为的居民会被强制退出社区。同样，居民们可以在定期的市政厅会议中进行投诉，林登实验室员工会处理这些投诉。实验室通过这些管理机制确保了成员愿意进入的创新环境。然而，这些管理机制仅是故事情节的一部分。

作为管理机制，成员之间的行为准则更为重要。群体文化和声誉体制也属于此类社会机制。例如，第二人生是由大量的"兴趣"群体组成的。个别的居民可以建立群，邀请其他人加入。群的成立可以依据具体的兴趣或者活动。居民所属群的名称则显示在用户的详细资料中。每个群可以拥有自己的领导团队，设置相关的职位，并列明职责。各群之间通过相互的交流形成了共同的准则和价值观。这种群组文化形成了有力的机制，使得成员在第二人生中的交流与体验具有一致性。

正如前文所述，在第二人生中，居民对他们的创新（例如他们所创造的对象）享有所有权。即使相关的计算机编码存在于林登实验室的服务器中，居民还是对他们所创造的全部数字内容享有完整的知识产权。林登实验室利用知识共享许可协议使得居民可以转让他们对创新的所有权。居民可以决定其他人可以在何时、以何种方式使用他们的创新成果。

需要注意的是，尽管居民对其所创造的对象享有所有权，但是"消费者体验"是由不同社区成员所创造的对象之间的相互交流来决定的。因此，社区成员有足够的动机与其他人分享他们的创新，从而促成相互之间的交流。

另外，林登实验室也提供了使社区中所创造的价值量化和货币化的架构。第二人生有自己的货币，称之为林登币（写作 L$）。居民可以通过出售所创造的物品来换取林登币。在过去几年里，随着第二人生经济活动的升级，依托于林登币的经济也得到了快速发展。在第二人生经济制度下，居民通过使用林登币进行交易，从而实现了创新事物的价值。林登实验室还提供了名为 LindeX 的交易平台，居民可以将林登币兑换成美元。

第二人生的案例向我们演示了即兴创新模式在其他领域（消费者互动服务行业）的运用。尽管其中的细节与前文中的软件和生物医药研究有所不同，但是即兴创新模式的三个主题也体现了第二人生的本质——在社区引导的环境（由可保护和分享创作权的架构所支持）中，第二人生的居民相互协作、即时创新，形成互动新体验。

即时音乐创作：MyVirtualBand（MVB）

MyVirtualBand.com（"我的虚拟乐队"简称 MVB，2006 年 12 月被 NetMusic-Makers.com 收购）是一个门户网站。音乐家们通过该网站聚集在一起，组成"虚拟乐队"，相互协作，进行原创音乐的制作，然后可以自由地与他人分享自己的作品。

MVB 是由凯利·塞尼科尔（Kelly Senecal）（吉他手）和斯科特·马森（Scott Mason）（鼓手）于 2004 年创建的。他们两位都来自美国威斯康星州的首府麦迪逊市，是很要好的朋友。从 1996 年开始，他们便在同一家乐队工作。但是，当其中一人不得不搬往另一个城市的时候，他们发现他们缺乏共同从事音乐项目的工具。这一未满足的需求导致了建立网络门户以促成歌曲合力创作和录制的构想的产生。

MVB 提供了一个在线论坛。成员可以在论坛里宣传自己的项目，邀请其他成员参加。参与项目的成员需要上传自己的乐器或音乐作品的音频文件，并详细说明协作的方式。其他成员可以下载这些文件，进行修改，然后再重新上传。所以，在社区成员的努力之下，歌曲不断得到改善。当歌曲完成之后，MVB 会把它以 MP3 的格式放在推荐歌曲列表中，不管是成员还是非成员，都可以听到。

MVB 使用的是创意共用授权协议 2.0（Creative Commons Attribution2.0），即"MVB 开放音乐协议"。该协议适用于所有上传到 MVB 服务器中的音频文件和相关的材料（例如歌词）。它也适用于已完成的歌曲。因此，只要成员向音乐的原作者进行了确认，他就可以自由地复制、发送、播放、演奏甚至编辑该音乐作品。MVB 也提供了一个更加正式的音乐播放平台或者传播架构，称为 MVB 电台，它是已完成的音乐作品的播客。成员们可以通过投票确定纳入播客中的音乐作品。总而言之，MVB 体现了即兴创新模式的特性——音乐家们聚集在一起进行音乐作品的即兴创作与共享，从而使整个社区受益。

即兴创新模式的组成要素

比较本章中所描述的即兴创新模式的几个案例，就会发现此种网络中心化创新模式的共同要素（如表7—1所示）。

表 7—1　　　　　　　　　即兴创新模式的各项要素

网络中心化创新要素	TDI/TSL	第二人生	阿帕奇
创新的领域	治疗热带疾病及其他被忽视的疾病的药物发明	数字环境下各种各样的消费者体验的创新	与网络有关的软件产品的开发
网络领导权的结构	TDI 委员会确定整体的方向；项目团队自主完成各自的项目	由网络居民及居民群自主决策	阿帕奇软件基金会确定整体的方向；项目团队自主完成各自的项目
创新角色			
建筑师	TDI/TSL 组织	林登实验室	阿帕奇软件基金会
改进者	科学家	居民	软件开发人员
代理者	制药企业	日用品公司	软件公司
网络管理			
网络监管	信誉体系	服务协议加社会机制（群体文化、信誉等）	阿帕奇的"精英领导"
知识管理	网络为创新目标和协同创造的知识等信息的共享提供便利	消费者通过在线论坛向他人提供支持	在线论坛支持信息共享
知识产权和价值分配	科研共享组织；虚拟制药企业和非营利机制的授权	创作共享协议	阿帕奇公共许可协议

这些例子的第一个共性是创新目标的随机性，以及通过不断交流进行即兴创新的必要性。它们都有确定的创新领域——TDI 的目标研究领域为热带疾病，阿帕奇社区为网络软件，第二人生为互动体验。而具体的创新目标则是由社区成员经过不断的交流而产生的。我们研究的所有领域都体现了这种两阶段的目标设定方式（整体的创新领域和即兴的创

新目标），这也表明了社区领导结构的特性，为创新活动奠定了基础。在社区成员为共同的目标而协作的过程中，那些即兴的目标使他们产生了归属感。而且，它们也使得在创新的整个过程中，社区充满了创作灵感。事实上，真正的创新就如"呼应"（call and response）模式，即成员们对互相之间的贡献做出回应，并在此基础上进行即兴创作，使得创新目标不断地向前发展。

第二个共性是创新网络中决策的分散性。在任何情况下，分散领导模式都可通过两种机制实现。第一种机制是促使整个社区的成员聚集在一起，为制定有关整体创新的进程或者社区的目标做出关键性的决策。在 TDI 的案例中，这项工作是由创始成员和最为活跃的社区成员所组成的非正式团体来完成的。在阿帕奇的案例中，则是由阿帕奇软件基金会的董事会完成的。第二种机制则对单个项目或者群体起作用，促使参与同一个项目的成员进行局部的决策。两种机制的结合，使得社区成员可以不断地参与整个创新过程，同时也确保了单个项目团队制定自己的计划所必需的灵活性。

第三个共性是协作架构的特性。考虑到创新过程的即兴性，即兴创新模式利用一种有效的架构来促进社区成员之间的不断"交流"。这种架构不仅可以支持"社会知识创新"（social knowledge creation），还能促进"共同世界观"（shared world view）的发展。共同的世界观对保持社区中各种创新活动的黏合度至关重要。

在多数情况下，创新主管需要负责对协作架构的维护，不管它是为社区成员提供交流场所的在线论坛（例如阿帕奇社区的讨论区），还是其他用以交换信息的复杂形式（例如，TDI 案例中的维客和数据库，第二人生案例中的角色数据库）。

在即兴创新模式中，另一项重要的发现是创新回报的获取。尽管它强调与社区其他成员一同分享创新的成果，但这并不意味着所有的知识产权都必须放弃。事实上，正如第二人生案例中我们所了解到的，成员可以保留与创新相关的特定权利。不过，社区需要提供与其他成员分享部分权利的机制，以便于这些创新的发展。从这些案例中我们可以明显地看到，社区为促进成员间知识产权的共享而设计创新机制的能力对于创新活动的成功至关重要。

何种规模的企业适合即兴创新模式

在即兴创新模式下，不管基于社区的创新计划和管理体制如何，对于那些参与此类活动的大型营利性企业来说，都蕴含着大量的机遇。然而，企业要想获得这些机遇，必须了解自己可以担当何种具体的角色以及需要何种能力。

大型企业可以通过为即兴创新项目贡献自己员工的时间和努力担当创新者的角色。例如，IBM 公司向 Linux 社区"贡献"了成百上千位员工。这些 IBM 的员工跟 Linux 社区其他成员一样，编写代码，为 Linux 的发展作出贡献。他们还参与在线论坛，与其他的软件开发志愿者一起探讨关于模块改进的各种思路，编写代码以增加新功能，测试社区其他成员所编写的代码。

同样，从事生物医药研究的企业，也可以通过贡献员工的时间和专业技能来担当创新者的角色。例如，Inpharmatica 公司是一家参与 TDI 的生物科技公司，中等规模，公司总部位于伦敦。而礼来公司、默克公司（Merck）等大型制药公司也利用各种机会，积极地参与社区药物开发项目。在特殊的情况下，制药公司或生物科技公司所雇用的科学家也会成为志愿者参与到项目中。例如，对前期阶段所确定的目标对象——蛋白质的研究，以及帮助社区推动药物开发，以进入实验阶段。然而，企业要想担当此种创新者的角色，就需要向活动做出战略性的承诺。因为这种项目获得任何直接的经济回报的可能性很小，但是有可能需要供应有价值且昂贵的资源（专业知识和科技人才等）。

企业也可以通过创新赞助商的角色来促进社区项目发展。它们可以为创新活动提供运算、实验室或其他类型的基础支持。例如，协作药物发明公司（Collaborative Drug Discovery），总部位于旧金山，是一家为生物药学研究编写软件程序的公司。它向 TDI 社区的成员进入公司生物药学数据库提供免费通道。这为 TDI 社区成员挖掘与各自开展的药物发明项目相关的目标提供了丰富的资源。同样，2006 年 4 月，微软公司也开办了协作创新组织，即所谓的"生物信息技术联盟"（BioIT Alliance）。该组织的宗旨在于联合制药、生物科技、计算机硬件和软件行业的力量，探索共享复杂的生物药学数据的新途径，通过跨专业团队之间的协作促进生命科学领域的发明。创新网络的其他成员包括 Amylin pharmaceuti-cals、美国应用生物系统公司、Geospiza、惠普公司、Interknowlogy、美国斯克利普斯研究院、太阳微系统公司等。微软公司在这一网络中担当创新赞助商的角色，向网络成员提供数据管理支持和具体的专业知识。最初的项目之一，"协作分子环境研究"需要建立可在线获取实验室数据、使科学家可对其加以评注以及有效地进行检索的应用环境。该项目使用了微软提供的软件工具和其他的技术资源。

尽管企业向社区提供了"免费"的资源，但是这些贡献并不是完全没有私心的。IBM 公司对 Linux 操作系统开发项目的贡献为它赢得了社区的好评。它甚至还为 IBM 公司在 Linux 社区的决策赢得一席之地。例如，加入"开源开发实验室"（OSDL）不仅使 IBM 公司可以积极地参与对 Linux 的支持，而且还会影响对社区整体创新进程的改进。

同样，微软公司对生物信息技术联盟的贡献也为它带来了商业利益。正如微软公司的平台战略总监唐·鲁尔（Don Rule）所说："我们正在关注制药行业发生突变的领域，以及整合经过概念验证的应用软件以缓解行业中出现的瓶颈。这不仅对微软有利，也对与我们协作的其他公司有帮助。"

结语

社区中心化即兴创新模式对不同行业、市场中（包括软件、药物发明以及互动娱乐等）的创新活动的组织和策划都有着巨大的潜力。然而，到目前为止，我们还未探讨的一个重要问题是在不同环境中该模式的适合度。那么，什么因素决定了即兴创新模式在具体创新环境中的适用性呢？在下一章介绍第四种，也是最后一种网络中心化创新模式（即合作修改模式）以后，我们将继续探讨这一问题。

合作修改模式

在上一章中，我们阐述了在创新活动中社区是如何组织创新者开展即兴创新的。然而，并不是所有的社区创新都是以随机的方式来处理问题的。社区也可以围绕一项技术或者一个平台进行创新。

在第 3 章中，我们提到创新社区创作电影《圣殿》的方法。这部电影按照开源的模式运作，凝结了许多独立创新者的智慧，他们改编、翻译、改进电影的原作。这种开放式创新有两个要求：第一，要设计好创新项目，以便项目中的不同要素分配给不同的社区成员处理；第二，项目管理者需要提供修改、改编、整合创新元素的工具。这种社区修改型的创新方式是网络中心化创新的另外一种形式，即将明确的创新结构与创新社区成员多样化的创新活动结合在一起。

在本章中，将讨论网络中心化创新的又一种模式，称之为"合作修改模式"。在第 4 章中我们曾经提到过，合作创新模式是与网络游戏相关的。"修改"（modification，MOD）这个词一般是指"大众"（在网络游戏中就是"玩家"）修改网络游戏程序，在计算机游戏行业中也被称作"模组"。从这个概念出发，可以对网络中心化创新的"合作修改模式"进行这样的界定：合作修改模式是一种创新环境，在这样的环境中，创新团体成员聚集在一起，通过不断地修改、扩展、提升现有的创新平台，创造出新的要素，使网络中所有的成员（包括开发者本身）受益。

为了更好地了解合作修改模式的运作方式，我们先来了解它的发源地——电脑游戏产业。稍后，我们还要讨论其他的行业，包括半导体行业等。

电脑游戏行业中的合作修改模式

合作修改模式风靡的舞台正是电脑游戏行业。许多玩家都熟识计算机编程，还有很多玩家信奉"黑客文化"，那就是用创新的思想去修改游戏程序，目的是提高它的难度和刺激性，也有的是为了提高闯关成功的几率。所以，一些贪图刺激的玩家喜欢充当"黑客"，改编游戏程序。有时候，黑客们干脆在游戏社区网站上向其他的玩家开放模组。如今大多数电脑游戏设计的时候都考虑到要方便玩家修改程序。正是因为"黑客文化"的盛行，再加上游戏程序能轻松修改，所以电脑游戏产业中的"合作修改模式"就悄然兴起了。

合作修改模式既有利于游戏玩家，也有利于游戏的开发商。因此，这种现象也导致许多游戏开发商（例如英佩数码游戏公司、id 软件公司、Valve 软件、Bethesda 软件等）率先采取行动，支持游戏社区中的合作创新活动，这样既使游戏的商业化运作更加方便，也为整个游戏产业注入了新的活力。

游戏修改与修改者

原创游戏为游戏社区中的创新活动提供了基本的框架。然而，如何对原创游戏进行修改，修改到何种程度，那可是千差万别的。一般来说，修改可以分成两种形式，即部分修改和整体修改。

部分修改对游戏的改动较少，并不改变游戏的基本要素，也不改变原有的流程。例如，改变游戏的某些功能（包括人物的特技动作、武器的使用方式等）。还有部分修改包括给游戏增加新的要素，例如添加一种新式武器、构思一张新的地图，或是给游戏添一张"新面孔"，也就是增加游戏的复杂性，但是并不改变游戏的流程。例如，最受欢迎的 mods 之一"军团要塞"就是原创游戏"雷神之锤"的变体。

整体修改则包括对游戏的整体操作和游戏的核心元素的改动。尽管整体修改或许依然保留原创游戏的基本架构，但是修改后的游戏与原创游戏完全不同，呈现出不同的外观和感受。一般情况下，这种整体修改项目需要做复杂的开发工作，花费大量的时间，因而往往是一个团体项目。

全球借脑：让更多聪明人为你的公司工作

    虽然绝大多数游戏都被人修改过，但是有些游戏受到了游戏玩家格外的关注。一个典型的例子就是"半条命"，Valve 软件公司于 1998 年开发的游戏。"半条命"情节复杂，是一款第一人称视角的单机版游戏。它讲述的是故事主人公拥有高水准的理论物理知识，他与无数袭击地球的外星人对抗，最后拯救了地球。"半条命"自从问世以来销售量超过 800 万套，是迄今为止销售最好的第一人称视角的单机版游戏之一。它的成功不仅仅是因为原创游戏的新奇元素，还要归功于问世 8 年来人们对它的不断修改。

    人们对"半条命"的修改不仅有局部的，如增加一幅新的游戏地图；还有整体的，如把单个玩家的游戏升级为多个玩家参与的游戏。"半条命"最著名的整体修改是"反恐精英"，它使用了"半条命"的引擎架构，但整个程序已改变为多个玩家的游戏。"反恐精英"是以团队为基础的第一人称视角游戏。玩家可以自由选择是加入恐怖组织或者反恐组织，在完成预定目标的同时击败对方。"反恐精英"问世不久，就成为了历史上最受欢迎的在线第一人称视角射击游戏。任何时刻，都会有 94 000 多名玩家同时在线，每个月玩家的在线时间总长度要超过 50 亿分钟。事实上，"反恐精英"因为太受欢迎，所以它孕育出了自己的模组，许许多多的游戏社区在修改"反恐精英"。

    由于大多数整体修改游戏是沿用原创游戏的构架，所以玩家也需要安装原创游戏。然而，有些游戏引擎是自由软件，这样对游戏的整体修改就可以独立进行，也就是脱离原创游戏也能玩。例如，"人类大战异形"（是对"雷神之锤 3"的修改），"诺曼底登陆"（是对"雷神之锤 2"的修改）等。

    在创新网络中，游戏开发商扮演的角色是"创新催化剂"，因为它们开发的游戏是可以修改、创新的。比如，游戏开发商将游戏程式设计为非专利文件格式，图显采用标准的位图格式，以此来推动"修改"。游戏开发商还向修改团队成员提供各种修改、创新的工具。例如，一种名为"家园 2"的游戏，它需要使用复杂的称为 Maya 的工具来构筑游戏中的新物件，这是一个人们可以免费使用的修改工具。

    同样，在"半条命"游戏中，Valel 软件公司向游戏社区提供工具和代码。例如，公司提供开发游戏时所需的"地图编辑器"软件。开发商还开放了兼容软件的整套工具（包括环境编辑器、模型编辑器、对手水平编辑器等），使修改变得更加容易。最后，开发商连游戏的源代码也开放了，玩家可以利用源代码来创建多人游戏的基本架构。

参与游戏修改的每个个体都是创新者，在游戏社区里称为"修改爱好者"。大多数修改爱好者都是某一游戏粉丝社区中的一员，而这些社区的在线论坛则是他们为改变和增强游戏模式出谋划策的平台。

在线论坛也为参与修改的人提供了为共同感兴趣的东西组成团队攻克难关的环境。有些修改团队创造出不止一个模组（Mod）。比如"应急团队"（Team Reaction），一个多产的群体，曾经修改、创新了 QPong 和 Jailbreak 等游戏。

修改的动机

所有电脑游戏都涉及知识产权问题，包括版权、商标、专利技术以及商业机密等，其中涉及最多的是版权问题。电脑游戏的版权用来保护游戏的源代码。源代码有的是储存在 DVD 光盘等物理介质中，有的则是一个可供下载的文件。游戏中的许多其他元素（比如游戏中的艺术作品、乐谱等）的版权可以归属于不同的持有者。

与修改有关的知识产权问题很复杂，至今尚未解决。大多数模组是原创游戏的衍生物，因为它们是从原创游戏中派生出来的。正因为如此，游戏开发商要求经过修改的游戏应该是非商业性的、免费的。于是，有些游戏开发商向游戏社区的人们开放了全部源代码，有些则是开放了部分源代码。例如，id 软件公司研发的"雷神之锤 2"的游戏引擎持有GNU 公共许可证，向社区开放。类似的还有 Raven 软件公司，这家公司使用"雷神之锤 2"的引擎开发出了游戏"异教徒Ⅱ"，开放了部分游戏代码，另外一部分则当作商业机密对外保密。

除相关的知识产权问题外，游戏开发商们对修改社区总体上持支持的态度，因为它们意识到修改能给它们带来间接利益。优秀的模组能够帮助开发商建立并巩固一大群游戏玩家。某一款游戏的相关模组越多，游戏的玩家就越多。模组还可以延长游戏的生命周期。每开放一个新的模组，原创游戏就能吸引一批新的玩家。大多数的模组仍然需要使用原创游戏，所以大量高质量的模组的使用大大促进了原创游戏的销售。例如，广受欢迎的"反恐精英"、"军团要塞"、"死亡竞赛模式"、"枪械"、

"跳弹"、"胜利之日"等，使 1998 年问世的原创游戏"半条命"的生命周期延续了许多年。游戏"半条命"的销售量也达到了 1 500 万套之多。

游戏开发商甚至可以吸收出色的模组里面的新情节和创意，开发出新的产品。例如，"反恐精英"和"战败之日"在游戏社区中广受追捧，因此 Valel 软件公司将其收购，再开发出新品投入销售。游戏开发商不仅可以节约开发成本，还可以节省游戏的开发时间。另外，一些游戏开发商甚至通过聘用模组明星来激励模组对游戏的创新。

尽管我们提及的动机似乎都只对游戏开发商有利，其实游戏社区的成员也可以从游戏创新中获利不少。大部分模组创新产品都是非营利性质的，所以成本很低。这意味着购买一款原创游戏，可以得到可观的回报。通过模组这一渠道，可以发现游戏开发者中隐藏的许多天才。由于网络上有许许多多游戏的源代码，还有游戏的修改工具，所以游戏的开发变得比较容易。对一款游戏进行出色的修改，是一种自我价值的体现，所以，模组将成为吸引越来越多天才加入社区的强有力的机制。

总的来说，电脑游戏行业是"网络中心化创新"合作修改模式的绝佳例证。这种模式是指一群创新人士在一个明确的范围内进行创新活动，并且和网络中的其他成员一起分享创新带来的利益。不过，这种模式并不局限于电脑游戏领域，还适用于其他多个行业。下面我们将介绍半导体行业对合作修改模式的应用。

对芯片架构的修改：OpenSPARC 项目

2006 年初，太阳微系统公司启动了一项名为 OpenSPARC 的研发项目。这是一个以网络社区为基础的微处理器开发创新项目。这个项目首先是建立一个网站（www. OpenSPARC. net）。太阳微公司在网站上向公众开放源代码，以及其他的一些技术规范。依此，网络社区中的成员就可以参与对 SPARC 微处理器的修改。

SPARC 实际上是"可扩展微处理器架构"（Scalable Processor Architecture）的缩写形式。这种架构是基于 20 世纪 80 年代美国加州大学伯克利分校所开发的"精简指令运算集"的一种技术。SPARC 起初应用于科技和金融服务之类的高端设备中。后来，它又被用在一个完全不同的领域，成为在大型服务器上使用的处理器。SPARC 通常在太阳微公司

的 Solaris 操作系统下运行，但是几年以后，它也在其他的一些操作系统
（如 FreeBSD，OpenBSD，Linux 等）中运行。其中，较受欢迎的是 1989
年太阳微公司推出的 SPARCstation1。

2006 年，太阳微公司还建立了一个完全独立的称作"SPARC 国际"
的机构来改进 SPARC 微处理器并对 SPARC 进行一致性测试。SPRAC
国际负责对 SPARC 微处理器的知识产权进行管理，包括颁发许可证，注
册商标。这家机构在 20 世纪 80 年代末期到 90 年代初期为多家制造商颁
发了许可证，其中包括得州仪器公司、赛普拉斯半导体公司以及富士通
微电子公司等。

几年中，SPARC 有几个版本问世，其中最著名的是 20 世纪 80 年代
末推出的 SPARC 第 8 版（一种标准 32 位架构处理器）；1994 年推出的
64 位 SPARC 微处理器第 9 版；以及在 2005 年末推出的一个延伸版
本——UltraSPARC 2005。

2005 年末，太阳微公司还推出了一种全新的、技术规范与 Ultra-
SPARC 一致的、完全运行 SPARC V9 的微处理器 UltraSPARC T1。它
是多线程、多核的 CPU，是太阳微公司服务器最新产品线中最重要的
产品。

2006 年 3 月 21 日，太阳微公司按照"GNU 通用公共许可证"的规
定，通过 OpenSPARC 项目对 UltraSPARC T1 微处理器利用开源的方式
进行设计。

太阳微系统公司实施开源战略是出于两个原因：第一，公司意识到
外部的创新力量可以与公司内部的研发力量形成互补；第二，公司还意
识到 SPARC 芯片可以在多种领域得到应用，比如电子消费品、健康信息
学等。对于太阳微公司研发能力并不强的领域，如果能够采用开源的方
式，鼓励创新社区的成员都来参与研发，太阳微公司就能够更快地迈进
这一领域。

因此，开源 SPARC 项目的首要目标就是让创新者们获得 64 位 Ul-
traSPARC T1 芯片开发的源代码和技术规范，并在此基础上进行修改，
开发出新一代的多核、多线程芯片以及相应的软件产品。新一代芯片和
软件将为 UltraSPARC T1 打开一个新的市场，并且使创新社区的每一位
成员获利。

虽然改进基本的 SPARC 构架是开源项目的重要目的之一，但是开发

"芯片系统"（SOC）也同样重要。对 SOC 的开发是为了满足半导体行业的市场需求而进行的，市场希望行业能降低成本，加快设计流程。所谓 SOC 是指将过去分布在很多个芯片上的基础模块集成于一块芯片上。这种技术的关键在于如何获得将相关芯片集成在一张芯片上的网际协议，并且是以一种定制的、方便集成的格式。开源 SPARC 项目希望能够推动 SOC 的开发。

因此，OpenSPARC 项目的创新空间依赖于太阳微公司提供给网络创新社区的 SPARC 架构规范和代码。具体来说，也就是太阳微公司以 Verilog 语言开放的 64 位 32 线程的 UltraSPARC T1 处理器的源代码。这种新开放的源代码版本被称作 OpenSPARC T1。与此同时，太阳微公司还开放了完整的 UltraSPARC 2005 版的技术规范（即"指令集"），以及完整的 OpenSPARC 的模拟环境和验证套件。另外，公司还开放了其他一些有助于创新的支持工具和技术，包括 Studio 软件和 SPARC 的优化编辑器。所有这些技术都是在"GNU 通用公共许可协议"下开放的，这就提供了使用、修改、转让技术的权利，大大增加了创新活动的范围。要了解这些创新活动是什么，让我们详细看一下 Open SPARC 社区的运作方式。

OpenSPARC 社区和创新活动

OpenSPARC 社区向任何有志于参与的实体（包括公司及个人）免费开放。只要在社区网站上注册就可以获得所有的代码和工具，甚至可以参加任何一项开源项目。2007 年年中，OpenSPARC 社区已有 200 多名注册用户，其中大部分是公司。

社区里的主角是谁呢？第一主角是太阳微系统公司本身，它在整个创新中起着"创新催化剂"的作用，为创新活动的开展提供基础架构，还通过创建网站基础设施保障社区活动。太阳微公司还主动参与社区管理，为 SPARC 网络社区的创新活动设计主要的路径。

第二主角是创新者。社区中所有为 SPARC 基础架构作出贡献的成员都是第二主角。这些社区成员（或者称作"创新者"）有计算机软件和硬件公司，有个体开发者，也有学术研究人员。他们通过各自不同的方式为 SPARC 作出贡献。例如，一些软件公司会将源代码进行创新，并将它升级为更优化的、更适合硬件设备的软件。微处理器芯片的设计者和制造者利用和修改 SPARC 系统架构开发新的芯片。与此同时，那些硬件销售商利用对 SPARC 技术规范的了解设计出定制化的性能测试工具。最后，个体开发者和研究者在 SPARC 技术规范的基础上开发出下一代芯片，他们中大多数在公司或者研究机构工作。

OpenSPARC 社区的本质是社区成员不必和太阳公司签订正式的合作协议。其网站是一个完全独立的实体，所有成员通过社区建立相互之间的关系。而且，社区里不存在中介。社区成员通过一起合作项目密切相互之间的关系。

社区成员可以完全自由地对 SPARC 基础架构进行创新。对 SPARC 内部的创新包括添加或者删减核心、在指令系统添加新的指令、修改不同形式的接口（存储接口、输入/输出接口、高速缓冲存储器等）。社区成员还可以从外部对 SPARC 架构进行创新，例如设计附加成分来扩展系统（视频、制图、网络界面等）。

到 2007 年 7 月，社区网站上的 OpenSPARC T1 代码已经被下载了 4 700多次。OpenSPARC 社区中的典型项目包括将操作系统嵌入到现有的 SPARC 芯片上、在 SPARC 架构上开发新一代芯片等。

例如，意大利一家小公司（Simply RISC 公司）设计出了一款 SPARC 芯片的派生产品。该公司是一家按照"GNU 通用公共许可协议"开发 CPU、外围设备和端口，生产计算机硬件、系统集成多功能芯片和网络集成多功能芯片的企业。2006 年，该公司的一些工程技术人员开发出了 OpenSPARC T1 芯片的单核版，它可以在 Ubuntu Linux 操作系统下运行，还可以嵌入掌上电脑、机顶盒和数码相机中使用。这种版本可免费下载，在 Linux 操作系统下运行。

这里还有一个关于操作系统软件的开发项目。有一位叫大卫·米勒 (David Miller) 的软件开发者组织了一个 Linux 操作系统的开发社区，为 OpenSPARC T1 搭建了一个 Linux 端口，后来，人们将其添加到 Linux 系统的核心部分。通过这个端口，人们可以用各种方式去应用 OpenSPARC 微处理器的架构，这从整体上提升了 OpenSPARC 技术。基于此项工作，Linux 操作系统出现了两个新的版本，即 Ubuntu Linux 和 Gentoo Linux，这是专门适应于 OpenSPARC 微处理器的 Linux 操作系统版本。

美国加州大学伯克利分校有一些研究人员更是雄心勃勃，他们设计的项目（被称为多处理器研究加速器，RAMP）是开发一种全新的多核微处理器架构，目的是平行运算。按照他们的设想，在这一架构的芯片中，最多可以承载 24 核。这个研发团队将采用 OpenSPARC T1 作为处理器，因为 OpenSPARC T1 是一种开源的处理器。

社区管理和基础设施

虽然太阳微系统公司是 OpenSPARC 项目的发起者，但是这个项目是以网络社区为导向的。社区建立了一个公推的咨询委员会来执行社区管理。为了显示社区管理机制，咨询委员会将定期征求社区成员的意见，根据他们的意见来调整开发项目。OpenSPARC 社区的章程明确规定："咨询委员会须经选举产生，并以民主原则处理事务，代表整个社区的利益。"由此可见，OpenSPARC 社区咨询委员会的作用与绝大多数开源软件社区顾问的作用是相似的。

咨询委员会帮助社区制定创新议程，这个议程体现了整个社区的意愿和利益。太阳微公司在 OpenSPARC 社区咨询委员会中的代表大卫·韦弗（David Weaver）曾经说过："社区成立咨询委员会既有助于激励社区发展，也可以调解可能发生的争端。"委员会还制定了各种原则，指导社区的创新活动。这些指导原则包括"所有社区成员享有平等的权利和机会"、"公平处理社区项目"、"对所有社区成员开放知识产权"，等等。

那么，社区成员应该如何在 OpenSPARC 网站上启动或是参与一个合作项目呢？任何注册的社区成员都可以启动一个新的开发项目。如果有一位社区成员提出启动一个新项目的要求，社区的管理者将对这个项目进行评估，确保该项目符合网络创新社区的指导原则。一旦项目被批准，参与项目的成员就会拥有相关的权利，并有责任管理合作创新活动，进行有关的决策。成员在项目中担当不同的角色，有的是项目拥有者，有的是技术开发者，有的则是内容开发者。

OpenSPARC 网站建立了社区论坛，方便成员们进行交流，还可以下载、使用各种工具和技术。论坛上列出了正在开发的项目，社区成员可以加入各种项目。网站还为成员提供不同的交流方式，有讨论版、博客和维客等。另外，网站还提供各种工具来协助社区成员的开发，包括邮寄清单、源代码版本控制、问题跟踪和文件共享等。

社区还按照创作共享约定协议开发了一种"开放图书"，目的在于详细地描述创新平台的架构。所谓的"开放图书"类似于一本使用手册，方便社区成员使用。

知识产权管理和收益分配

太阳微系统公司按照"GNU 通用公共许可协议"为 OpenSPARC 提供了网站架构和各种技术规范。"GNU 通用公共许可协议"是一种开源运动的许可证，是经过"开源运动促进会"批准的。根据这一许可协议，社区用户在使用、复制、传递、修改一项信息技术上有很大的自由度。"GNU 通用公共许可协议"的运行理念是"自由版权"，它允许每个参与的成员再创作、改编、修改、传递一种产品（例如软件、艺术作品、文章等），前提是经过再创作的产品依然维护原有的版权。

社区成员可以制作出某项技术的改编版，而不必向原创人员披露在何处经过了改编。当然，改编后的技术不能随意地传递给他人。但是，如果你要修改一项技术，并且向他人传递，那么经过修正的技术就必须按照"GNU 通用公共许可协议"的规定向 SPARC 社区开放。这就保证了所有的社区成员都能从创新活动中获益。值得一提的是，修改过的技术只要同样是在"GNU 通用公共许可协议"下开放的，那么社区成员就可以对这项技术收费。

所有 OpenSPARC 社区的成员在开放源代码之前需要签订"参与者协议"（contributor agreement，CA）。这份协议确保了社区中每一个为项目作出贡献的人都能得到专利权。按照"参与者协议"的规定，专利的提供者与项目赞助商太阳微公司共同拥有专利权。然而，"参与者协议"并不改变"GNU 通用公共许可协议"下的权利和义务，也不改变任何在社区网站上使用的开源许可证的权利和责任。

SPARC 商标属于 SPARC 国际公司的财产。因此，当社区成员将按照 OpenSPARC 架构修改和设计的程序投入市场的时候，如果需要贴上 SPARC 这个商标，就必须获得这个商标的使用许可。

人们或许会问，太阳微公司如何从 OpenSPARC 网站的创新活动中获利呢？或者说，太阳微公司如何从这个项目中分得一份价值呢？

第一，太阳微公司依然在按照 UltraSPARC T1 架构开发、销售计算机系统。公司开放了创新架构，建立起一个生机勃勃的创新社区，而创新活动的结果是为公司形成了一个全新的市场，这是太阳微公司所梦寐以求的。例如，随着 Linux 在 OpenSPARC 平台上的应用，大大拓宽了太阳微公司基于 UltraSPARC 系统的市场。公司网站架构技术小组的负责人大卫·韦弗曾经说过："我们希望在开源平台上的创新活动能够引发对太阳微公司计算机生态系统的更广泛的应用。而这在过去是难以想象的。蛋糕做大了，分给每一个成员的那一块也就更大了。"第二，OpenSPARC 社区的创新活动使得更多的人会关注多线程、64 位处理器（例如加速多核处理器研究项目），从而使这些技术的开发为太阳微公司的内部技术开发项目创造良机。第三，由于有越来越多的人能够获得 SPARC 源代码，OpenSPARC 项目就使得购买太阳微公司的系统、软件以及服务的企业增多了，应用的人也更多了。

对于那些外部的创新者，创新社区提供了各种形式的激励。OpenSPARC 网站为社区成员提供了交换和交易基于 OpenSPARC 系统开发的产品、技术的场所。社区成员们既可以免费交换各种创新产品，也可以开展有偿交易。对于个体开发者和其他社区成员来说，通过网站向其他公司出售创新产品也是一种获利的方式。企业参与网站的创新活动，可以在同行中增加自身的信誉，也可以跟踪技术改革和市场动态，以此来指导自身的内部技术开发策略。

@ OpenSPARC 与太阳微公司其他项目的结合

太阳微公司已经将 OpenSPARC 项目延伸到公司其他技术的开发上，例如通过 OpenSolaris 社区开发 Solaris 操作系统，通过 OpenJava 社区开发 Java 技术。

Solaris 操作系统是太阳微公司的操作系统之一，属于太阳微公司的品牌，由太阳微公司负责测试、维护和客户支持。OpenSolaris 项目开放了基于 Solaris 的源代码，提供必要的开发工具，还提供方便社区成员交流和共享相关信息的平台。公司预计，在看得见的将来绝大多数的源代码的开发会在 OpenSolaris 社区中进行。据公司称，自从 OpenSolaris 创新项目启动以来，Solaris 操作系统的安装数量有了显著的提高（达到将近 600 万个注册用户）。

2007 年 5 月，太阳微公司按照"GNU 通用公共许可协议"的规定将

Java 技术作为免费的开源软件向公众开放，有效地运用社区合作创新模式开发 OpenSPARC 技术和 OpenSolaris 技术。三个操作系统的源代码（指 Java 平台标准版、Java 微版、Java 企业版）都在社区开放供成员进行修改。

这些以社区为基础的创新模式取决于太阳微公司有效的创新催化作用，包括提供合适的创新基础设施、开展创新的知识产权管理，以及充当一个称职的社区合伙人。另外，太阳微公司是否能在上述三个项目中形成协力优势，也是创新活动成功的关键。

合作修改模式在网络服务领域的应用：网络聚合运动

近来，互联网上盛行着一种新的合作修改模式的网络中心化创新，称作 Mashup 运动，或称"网络聚合应用"。① 网络聚合运动于 2005 年左右出现在网络服务市场上。此运动是指将各种网络信息资源聚合在一起，产生出全新网络服务，这是个体开发者的又一种网络创新活动。

这种创新架构主要表现在一些通用网站上（如 Yahoo!，Google 地图，YouTube 等）的数据和内容。其创新活动就是将这些网站的各种元素聚合起来，创造一种新的服务。

网络聚合社区中有两种参与者：一种是大型网络信息公司，它们充当的是创新催化剂的角色；另一种是个体开发者或者小公司，它们充当的是信息聚合的创新者角色。大公司提供应用编程界面（API），这为创新者聚合各类资源提供了重要的架构。另外，这些大公司还免费提供数据和显示格式，以此来促进网络聚合运动。在很多情况下，它们还将这些聚合的信息链接到自己的网络服务器上，让网络用户了解各类创新成果。

Mappr 网站就是这样一种提供网络聚合服务的网站。Mappr 是由美国旧金山的一个设计、编程人员组成的团队开发的。Mappr 的服务是利用 Flickr（一个照片共享网站）的应用编程界面，筛选 Flickr 网站上 30

---

① Mashup，其英语定义是 web application hybrid, a website or web application that combines content from more than one source，是指网站采用混合技术搭建，不同的功能模块与不同的外界 API 接口对接，它是一种交互式网络应用程序，它利用了从外部数据源检索到的内容来创建全新的创新服务，有的文献将其称作"聚合"、"网络聚合应用"。——译者注

多万用户上传的照片，并将它们在美国区域内调换，有效地为同一国家不同地点和不同的人提供照片向导。

到2007年7月，全球已经有2000多个网络聚合服务项目，有的是聚合地图，有的是聚合新闻。每天都有更多的创新出现在网络上，平均一天3个，这反映出了创新空间的繁荣。

大型网络公司（例如Flickr公司）为网络内容聚合提供免费的数据，它们的动机是什么呢？因为聚合运动在一定程度上帮助它们利用外部开发者的创新来提升它们自己产品的知名度和使用率。例如：通过网络聚合服务，Flickr网站可以有更多的网上冲浪者，其中有些人可能会愿意为额外的服务付更多的费用。换句话说，聚合运动使得大型网络公司的网络服务平台扩大了，拥有了新的市场和客户。雅虎公司地区业务主管保罗·莱文（Paul Levine）曾经说过："我们希望通过聚合运动来鼓励创新者参与社区活动，这对我们公司的研发和营销活动是非常有意义的。"

聚合运动是一种真正的以社区为基础的创新活动，它对社区也有积极的反馈作用。例如，在Mappr公司的网站上，聚合运动提供了自己的应用编程界面供其他开发者使用。简而言之，只要使用合适的应用编程界面，一个聚合项目可以催生出另一个聚合项目，从而形成一个真实的合作创新活动。

合作修改模式的组成要素

上述三种合作修正模式的网络中心化创新在许多方面有所不同，但是它们也有一些共性（见表8—1）。

表8—1　　　　　　　　　合作修改模式的各项要素

网络中心化创新的要素	OpenSPARC项目	电脑游戏	网络聚合运动
创新领域	SPARC架构起主要的作用	原创电脑游戏起主要作用	大型网络信息公司提供数据和显示格式
网络领导权的结构	由OpenSPARC社区主导	模组社区主导	开发者社区主导
创新角色			
建筑师（创新催化剂）	太阳微系统公司	游戏开发商	网络信息服务提供商

续前表

网络中心化创新的要素	OpenSPARC 项目	电脑游戏	网络聚合运动
改进者（创新者）	个体或企业创新者	个体或模组团队	个体或企业创新者
网络管理			
网络监管	咨询委员会提供指导；各项目自主管理	模组社区论坛管理；游戏开发规则管理；模组质量验证管理	聚合服务论坛充当社区平台，制定行为准则和价值评价标准
知识管理	OpenSPARC 网站提供所有基础架构	在线论坛共享游戏开发工具和文件	应用编辑界面整合和分享信息
知识产权管理	按照开源许可协议计划管理	开源许可协议和个体产权相结合	个体开发者决定知识产权的使用

　　上述三个案例中的第一个共同要素是有一个明确的创新平台，例如 OpenSPARC 架构，"半条命"电脑游戏。有了这样的创新平台，创新者们才可以聚集在一起组成社区，他们的创新活动也才有了内在的一致性。尽管有一个实体提供创新平台，但是创新活动的性质是由社区来决定的。例如，在电脑游戏的案例中，由模组团队来决定合作修改的形式。

　　另外一个共同要素是社区中的管理模式。以 OpenSPARC 社区为例，社区中有一个正式的机构，那就是咨询委员会来实施社区管理。而在电脑游戏的合作修改中，模组社区是由各种网络模组论坛实施相对松散的管理。通过论坛上社区成员的沟通和交流，为社区提供创新质量标准和价值判断标准。社区成员的交流也用来规范和验证模组质量，间接地指导社区成员共同遵守创新的规则。在我们讨论的三个例子中，创新的成功一般都取决于社区成员的创新活动。因此，社区成员对整个社区的议程及其成果起着决定性的作用。

　　第三个共同要素是知识产权管理和社区创新活动的动机。我们所举的三个例子说明，合作修改模式需要将知识产权管理与创新激励结合在一起，目的是促进和维持以社区为基础的创新活动。上述案例还说明了开放的和封闭的知识产权管理机制在许多情况下是可以共存的，它们共同引导网络创新平台上的创新活动。例如，电脑游戏的开发商开放某些源代码，这就有利于模组对某些元素的开发。同样，在信息服务行业，有限度地开放信息展示格式，网络技术公司就可以鼓励和促进内容聚合的创新活动。因此，将网络知识产权管理和创新激励机制有机地结合在一起，有助于促进以社区为基础的创新活动，并且使所有的网络成员

（包括为创新活动提供平台的公司）从中获益。

大公司的创新催化作用

我们罗列的几个例子都清晰地显示，为社区创新活动提供平台的企业也可以直接和间接地从中受益。例如，我们提到太阳微公司在OpenSPARC创新活动中获取的一些利益——扩大公司已有的客户群、对新市场的进一步占有、对SPARC技术应用的增加等。我们同样指出了游戏开发商可以从模组的创新活动中获得不同形式的利益——销售量的增加、延长产品寿命、增加游戏玩家、提高产品的知名度等。事实上，通过为社区创新开放自身产品的某些代码和技术，企业可以为网络中的所有成员创造一个双赢的局面。

那么，公司应该如何采用合作修改模式促进网络社区对自身产品或技术的创新活动，最后形成双赢或多赢的格局呢？它们应该具备哪些能力或者资源去促进创新活动呢？

在接下来的两章中，我们将详细地探讨这些问题。有一点是明确的，那就是合作修改模式的成功运用有赖于清楚地了解社区成员在创新平台中的动机，以及他们如何利用网络知识产权机制。公司还需要在创新社区中担当真正的"合作伙伴"，能泰然自若地接受创新目标和创新活动很大程度上由社区成员决定这样一种事实。

结语

网络中心化创新的合作修改模式相对来说还处于初级阶段。这种模式的应用还主要局限于信息产品和服务（例如软件、电脑游戏、计算机硬件、电影等），因为这些产品和服务比较适合于分散的、以社区为基础的创新活动。随着产品中信息成分的增大，总有一天合作修改创新模式会延伸到其他的产品和市场中去。

至此，我们已经完整地叙述了四种网络中心化创新模式。从下一章开始，我们将讨论对一个特定的企业，哪一种模式最适合？怎么使每一种模式生效？我们还将讨论如何使创新模式符合企业所处的市场和环境，企业如何利用自己的竞争优势去扮演自己在创新中的角色。

THE GLOBAL BRAIN

第 IV 部分

网络中心化创新的实施

全球智脑

第 9 章 Chapter 9

如何利用网络中心化创新的力量

在演讲中，人们一般认为一个优秀的陈述应该回答三个问题：提出什么问题？为什么提出这样的问题？如何解决这样的问题？在本书的前半部分，我们已经讨论了前面两个问题。我们介绍了全球智囊和网络环境下的创新问题，阐述了全球化思维方式对创新的巨大推动作用。我们还介绍了网络中心化创新的四种模式。但是，我们并没有涉及第三个问题，也是最重要的问题：我们应该如何做？企业应该如何利用全球智囊？应该采用哪种类型的创新模式？你的企业应该如何去适应这样的环境？采取什么措施？在这一章中，我们将为公司和管理者提供一份与企业自身情况及其所处商业环境最佳匹配的战略地图，其目的是指导企业识别和捕捉网络中心化创新的机遇。

在为编写本书而进行的前期调研中，我们走访了美国中西部一家大型科技企业的一位高层管理者，他主要负责公司的合作创新项目。在谈话中，这位高管告诉我们在过去的两年时间里，公司已经尝试了"开放"的创新活动，然而，他对所取得的进步并不满意。他觉得公司在这些项目中耗费了大量的精力和资金，效果却不明显。这位管理者认为，公司的高层管理者、研发部门、产品开发部门都全力以赴，但是公司没有能够很好地认识并捕捉到外部的创新机遇。问题的症结在于公司涉足的市场范围太大，内部的多个部门要向市场投放几千种产品。面对如此众多的机遇，管理人员无法弄清楚企业应该关注哪些机遇和关系，如何使企业获得有价值的机遇。

在我们的调研中，这种担忧得到了多家大公司高管的共鸣。为解决这样的问题，我们将为企业提出一种分三步走的方案，以此来制定网络

全球借脑：让更多聪明人为你的公司工作

中心化创新战略，了解公司应该如何利用全球化创新的力量。

1. 如何设计网络中心化创新活动，如何判断最适合企业发展的机遇；

2. 如何根据企业的能力和资源来捕捉机遇；

3. 实施网络中心化创新战略的最佳实践。

本章我们将关注第一个问题，为管理者提供方法去评价不同行业、市场的创新机遇，选出最能发挥企业资源和优势的机遇，为企业制定出大致的创新计划。

在创新环境中为公司定位

在前面 4 章的讨论中，我们介绍了网络中心化创新的四种模式。不同的模式对参与创新的企业会有不同的影响。这些影响主要表现在创新角色、创新能力、创新成果和价值分配等几个方面。如果说"不同的企业将扮演不同的创新角色"，那么我们将面临一个看似简单其实却很难回答的问题："在网络中心化创新活动中，我们处于什么位置？"（见图 9—1。）

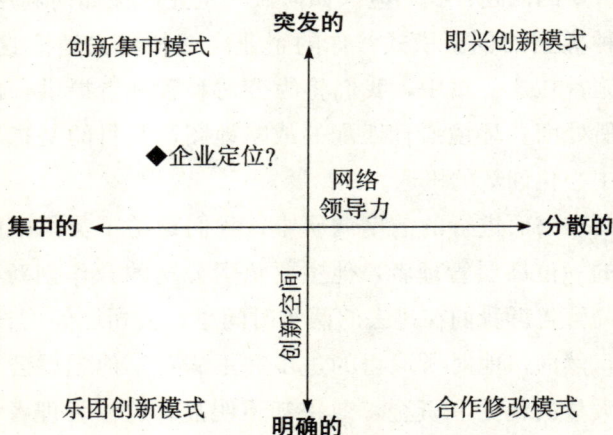

图 9—1　网络中心化创新活动中的公司定位

要回答这个问题，第一步需要对公司所在的行业和市场的特征进行分析，并在网络中心化创新的象限图中识别出最符合该公司创新环境的象限。对于大型多元化经营的企业（例如宝洁、杜邦、通用电气、IBM、联合利华等）来说，这项分析可能需要在公司的经营单位层面上进行，因为不同的经营单位，它所处的行业和面对的市场背景是很不相同的。

例如在通用电气集团中，通用电气保健公司、通用电气环球广播公司，以及通用电气金融公司的业务有着很大的差异。

第二步是分析公司所开展的创新活动的特征，以及在网络中心化创新中公司所扮演的角色。进行这一分析时，要考虑对创新角色的要求，以及在创新活动中公司可以投入的资源和能力。

我们先从第一步开始。

@ 选择最合适的创新模式

公司所处的创新环境决定着公司最适合采用何种网络中心化创新模式。公司的创新环境主要涉及三个方面：

● 创新空间是否清晰？创新目标是否明确？创新是要建立一个新的框架还是在原有框架上进行扩展或深入？市场机遇是否明确？如何将创新目标、创新框架更好地与市场机遇结合起来？

● 创新需要具备何种能力和知识？创新工程是否涉及高端的专业技术或先进的专业知识？创新对知识整合的要求如何？参与创新活动需要具备哪些能力？有多少人具备这样的能力？

● 创新的价值评价机制是否完善？是否需要建立全新的评价机制？是否可营造一种"开放的"与"封闭的"知识产权共存的创新环境？是否能制定多样化的激励机制以吸引不同类型的创新参与者？

表 9—1 列出了几个重要的产业和市场环境。它们能反映前面提到的问题，也描绘出了不同网络中心化创新模式的选择。我们将以这些因素为依据，介绍与四种模式相适应的市场环境。

首先，我们来考虑这样一种环境：创新架构或技术平台清晰，与市场机遇关系密切，有现成的价值分配机制。正如我们所看到的波音公司和 Salesforce. com 公司的案例那样，这两个公司的背景最适合乐团创新模式。因为创新所需要的知识比较专业，只有少数开发实体掌握，而且参与的成员的创新能力对于创新生态系统的提升有着至关重要的作用。此外，创新工程的技术风险和市场风险都比较高，所以，企业有必要与网络合作伙伴分担风险。体现这类创新特征的行业包括半导体、软件、计算机硬件、生物技术、网络设备、电子消费品等。在这些领域里，都有十分贴切的乐团创新模式的案例。

表 9—1　　　　网络中心化创新模式的或有事项

行业与市场因素	网络中心化创新模式			
	乐团创新模式	创新集市模式	即兴创新模式	合作修改模式
创新目标与架构	创新目标明确；模块化创新架构	创新目标宽泛，可指向具体的市场；创新架构模糊	创新目标宽泛，不指向具体的市场；创新架构模糊	创新架构明确，模块化较明显；创新机遇不明确
创新市场	市场机遇明确（一般超过3亿美元）	市场机遇明确，但规模不大	市场机遇不明确，但是有快速增长的潜力	市场机遇不明确，规模不大
创新活动特征	完善、补充、拓展创新架构	由个体创新活动来实现公司宽泛的创新目标	为完善创新架构而开展有针对性的创新活动	补充和加强现有的创新架构，开拓新的市场机遇
技术的变化	存在可预测的较大的技术变革	适度的技术变革	重大的、难以预测的技术变革	可预测的、适度的技术变革
创新风险	创新开发及商业化运作风险很高	中高等的开发风险；适度的商业化运作风险	创新开发及商业化运作风险很高	较低的创新开发风险；中高等商业化运作风险
创新知识与技能特征	创新知识复杂多样，由少数个体掌握；需要多领域知识的整合	创新知识不太复杂；需要部分领域知识的整合	需要复杂的、新的、多样化的、广泛分散的知识的整合	创新知识稍微复杂和略带专业化，但广泛分散
创新支持设施	创意开发和测试需要昂贵的、先进的技术	创意开发和测试设施具有更加广泛的应用，其成本处于中低水平	创意开发和测试设施技术先进，成本中等，但被广泛应用	创意开发和测试设施通常应用广泛，成本较低
知识产权管理	知识产权保护的环境可预测，易管理	知识产权保护的环境可预测，易使用，但需投入较多的精力	知识产权保护的环境难预测；支持开放和封闭的混合机制	知识产权保护的环境能预测；支持开放和封闭的混合机制
价值分配机制	有明确的价值分配机制	有现成的、明确的价值分配机制	有限的或不存在价值分配机制	已有的和新的价值分配机制相结合

相反，如果创新架构是明确的，现有的市场机遇已经得到开发，而且新的市场机遇并不明朗，那么在这样的背景下应采用合作修改模式。太阳微系统公司的 OpenSPARC 创新活动就是这种模式的应用。如果创新知识是分散的，而且创新需要公开的和封闭的混合型知识产权管理制度，那么合作修改模式就是比较理想的模式。在这样的环境中，为推动更加"开放"的社区创新活动而全部或部分开放的创新架构可以发现新的市场机遇，而这些市场机遇从未被设计该架构的企业所发现。正如前面阐述过的电脑游戏产业和网络信息服务产业，只要公司能建立合适的奖励机制和知识产权管理机制，那么，类似的基于社区的创新可使整个创新网络的参与者受益，包括为网络提供架构和平台的企业。

还有一些情况是创新架构和创新成果并不明确，但市场机遇却比较明显。如果创新所需要的技术和设施较为简单，且分布比较广泛，那么就可采用创新集市模式。正如我们在第 6 章看到的，消费产品行业的部分市场（例如办公用品、家居护理等）正是这种典型的创新环境。个体创新者提出与广阔市场目标相一致的，并且符合大型企业要求的创新产品方案。此外，这种模式是要利用现有的基础设施进行商业化运作，而这种运作只能由在网络中占有支配地位的企业实施。

所涉及的问题还包括市场机遇。我们的研究表明，创新集市模式下的目标市场一般规模适中。事实上，如果市场机遇很大，大公司就会一拥而上，因为它们害怕自己的利益受损。多样化的市场机遇最有利于创新集市模式，因为市场对创新的要求尽管简单，但是很迫切。

最后一种情况是创新架构不很明确，而且也没有特定的市场机遇，只是创新领域比较广泛。在这种情况下，创新开发的风险和市场化运作的风险都会很高，这就适合即兴创新模式的应用。具有这种创新环境的都是那些涉及新兴技术的领域（如生物技术、纳米技术、可再生能源技术等），以及在已有领域中先前未被人重视的部分（例如软件开发、药品开发等）。

在这样的背景下，如果创新知识或技能分布比较广泛，那么就会形成一个网络化的创新团队，社区中的成员对创新感兴趣，但是并不急于去分享创新创造的价值。具体的创新目标和创新架构将在这些网络社区成员的沟通中产生，就像在第 7 章"即兴创新模式"中所讨论的热带疾病治疗研发项目。在这样的创新模式中，若要想持续地吸引并维系团队成员的创新能力，就需要更加开放的管理机制，以确保每个成员都能对创新进程提出建议并产生影响。另外，在创新环境中开放的知识产权越容易利用，对整个社区成员的吸引力就越大。再者，有许多因素决定了大公司只愿意充当赞助商的角色，而不愿意直接参与创新活动。这些因素包括：没有及时、明确的市场潜力，创新孵化时间较长，创新风险较高等。

在创新背景下确定最合适的创新模式只是问题的一个方面，问题的另一个方面是如何确定公司在创新活动中所扮演的角色。

@ 确定最佳的创新角色

在前面几章讨论网络中心化创新的四种模式时，我们提到过企业可以扮演的多种创新角色。表9—2列出了这些不同的角色。企业在确定自己扮演的创新角色时，应谨慎考虑将会面临的问题和各种市场条件。

表 9—2　　　　　　　　网络中心化创新中的各种角色

网络中心化 创新的模式	创新角色		
	建筑师	改进者	代理者
乐团创新模式	集成商，平台领导者	组件开发者，补缺者	
创新集市模式	创新门户	发明者	创意猎头、创新投资者
即兴创新模式	创新管家	创新者	创新赞助者
合作修改模式	创新推动者	创新者	

乐团创新模式中的角色定位

在乐团创新模式中，企业可以扮演两种角色，即创新集成商或平台领导者、组件开发者或补缺者。

@ 创新集成商或平台领导者

正如我们已经分析过的两个案例（波音公司和 Salesforce.com 公司）所表明的那样，如果企业想在乐团创新模式中发挥建筑师的作用，公司就先要拥有一个创新架构或创新平台，这个平台可以广泛地吸纳潜在的合作者，它们的创新活动有助于开发创新组件或互补性的产品和服务。

如何利用网络中心化创新的力量

除这个基本条件以外，公司还需要考虑两个重要的问题。

第一个问题是创新平台或架构是否有一个明确的目标市场，即创新架构所指向的市场机遇是否大到足以支持创新网络的运行。在波音公司的案例中，考虑的首要问题是该公司是否有能力吸引足够大的市场，从而公司认为值得投入资金，合作者愿意承担创新风险。同样，如果创新平台与各种市场（包括各类细分市场）存在的机遇相吻合，那么扮演平台领导者角色的公司也将取得更大的成功。下面我们来看一下 IBM 公司在 Power 网络架构中扮演平台领导者角色的情况。如果该平台的原有目标市场（例如个人电脑以及工作站）足够大，那么公司只要能够寻找到新的细分市场，就能维系老的合作伙伴，并且吸引到新的伙伴。例如印度的 HCL 技术公司是一家信息技术公司，该公司最近开始对 IBM 公司的 Power 架构进行创新设计，具体来说是将嵌入式微处理器核心的 PowerPC 405 和 PowerPC 440 开发出来，将应用领域扩大到无线通信领域和电子消费品领域。因此，在确定公司在乐团创新模式中应该扮演何种角色时，最需要考虑的因素就是目标市场的规模。

第二个问题涉及公司的内部资源和风险偏好。建设一个创新平台，并在这一平台上创建合作网络需要耗费相当多的时间和资源。随之而来的是巨大的创新和市场风险。在大多数情况下，一个创新平台的建立必然会引起新平台与其他平台长期、激烈的摩擦（例如，为取得高清视频领域的竞争优势，蓝光和高清 DVD 之间的激烈竞争），有的平台最终可能被边缘化（例如索尼的 Betamax 录像标准研发平台）。在决定成为一个集成商或平台的领导者之前，公司要非常谨慎地评估自身所能承担的创新风险。前文中提到的 Salesforce. com 公司的例子显示，公司可以在自己的核心产品和技术取得一定的成就以后，逐渐加大对创新的投入，慢慢地完成所扮演的平台领导者的角色。因此，在创新网络的建设中可以投入多少资源，能够承受多大的风险，是公司应该考虑的关键问题。

@ 组件开发者或补缺者

作为乐团创新模式中的改编者，也就是组件开发者或补缺者，公司需要具备专业化的创新知识或技能，还要有能力承担创建创新平台的相关风险。在考虑这样的机遇时，公司需要着重考虑两个方面的问题。

第一个问题是公司的专业能力（也就是公司的投入）和网络（或创新平台）之间的关系。一方面，联系越紧密，公司就越有可能成为一个有价值的网络合作伙伴，也就越能从自己的投入中实现更大的收益。另一方面，联系越紧密，公司本身的目标和战略受到网络的限制就越大。实现上述两个方面的平衡是十分重要的。人们或许会问："公司是否能'专业化'自身资产来实现网络的目标，同时又让公司自身的前途与创新网络的成败脱钩呢？""公司是否有机会将投入一个创新网络的资源再使用到另一个网络中呢？"或者说"是否有机会将一个网络的改编者转变为其他网络的改编者呢？"因此，公司在设立一个创新平台或创新网络时，必须考虑上述这些重要问题。

另一个需要考虑的问题是与该角色有关的学习潜力。在参与乐团创新模式时，公司可以获得与技术和市场有关的新的能力或专业知识，如果真能这样，公司承担一定的风险还是值得的。例如，在波音公司的案例中，一些日本企业（其中包括川崎公司和三菱重工公司）就有将来发展为独立飞机制造商的长远计划。它们坚信从 787 开发项目中得到的经验和技术专长可以帮助它们实现未来的计划。同样，企业通过创新平台来开发补缺性的解决方案时（例如，微软的 .NET 平台或 Salesforce.com 公司的 AppExchange 平台），可能会认为在创新网络中从其他网络成员那里学到新的创意和技术就可以抵消网络失败带来的风险。因此，在选择扮演改编者这个角色时，特别是对规模较小的公司来说，应着重考虑能否通过与其他网络成员的互动来获取更多专业知识。

创新集市模式中的角色定位

我们在创新集市模式中介绍了三种角色：创新门户、发明者、创意猎头或创新投资者。由于发明者这个角色一般是由个人（客户、业余发明者等）来担任的，因此在这里我们把重点放在另外两个角色上。

@ 成为创新门户

企业扮演创新门户的角色，目的是为企业的内部产品开发提供持续的、丰富的创意。判断企业能否成为一个创新门户，主要应该考虑企业是否具备创新启动机制的问题，因为创新机制可使企业捕捉到某个行业或市场的机遇。具体来说，就是应该考虑企业是否具有利用外部资源的能力，因为企业要从外部收集创意，就需要承担相应的风险。

第 6 章中，我们绘制过一个创新集市图，在图的左端是创意猎头和专利经纪人。这种形式比较适合于这样的一些产业和市场，即业余发明家可以利用自己有限的资源提出新产品的创意。因此，那些产品种类多、产品规模小的生产企业（例如 Dial，史泰博，光达家电用品公司等，如图 9—2 中的 A 类公司）可能会青睐上述的机制。

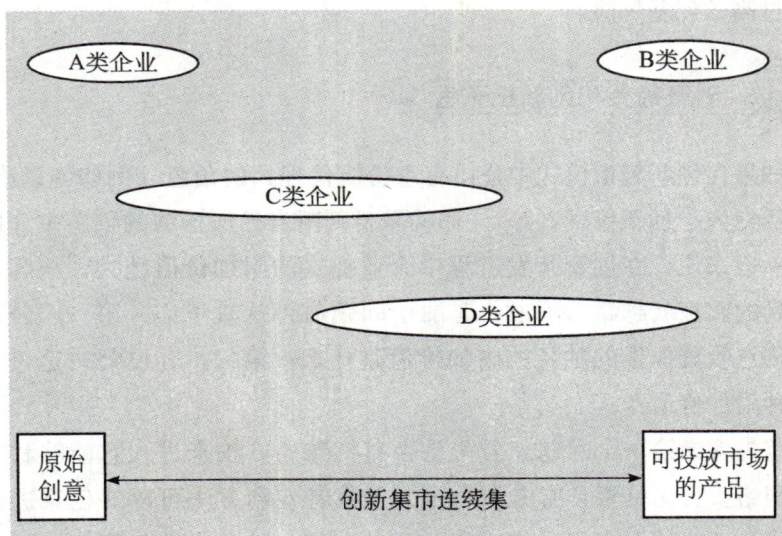

图 9—2　平衡创意收集的各种方式

另一方面，创新集市连续集的右端显示的创意收集模式适合于这样的一类企业，即具备丰富的专业技术人员，大量的产品开发和市场运作资金和时间。例如风险投资公司、创新孵化公司等。有些企业与科技市场关系密切，例如杜邦公司、3 M 公司、柯达公司等（如图 9—2 中所示的 B 类公司），它们就比较依赖于这样的创新机制。

企业所处的特定的市场环境很可能意味着偏向于某一种创新机制。但是，完全依靠一种创新机制对公司是不利的：要么创新的风险太大，要么创新的经济成本太高。因此，明智的企业应该在不同的创新机制之间寻求一种平衡。这种"中庸之道"最好的诠释就是创新投资者的模式，它们介乎于创新集市模式两个极端的中间。如图 9—2 中的 C 类公司和 D

全球借脑：让更多聪明人为你的公司工作

类公司，它们的创意收集策略不走极端，虽然它们有时候也因为市场或企业的因素而偏向于创新集市模式连续集的左端或是右端。以杜邦公司为例，在传统的业务中，它会去收购一些创新公司作为自己的发展战略。但是它也会采用其他的创新手段（例如使用创新投资者）去应对一些新兴的业务，如生物材料或电子设备等。

因此，公司在计划扮演创新门户时，首先要评估自身对各种创新机制的把握能力，避免由于走极端而带来的风险。简而言之，某一个行业或市场创新手段越丰富，企业就越容易扮演创新门户的角色，而且不用承担过高的创新风险。

@ 创意猎头和创新投资者

如果在创新集市模式中公司有意扮演代理人的角色（例如创意猎头、专利经纪人、创新投资者等），那就需要判断自己所扮演的创新中介的特征。一般来说，在创新开发过程中企业提供的附加价值越大，从客户公司得到的回报就越高。不过，有两个问题值得认真考虑：第一，公司能够为创意收集提供的独特的附加价值是什么？第二，客户公司是否很看重这种附加价值？

首先考虑第一个问题。公司是否有特殊的方法来进入它能够利用的创新网络？公司是否具有专业技术人员或者专利方法可以对创意进行筛选，或是迅速地对市场价值进行初步的判断？如我们曾经提到过的 BIG 的例子。该公司不仅培养自己的发明者网络，而且利用一套独特的方式聚集发明者和专家共同来提供创意。此外，公司还应该考虑是否具有专门的能力来整合不同类型的知识，从而提炼出一种创新理念？是否与一些大客户公司建立了合作关系？例如，Ignite IP 公司就是凭借自身在客户公司中的高层管理者网络，及时了解技术和市场的发展趋势。如果一家企业不具备这些独特的能力，那么它就只能在创新集市中充当普通的经纪人角色，难以获得可观的投资回报。

通常情况下，创意猎头或创新投资者总是在某一个行业或是市场中有着深厚的专业优势。对于这些中介机构来说，它们需要考虑客户公司对其创造的价值的预期有多高。例如，在某些市场中需要创新中介对众多的创意进行筛选（例如家庭装饰、家用工具、玩具等），那么，"创意过滤"这项工作就被认为更有价值；而在其他一些知识产权模糊或不可预测的市场中，确认知识产权的工作就会被认为更有价值。因此，在一定的市场条件下，企业应慎重考虑在创新开发过程中哪些价值比较重要，以此来决定自己将扮演何种角色。

即兴创新模式中的角色定位

在即兴创新模式中，企业主要扮演的是创新赞助者的角色。由于创意来自社区，创新管理者一般由个体发明者来扮演，他们会点燃创新思维的火花。即使是创新者也主要是社区中的个体成员。因此，我们在这里将讨论的重点放在创新赞助者这个角色上。

@ 创新赞助者

企业赞助创新，并不是一种服务社会的慈善活动。它们这样做，是出于企业自身的经济利益。

以 IBM 公司为例。IBM 在开源软件运动中发挥着很重要的作用，在各种创新项目中扮演着积极的赞助者的角色。我们曾经对 IBM 公司前技术战略与创新副总裁瓦拉达斯基·伯格进行过采访，他介绍了 IBM 公司在支持开源创新活动中的一些做法：

> IBM 公司非常重视 Linux、阿帕奇等各种开源社区活动。对于我们来说，与它们合作无疑就是一种商业决策。我们只有认真地分析了它们的技术及市场趋势、整体质量和社区所承担的任务，以及它们的知识产权管理、创新产品的质量之后，才会做出这样的决策。在我们看来，对于这样的开源创新活动，关键在于社区的质量，而不是你是否能获得源代码。如果开源社区没有良好的管理，那么就不值得我们加入。因此，在我们向这些社区提供支持之前，我们会仔细地了解有关该社区的目标、设施以及组织方面的问题。

"商业决策"并不意味着企业必须要从中获取直接的利益。在多数情况下，并没有这样的直接回报，至少在短期是如此。因此，企业需要关注扮演赞助者角色所带来的间接的、长期的收益。对于 IBM 公司来说，这些收益可能包含对品牌形象的提升，以及在开源社区的影响力。在热带疾病研究的开源社区中，大型的制药和生物科技企业关注的是这一研究领域的发展趋势，以及公司传统研发部门难以企及的研发项目的开发。

企业需要考虑的还有创新成果问题。例如：我们期望创新取得哪些成果？这些预期成果前景如何？它们是否能从根本上改变现有的市场？对待这样的成果，应该利用怎样的知识产权管理机制？

最后，衡量企业在创新社区中发挥的作用也很重要。对于整个创新活动来说，企业作为创新赞助支持者所作的投入是否至关重要？在推动社区创新的过程中企业究竟将发挥多大的作用？

对于上述问题的回答预示着开源社区是否能够取得长期的成功，企业能否从赞助这样的创新活动中得到潜在的收益。因此，在采取实际的措施支持创新社区之前，企业应该认真考虑上述每一个问题。

合作修改模式中角色定位

在合作修改模式中，企业主要可以扮演两种角色：一种是创新催化器，一种是创新者。我们首先来讨论创新催化器这一角色。

@ 创新催化器

作为创新催化器，企业主要是搭建一个创新平台，以此来催生创新社区的活动。在第 8 章的讨论中，我们已经了解到企业对此类创新模式投入的动力。然而，尽管企业可以从中受益，但这并不意味着企业的投入一定能激发出社区的创造能量。企业能否成功地扮演这种角色，取决于创新平台的特性，以及与创新平台相关的种种因素。

第一个问题涉及相关平台的创新潜力。除非创新社区都认可创新平台的价值，而且这个平台也显示出了种种创新机遇，否则光凭一家企业是难以吸引足够多的创新者聚拢到自己搭建的创新平台上的。因此，企业面临着这样一个问题——创新平台的模块化程度如何？创新平台的模块化是否与社区创新的利益相匹配？人们是否很容易就能认识到创新平台带来的创新机遇？这些创新机遇与市场机遇是否相关？

第二个问题涉及社区创新的激励措施。企业是否能够设计出多种多样的激励措施，以吸引和保持社区创新的兴趣？企业是否能熟练地运用各种知识产权机制（例如开放的或是封闭的特许权制度）以吸引众多的社区成员？

除了上述两个问题，还有一个就是公司自身对创新的投入。在太阳微公司的案例中，公司启动了 OpenSPARC 创新项目，但是项目的进行并不能立竿见影，它需要公司不断地投入。此外，该公司逐步"放开"对创新平台的控制，并积极推动以社区为主导的管理模式，这使得社区成员能够持续参与，从而保证了整个项目的成功。太阳微公司建立了社区管理委员会，把创新社区中的主要成员吸纳进管理委员会中。太阳微公司 OpenSPARC 项目的成功在很大程度上取决于社区管理机制能否顺利运行，项目所提供的创新机遇能否激发出社区成员足够的想象力。

总之，企业应慎重考虑如何构建一个创新平台，使所有的参与者（包括企业本身）从创新平台上获益。

@ 创新者

虽然创新者的角色依托于社区型创新论坛，但正如我们在第 8 章中所提到的，创新中有很多种方法可以创造价值。所以，在某种特定的环境下，企业也可以在合作创新模式中扮演创新者角色。那么，需要怎样的环境呢？

首先，也可以说最为重要的是与知识产权相关的政策问题。尽管一些以开源软件的形式进行创新的项目（例如 GPLv2）并不以营利为目的，但是也有一些开源项目是营利的，尤其是开源项目中的一些子项目。

第二个问题是社区的规模和活力。创新社区的规模越大，越具有活力，那么长期维持创新平台的潜力就越大。同时，从创新平台上开发出来的方案或产品就越具有市场吸引力。正因为如此，企业应该审视创新社区的质量，判断在自己作为创新催化器构建起来的平台上，是否有必要再去扮演创新者的角色。

表 9—3 列出了我们前面讨论过的四种网络中心化创新模式中各种角色的主要特征。正如前面所提及的，这里仅罗列了较为重要的一些特征，在判断公司面对的各种机遇时，还应该考虑许多其他因素。

表9—3　　　　　　　　　　　　　网络中心化创新中的各种角色

网络中心化创新中的角色	需要考虑的关键问题
乐团创新模式	
集成者、平台领导者	创新体系、创新平台的市场定位；公司的风险偏好
组件开发商、补缺者	对网络的依赖程度；学习（成长）的机遇
创新集市模式	
创新门户	平衡利用各种创新机制的能力
创意猎头、创新投资者	附加价值的独特性；客户企业对附加价值的感知能力
即兴创新模式	
创新赞助者	创新社区的质量；企业对创新社区投入的重要性
合作修改模式	
创新催化器	对创新平台放松监管的能力；吸引和维持创新社区的能力
创新者	为创新社区制定的知识产权政策；社区整体的活力

扮演多重创新角色，判断"重心"所在

有时候，并不是不同的角色由不同的人来扮演，同一家企业也常常会扮演多个角色。有些大公司（例如联合利华、杜邦、IBM 等）有多个事业部，所以在不同的创新环境中它们会扮演不同的创新角色。因此，公司在制定网络中心化创新战略时，必须考虑形成一个创新角色的组合。

IBM 公司在一些传统的商业领域中（例如系统和服务器、半导体等）扮演的是平台领导者的角色。一个很好的例子就是前面讨论过的 Power 处理器。IBM 公司搭建了一个平台，构建了合作者网络，以开拓潜在的应用领域。甚至在公司很多软件生产领域（如中间设备软件平台 Web-Sphere，操作系统 AIX 等），IBM 也扮演了一个平台领导者的角色。但另一方面，最近该公司在软件行业的社区创新活动中扮演了创新赞助者的角色，最有代表性的是 Linux 社区。在其他一些领域（例如生物科技行业），该公司也开始扮演创新赞助者的角色。

生产日用品的宝洁公司采用的则是创新集市模式，它扮演的是创新门户的角色。宝洁公司与各种各样的创新中介合作（例如创新产品猎头、网络研发机构、创新投资者等），目的是寻找产品创意，进行公司内部的商业化运作。但是在其他经营领域（例如化工、制药等），该公司又遵循乐团创新模式，并且扮演了集成者的角色。与其合作的企业要承担新产品开发及商业化运作的资本投入和风险。

　　太阳微系统公司采用的则是乐团创新模式和合作修改模式。在服务器开发领域，该公司扮演着平台领导者的角色，公司为内部的研发构建技术平台，从而形成了其 Sun Fire 服务器和 Sun Ultra 工作站的基础。另一方面，在最近几年中该公司将自己的技术平台用来支持社区创新活动。前文中我们曾经提到过 OpenSPARC 社区的创新活动。其他类似的活动还有基于创新社区的 Java 源代码开放，这无疑是将该公司所扮演的角色扩展成了"创新催化器"。

　　上述几个例子说明，在不同的网络中心化创新环境中，企业可以扮演不同的角色。一家公司中不同的事业部因为所处的行业或市场不同，也可以选取不同的角色。根据事业部的规模，在公司中的地位，它可以决定自己主要扮演怎样的角色。这个所谓的"占统治地位的角色"就确定了公司在网络中心化创新中的"重心"所在。还是以 IBM 公司为例，尽管该公司近年来参与了多个社区创新项目，但是其所扮演的"平台领导者"的角色却始终处于合作战略的统治地位。同样的现象在宝洁公司也存在，它的重心则是偏向于创新集市模式。

　　我们为什么要讨论企业在网络中心化创新战略中的重心设置问题呢？这是因为公司需要根据重心所在集中公司所有的资源和能力。我们将在下一章做进一步的阐述。

结语

　　在本章中，我们介绍了公司如何评价市场机遇，以充分利用全球智囊，以及如何识别公司在其中最适合扮演的角色。公司一旦明确了自身在网络中心化创新中的位置，接下来需要回答的问题就是"公司应该如何有效地扮演这样的角色？""公司应该具备哪些能力和资源？""公司应该了解哪些最佳的创新方案？"下一章，我们将探讨这些问题。

第10章 Chapter 10

组织准备

　　假如你正准备去偏远山区做一次长途跋涉。那么，你首先就必须了解那里的地形、地貌，并且设计出最好的行进路线。然后，你需要做好人员配备。你应该将团队成员聚集在一起，帮助他们在生理上和心理上为这次旅行做好准备。还需要准备好给养和器具，以保障生存。无论你多么熟悉那里的地形和路线，如果没有周全的准备，你们的旅途都将会十分危险。

　　企业开发利用全球智囊犹如筹划一次长途跋涉。在前一章中我们着重讨论了企业该如何识别机遇，把握机遇。在面临机遇的时候，企业需要眼光向内，判断企业是否具备对这些机遇进行投资的能力。

　　在这一章里，将讨论企业该如何为网络中心化创新做准备。我们认为企业需要做好两个方面的准备：组织上的准备和行动上的准备。

　　组织上的准备是网络中心化创新所需的人的能力。根本上来说，需要在组织内创造一种激励、支持参与网络中心化创新的理想氛围。企业要有一种开放的思维模式，领导要率先垂范，要有良好的组织架构，以及将企业的创新战略顺畅地传递给公司内部的成员和外部的合作伙伴。所谓行动上的准备，是指要设计一种理想的创新流程。这包括选择项目、选择合作伙伴、控制风险、整合企业内部和外部的工作流程，以及知识产权管理等。还包括配置相应的设备和技术，支持外部创新，还要为跟踪项目进展、评价项目成果制定考核指标。

　　组织准备首要的是改变组织的思维模式。这是最重要，也是最艰难的。因为许多企业在创新活动方面都有自己的一套固定模式，轻易不肯改变。我们先来观察在改变创新思维模式时，企业会面临哪些挑战，以及应该如何应对。

建立一种外向型的思维模式

在第 1 章中，我们曾经提到，网络中心化创新最主要的挑战是建立一种外向型的思维模式，要鼓励眼睛向外，乐于接受企业外部的思想。如果企业的知识产权或是技术机密会受到威胁，这种挑战尤为明显。InnoCentive 公司是几年前从美国的礼来公司分离出来的，许多人都将该公司称作"创新市场"。阿尔夫·宾汉姆（Alph Bingham）博士是 InnoCentive 公司的创始人之一。他曾经谈论过他所在的创新团队在礼来公司所遇到的重重阻力。每当负责产品创新的成员在公司内部陈述项目概念时，公司的研发部门和法律部门就会提出质疑，最终否定项目的建议。因为他们认为一旦将公司的产品研发机密披露在互联网上，实际上就是向全世界公开自己的秘密。这对于那些习惯于"鼬鼠式"工作方式的研发人员来说，简直是不可思议的。美国洛克希德航空公司的研发人员和工程技术人员一直在一种高度保密的状态下开展工作，远离外界，甚至远离公司的其他部门。所以人们都把他们的工作方式称作"鼬鼠工作方式"。但是，InnoCentive 公司的团队一直坚持面向外部市场开展创新活动。如今，已经有越来越多的人接受了这样的创新理念。

建立开放的思维模式，主要取决于公司的管理层，需要公司首席执行官率先垂范。经验显示，在网络中心化创新方面取得成绩的企业，一般都是由首席执行官大力倡导协作创新、开放创新的思维模式。一家企业只要首席执行官能够公开表示要变革创新战略，创新环境就会有起色。因为员工除了服从，别无选择。2000 年，宝洁公司的首席执行官雷富礼（A. G. Lafley）宣布宝洁公司的创新产品一半由公司的实验室从事研发，而另一半将依靠公司外部的创新力量。这激发了外部合作者的创新热情。宝洁公司的外部业务拓展部副主任汤姆·克莱普（Tom Cripe）曾经说过："我们公司的高层非常关注外部创新，在公司内部的大会、小会上，他们都会反复强调。这样做的结果是对员工产生了潜移默化的影响，有助于形成一种乐于接纳外部创新思维的公司文化。"

@ 改变"自以为是"的思维模式

《福布斯》杂志的执行总裁马尔康姆·福布斯（Malcolm S. Forbes）说过："教育的目的就是使原来空白的头脑变成一个开放的头脑。"创新思维模式的改变也是一个道理。自以为是的自满情绪是学习的最大障碍。事实上，人们总是满足于一己之得。一旦形成这样的思维模式，就往往拒绝接受别人的想法。许多人写过如何克服"非我发明综合症"（Not Invented Here，NIH）的文章。所谓"非我发明"，是一种思维定式，也就是认为凡是不属于公司内部成员首创的想法、研究和知识，都是不足取的。我们认为，"非我发明"的思想与"自以为是"的思想是不同的。因为后者是拒绝接受外界的想法，自认为掌握的知识和信息已经足够了。

"自以为是"的思想对于那些历史悠久、研发成果丰富的企业（如波音、柯达、3M、杜邦、默克、摩托罗拉、索尼、IBM 等）来说是非常危险的。这些企业各自创造出了一片天地，成为当之无愧的行业领头羊。它们都拥有行业中最顶尖的科学家和工程技术人员，创新工作硕果累累。在这些公司中，研发人员和工程技术人员的任期都很长，已经积累了丰富的知识和经验。正因为如此，要让他们承认"山外有山，天外有天"是很难的。

以 3M 公司为例。它的研发机构拥有 6 000 多位科学家和研发人员，涉及 30 多个核心技术和科学领域，从黏合剂、研磨剂、胶卷到纤维光学、成像处理以及燃料电池等。这些科学家在公司各个层面的研发部门工作，有的在部门，有的在分公司，有的则在总公司。3M 公司的研发团队非常强大，科学家和工程技术人员常常组成各种临时的专业研发小组，在各自领域分享他们的学识和研究成果（这类似于美国电气及电子工程师协会的内部论坛）。3M 公司也一直在公司上下尽力克服"自以为是"的思想。它跨出的最重要的一步是承认公司内部存在"自以为是"的思想，尤其是首席执行官或首席技术官公开表示这一点。3M 公司的研发高级副总裁杰·艾伦费尔德（Jay. Ihlenfeld）就一直在提醒大家公司面临"自以为是"的挑战，并帮助整个公司克服这种思想。

承认了这类问题的存在，如果再采取措施去解决这样的问题，很可能会在公司内部引起混乱，以及受到人们的抵制。例如，美国的制药企业默克公司的现任研发部主任彼特·金（Peter kim）博士认为公司内部现有的人才并不足以满足公司未来的发展，但是他的这一说法立即引起了公司众多科研人员的反对。默克公司研发部门一些资深的员工（例如HIV疫苗研究项目的负责人艾米尼（Emilio Emini），宫颈炎疫苗开发项目组负责人杨森（Jasen），精神病研究专家雷恩思（Reines）等）都离开了公司。彼特·金博士有一项艰苦的工作，那就是说服默克公司研发部门的成员认识到他们不是万事通，应该关注外界的观念。更重要的是，必须告诉员工，默克公司需要诚心诚意地与一些小企业合作，向它们寻求创新思维和创新产品，而不是妄自尊大。默克公司还组织了一些特殊的咨询会议，用公司对外科研事务部主任特纳（Merv Turner）博士的话说，就是"我们把自己的员工送到礼仪学校去进修"。

正是由于高层管理人员主动采取措施，才使得员工们改变了自己的思维模式，承认公司内部知识的局限，更乐于接收外界的一些思想。

@ 开放心态的意义

与自以为是、封闭的思维模式相反的是一种开放的心态，也就是愿意与他人共享自己的知识产权，放松对创新过程的控制，目的是加速整个创新流程。这样的举动对于那些习惯于封闭的创新模式、对所有的知识产权都严加控制的企业来说，无疑是一个很大的挑战。

如果企业愿意与他人进行创新合作（无论合作的对象是企业还是个人），那么它们就不得不放开对创新过程的控制。它们还必须愿意放弃部分或全部知识产权，以促进整个创新流程的提升。这样的"放弃"，有时候也会让那些公司的高层管理者感到难以接受。在第 2 章中，我们介绍了 IBM 公司在开发第一个奥林匹克网站（为亚特兰大奥运会）中对于这种需求的认知。当时是 20 世纪 90 年代中期，IBM 公司负责这一项目的负责人是瓦拉达斯基·伯格。他认为，认识到这种需求是有划时代意义的。

> 1996 年我们为亚特兰大奥运会制作网站的时候，项目组成员不用 IBM 的产品，而是用阿帕奇公司的产品。他们向我汇报时，我就问："为什么要用阿帕奇的？"他们回答说："因为它们的产品更好些。你是想要一个好的网站，还是只推销公司自己的产品？"我说：

"当然是要一个好的网站，因为没有人会在意我们使用的是哪家公司的解决方案。他们只想要一个能运行良好的网站。"这是第一次把奥林匹克比赛结果放在一个网站上。所以我们要确保它的良好运行。最后，项目团队坚持了自己的意见，把 IBM 公司的产品搁置一边，因为它的市场份额很小，质量也较差。我们与阿帕奇公司开展合作。这种做法在当时很具有颠覆性，可如今却是司空见惯了。

"开放的心态"是一个组织迟早需要坦然接受的一种理念。实事上，许多企业已经认识到，它们在"开放"的过程中所放弃的东西，实际上是一些它们原以为能够控制，其实并不能实施控制的东西。实际中做到的掌控远远少于意想中的。尽管如此，公司的高层管理者也很难让组织里每个人都认识到这一点。然而，就像 IBM 公司的案例所揭示的那样，有时候这种思想会由研发项目中的一些科学家和工程技术人员来影响企业的高层管理人员。

企业若要形成一种开放的心态，就需要由高层管理者向公司所有的员工宣传开放的思维模式的意义。但是，如果开放的措施没有及时取得预期的回报，或者同一个产品市场、同一个经营领域得不到相似的回报，那么要人们采取开放知识产权的措施就会难上加难。换句话说，开放知识产权与预期的回报在空间上和时间上是有距离的。更有甚者，有时候企业开放了自己的知识产权，反而公司在短期内收入减少了，这就使得在组织内部实施开放的阻力会更大。因此，企业的高层领导必须能够以长远的眼光看待创新活动，告诉员工采取"开放"的措施从根本上来说是有利的，它甚至对维持公司的长期发展是必不可少的。

或许用父母对孩子培养做比较更能够帮助说明"开放"的挑战和机遇。作为父母，你可能心存控制你的孩子的志向、职业和兴趣的幻想，因此，让他自由发展变得异常困难。然而，你对孩子的实际控制比你想象的要小得多。而且，你对孩子愈加放手，他的自信心和自主性就愈强。与此相似，对一个组织来说，在创新活动中，对知识及技术的开放程度越高，它从合作参与中获得的收益就越大。

构建组织架构

在树立了先进的创新思维模式以后，下一步就是要为实施网络中心化创新建立相应的组织架构。在这一点上，人们经常遇到两个问题："我们是否需要为网络中心化创新建立一个专门的工作机构？""是创建一个新的机构还是利用现有的机构（如研发部或是其他的什么部门）来领导这样的创新活动？"对于这样的问题，我们的回答是"视情况而定"。

有的企业，只要对现有的部门（例如研发部、外部业务拓展部等）进行一些改进，就能适应网络中心化创新活动。可是有的企业却需要建立一些新的部门，或是增设一些新的职位来领导创新。这需要考虑三个因素：

第一，公司是否参加过合作研发项目？

第二，对于开展合作创新，公司是否有十分清晰的概念和思路？公司的创新合作伙伴有哪些类型？

第三，公司将要进行的创新合作项目与公司现有的产品和服务是一种什么关系？是否要涉足一个全新的领域？

让我们先来探讨第一个问题。如果公司曾经有过一段较长的、相当不错的创新合作经验（例如合资进行研发项目、技术联盟等），那么，组织中很有可能已经具有协作精神元素和相关的能力。这样的话，就没有必要为网络中心化创新活动专门建立一个新的组织部门。相反，公司可以依赖那些有过创新合作经验的现有部门开展工作。

这种创新协作最典型的例子就是宝洁公司的"外部业务拓展部"，那是一个由 50 多人组成的团队。从 20 世纪 90 年代后期开始，外部业务拓展部就承担了宝洁公司大部分对外联系和开发的工作。这个团队在技术的商业化运作、专利权转让、与其他企业的合作上拥有相当丰富的经验，因此，它只需要对自己稍加调整就能适应与更多的外部伙伴（如产品猎头、创新投资者等）开展合作。公司其他的职能部门只要通过外部业务拓展部，就能寻找到外部创新项目的机遇，洽谈交易，交流合作，而公司的这些部门则向外部业务拓展部提供相应的资金支持作为回报。所以，在宝洁公司，由于外部业务拓展部已经积累了必要的经验，所以它只需对这一部门进行一定的调整就能适应网络中心化创新活动。

另一方面，如果一家企业对外合作的经验有限，或者在公司内部还没有形成协调一致的对外合作模式，那么建立一个新的部门将是有必要的。柯达公司采取的就是这样的方法。柯达公司有 100 多年的经营历史，公司内部技术力量雄厚，而且沿袭一种从上到下的研发、创新模式。尽管如此，当柯达公司开始经历从一个化工公司转变成一个数字公司时，它们还是意识到自己没有能力独自完成这样的巨变，需要"走出去"寻找突破性的创新思维。所以近年来，柯达公司创建了新的机构和新的职位（如外联部），以发展新的伙伴关系和外部创新网络。这些新的机构正在帮助柯达扫除联合外部资源创新的文化障碍，并建立起新的系统和创新流程，识别与外部合作者联手创新的机遇。这些所谓的"外部合作者"，既包括创新公司，也包括许多个体发明者和学术机构的科研人员。

第二个问题涉及的是创新空间和合作者的类型。显然，如果你的企业采用的是乐团创新模式，那么创新空间一般是比较清晰的，而且网络合作者也比较单一。在这样的环境下，公司中负责网络创新的部门只要为合作者制定创新标准就可以了。在网络中心化创新的初期，公司的创新部门充当领导者的角色。可是当项目进行到一定的程度，合作者都熟悉了创新标准，这个部门就需要提供更多的创新支持。

另一方面，如果企业采用的是创新集市模式，或者即兴创新模式，那么由于创新空间的不确定性，以及创新合作伙伴的多样性，就需要公司的职能部门在网络中心化创新活动中扮演完全不同的角色。例如，IBM公司和太阳微系统公司已经意识到在与创新社区及类似的组织的合作交流中，经常包含一种企业员工与外部合作者之间的自发的相互影响。公司的职能部门需要帮助提升这种相互影响的一致性，促进这种合作创新活动的开展。我们也可以说，公司职能部门的任务就是发现员工与外部合作者交流的价值，不要使其"销声匿迹"。外部的合作伙伴越多，公司所要扮演的角色就越多。因此，公司创新职能部门的任务之一就是发现所有的创新参与者的能力，并且把这些能力整合在一起。归纳起来，就是创新空间越复杂，参与的角色越多，公司的职能部门就越应该扮演创新中介的角色，而不是创新推动者的角色。

最后一个需要考虑的问题是，创新活动是与公司现有的产品和服务市场相吻合，还是要开拓一个全新的领域？如果创新活动与现有的市场关系密切，那么负责网络中心化创新的职能部门就应该与负责现有产品市场业务的部门的研发人员加强合作。例如，3M公司就是依靠公司现有的研发部门来负责网络中心化创新活动。然而，由于这些创新活动大多涉及现有的产品和市场，因此，公司研发部初期的工作重点就是整合各个事业部的研发力量，制定出统一的网络中心化创新计划。

但是，若创新计划涉及一个全新的商业领域，公司就需要一种完全不同的组织结构。杜邦公司开始进行网络中心化创新时，打算涉足生物材料领域。因此，它设立了一个新的合作创新机构，以协调公司外部的创新活动。新的机构与公司其他事业部的研发人员没有密切的合作关系。但是，随着杜邦公司创新战略的发展，这样的联系最终是会建立起来的。

我们认为，公司成立专职的网络中心化创新机构是有必要的，因为它有助于领导网络中心化创新活动，起到桥梁和纽带的作用。但是，这种机构究竟能发挥多大作用，取决于公司网络中心化创新活动的规模和形式。

领导和联系创新合作者

当参与网络中心化创新活动时，企业可能经常在创新网络中扮演领导者的角色，至少需要与其他合作者搞好合作关系。我们一共讨论了四种网络中心化创新模式，但是在各种模式中企业需要发挥的领导和联系作用是完全不同的。

前面提到过乐团创新模式，介绍了企业（例如波音公司）如何在创新网络中行使领导权力，协调网络成员的活动，使创新目标保持一致，在价值创造和价值分配的过程中如何保持公平和可预见性。

在与此类企业的高层管理者的讨论中，我们越来越意识到，一位领导既要做到毅然决然，又不能给人以蛮横粗暴的形象。所谓毅然决然，是指在考虑如下一些问题时不要拖泥带水：谁参与创新？创新的主要架构应该是怎样的？如何实施创新？

毫无疑问，在乐团创新模式中，绝大多数企业属于改进者、补充者、个体创新者，它们都希望创新网络的领导者能够拿出决策意见。这样的意见能够帮助它们更清晰地判断参与创新网络所能得到的机遇，也帮助它们判断自己应该在网络中做出多大的贡献，从而稳步地实现它们自己的目标和战略。

即使在创新集市模式下，虽然扮演创新门户的公司并不需要和创新网络中所有成员有直接联系，但是为所有的创新成员创造一个公平的竞争环境，也是体现公司的领导能力的关键要素。这里的领导能力包括促使创新过程更为透明，比如使所有的参与者都能清楚地了解企业希望实

全球借脑：让更多聪明人为你的公司工作

现什么样的目标，如何评价产品的创意，如何将这些创意推向市场等。尽管有些企业（例如卡夫食品公司）在公司的网站上呼吁客户参与创新活动，但是企业最主要的任务是让创新社区的成员都能够了解企业将如何寻找、筛选产品创意。

在两个社区导向型的创新模式，即即兴创新和合作修改模式中，尽管企业并不直接领导创新，但是企业依旧可以向创新社区提供支持，帮助其实现目标，所以它也能够行使间接的领导权。在这种情况下，领导者更像是一位尽责的好公民。一旦这个领导者取得创新社区的信任，受到拥戴，社区成员就会期望它来推动社区的创新活动。在某些时候，由于企业员工本身拥有出色的专业技术和能力，他们会在创新社区中取得领导地位。例如，IBM公司的一些员工就在Linux创新社区中扮演这样的角色。在另外一些情况下，这种领导作用显示在员工利用公司的技术实力，在创新社区中扮演领导角色，为社区的项目作贡献。有些大型制药公司（例如美国的瑞辉制药和礼来公司）正是通过这种途径为一些生物医学创新社区作出贡献的。

再来说联系创新合作者。在不同的网络中心化创新模式中，这主要表现在两个方面。

第一，创新网络成员或者创新参与者中规模较大的企业和较小的企业间潜在的实力和资源是有很大差异的。这在乐团创新模式和创新集市模式中表现得十分明显。甚至在即兴创新和合作修改模式中，这样的差异也是存在的。因为成员中既有个体创新者，也有大公司和非营利机构，因此，在创新过程中，能够与拥有不同资源和影响力的各种创新合作者进行联系和交流，是一种非常重要的能力。

一家大型日用品生产企业的经理曾经指出："我们集中精力提升的第一种能力，就是做到很好地与规模较小的合作者交流，而不会让它们感觉到有所压制。我们不想被人认为是一只庞然大物，一心只想窃取别人的创意。我们希望给合作者留下这样的印象，即我们是一个负责任的、兼顾全员福利包括小企业利益的资深合作者。我们花了很多精力来教育公司的管理者，如何用这种思路去开展与合作者的日常交流。"

我们关注的另一个问题是如何通过开诚布公的沟通和交流，在彼此之间建立信任关系。无论是乐团创新模式还是即兴创新模式，尽管建立信任的方式不同，其意义却是相似的。美国家用产品和个人保健品生产商 Dial 公司是通过全国发明者协会与个体发明者联系的。尽管这样，它还是很注重与其潜在的合作伙伴建立信任关系。同样，波音公司虽然建立起了广泛的信息技术虚拟协作系统，促进合作者之间的信息共享，但是该公司依然十分关注创新网络中的信任关系。

宝洁公司在网络创新的活动中担当的是一个创新门户的角色。它认为，与外部合作者的交流，每一次都有助于建立信任关系。它将其称为"魏氏法则"。杰夫·魏德曼（Jeff Weedman）是宝洁公司外部业务拓展副总裁。魏德曼发现，与同一个合作者第二次的交易只需花费第一次交易一半的时间，而第三次又是第二次的一半，依此类推。正如在第 5 章中所提到的，培养与创新投资者和各种中介机构的关系，帮助宝洁公司通过多次交流与合作者建立起相互了解和信任的关系，加速了整体的创新进程。所以，是否能在各种不同的环境下建立合作者之间的信任关系，是网络中心化创新活动成败的关键。

灵活把握相互依存的关系

企业与合作者之间建立相互依存的关系是网络中心化创新的题中应有之义，包括与其他合作企业创新计划的依存关系，与外部发明家和各种创新实体的能力的依存关系。例如，假设有一家企业在 Salesforce.com 的 AppExchange 平台上进行软件开发，那么它的成败就与 AppExchange 平台的运行息息相关。同样，假设创新投资者（例如 EIP 公司）准备针对某个市场（比如玩具市场）进行拓展，满足一些大型企业客户的创新需求，那么它的创新项目就与客户公司的市场状况息息相关了。即使是在即兴创新的模式下，如果企业关注某个创新社区的开发项目，投入自己的资源和专业技术去推动社区的创新，它也已经和创新社区建立了微妙的依赖关系。因此，对于一家企业来说，了解这样的依赖关系，并在创新策略中创造足够的灵活性来应对相关的危机，是十分重要的。

谈论灵活性，就需要考虑企业为创新活动提供的各种资源。企业应该了解这些资源的机会成本，因为只有这样企业才有可能减少或者控制对网络创新项目的依赖关系。我们可以回顾一下前面提到的波音 787 开发项目。该项目使用的许多新技术是由日本企业开发的，其中也包含了这些企业能够运用到其他项目中去的高深的专业技能，特别是它们独立研究的飞机制造项目。

在创新策略中加入灵活性的另一个方法是尽可能参加多个创新网络。对冲自己的赌注可以让企业平衡风险，并控制对技术和市场的依赖关系。例如，有些在 Salesforce.com 的 AppExchange 平台上开发应用软件的公司，它们所使用的技术标准和系统架构也可以用来开发其他的客户关系管理解决方案，这样就降低了自己的风险。企业自身的创新目标和它所参与的网络创新项目的目标之间总会存在一定的距离。而参加多个创新网络的目的就是要缩小这种距离，从而控制风险。

以下将要讨论的是构建组织架构所涉及的第二个话题，那就是网络中心化创新活动的行动准备。下面先来讨论创新的流程问题。

支持网络中心化创新的流程

许多企业在开始向外界征集创意的时候，往往是即兴式的，没有长远的计划。但是，随着企业在创新上投入的增加，它们就需要设计一个清晰的创新流程。企业只有设计出一个基本的创新流程，以此来参与外部的创新项目，才能收到预期的创新收益。

通过与3M、杜邦、联合利华、宝洁、柯达等企业的高层管理者的讨论，我们得出这样的结论：企业必须在参与网络中心化创新的初期就制定出相关的工作流程，只有这样，才能保证企业的网络中心化创新活动有矩可循。尽管具体的流程会因为企业所在的具体环境有所差异，但是我们认为网络中心化创新还是有一些通用流程可以遵循的。

创新流程的第一环，也是最重要的一环是选取最适合本企业的网络中心化创新的商业领域。企业应该考虑如何参与，参与到何种程度，谁来做决策，决策的标准是什么。

网络中心化创新流程的第二个环节是选择创新网络和创新合作伙伴。企业应该为选择合作伙伴（无论是单个的企业合作者还是创新网络）制定相应的政策。这些政策应该对整个企业具有约束力。大型企业一般都有一套既定的政策，用来选择合资经营的伙伴或是技术合作的伙伴。例如，3M 公司有一个指导委员会，他们按照一定的标准（例如判断项目成功的标准，与本企业基本业务的相关性等）选择创新项目和合作伙伴。由于合作的对象越来越多样化，选择合作对象时也需要考虑更多的因素，而不像一对一合作那样简单。通常情况下，企业会考虑既往的合作关系、与本企业技术或专业知识的互补性等因素。

第三，应该识别和管理参与网络中心化创新项目的风险。参与由本企业主导的创新网络，所面临的风险要比参与创新社区项目简单得多。例如，从业余发明家处获取创意就有与知识产权相关的风险，企业需要制定相应的对策来降低风险。另一方面，如果参与一个开源创新项目（例如 Linux 操作系统平台或热带疾病防治研发网络），企业的员工就得贡献自己的才智。风险的性质是由创新项目的类型决定的。有些风险可能是企业没有遇到过的。而且，企业在参与网络中心化创新活动，与合作伙伴结成合作关系时，还需要考虑法律因素。企业最好能制定专门的流程来审核不同项目中存在的法律问题。

除上述几点外，企业还应该建立其他一些流程来管理企业的创新，这包括与外部合作者共享信息，与外部合作者协调创新活动，处理好各种网络合作关系。

制定这些流程的根本目的是让企业采用统一的标准来监控和考核企业中各个部门的网络创新活动，而且这样的标准应该是具有普适性的。

配备工具和技术

过去的几年中，出现了各种类型的支持合作创新的工具和技术。有些工具可以用来推动网络成员间的沟通和知识共享，而另一些则是帮助企业更好地协调和管理合作创新的流程。

本书曾经提到过波音公司的 787 客机开发项目。它们使用了合适的信息技术，提高了企业间合作的质量和外部创新项目的效率。与此相似，在热带疾病防治合作研发项目中，非营利机构提供的基于网络的基础设施，有力地推动了科学家和网络中其他参与者的协作。

信息技术在网络中心化创新活动中所发挥的作用主要表现在四个方面：

1. 它们可以被用来对流程进行管理，使产品开发流程变得规范、有序，以此来保证创新活动的严谨性与稳定性。虽然有些工具是一个行业的通用流程控制工具（例如针对软件开发行业或产品开发行业的），但是也有一些是针对单个企业的（例如 PACE 编辑器）。这些工具和技术使网络中的成员能够整合创新流程，但是又不对创新活动失去控制。

2. 无论是乐团创新模式下的波音 787 项目，还是即兴创新模式下的热带疾病防制项目，都可以利用信息技术工具来进行基本的项目管理，如日程安排、工作协调、资源管理等。有些工具能提供一个虚拟的、可以通过公共界面利用所有项目信息的"控制中心"或者"情报中心"。

3. 它们在创新网络成员间提供信息共享。它们利用不同的数据和信息标准来处理各种类型的信息（包括图像、音频、视频等）。有些工具还能提供丰富多彩的实时信息，既有经过编辑的信息，也有原始的信息。

4. 它们帮助合作各方进行信息沟通，简单的可以是召集创新社区成员聚集到一起，复杂的则是方便相关的参与创新的企业召集高度机密的讨论会，共享文件。

虽然这些工具和技术能分开使用，但是有些复杂的工具对上述这些功能可以兼容并蓄。例如，产品生命周期管理工具具有综合的功能，可以支持各种网络创新项目，特别是在乐团创新和创新集市模式下，更是如此。有些功能是进行项目资源管理、产品平台管理、产品数据管理以及协作管理的，在网络中心化创新活动中它们就显得尤为重要。

在美国的航空和国防工业中，诺斯洛普-格鲁门（Northrop Gunman）公司用产品生命周期管理工具进行合作开发，研究美国海军的下一代驱逐舰。这一项目是乐团创新模式的一个典型案例。该项目吸引了众多的合作者，它们使用的解决方案是 Dassault 系统公司（主流的产品生命周期解决方案提供商）提供的。诺斯洛普-格鲁门公司就用这个解决方案来支持它的合作设计和开发活动。同样，办公家具制造商 Herman Miller 公司使用产品生命周期管理工具支持公司与合作伙伴（包括顾客和经销商）一起开展设计活动。

尽管产品生命周期管理工具和其他各种工具可能在特征和功能上有所不同，但是其中的关键问题是这些特征和功能如何支持创新网络中的成员达到总体的创新目标。这些工具与网络中的基础创新流程、网络成员能力结合得越密切，企业的投资回报就越多。因此，企业应该使用这些技术创造一个综合的创新环境，能包容创新网络中的所有成员，并将它们的创新活动融为一体。

绩效考核

评价组织准备工作是否妥当的一个重要因素是，企业是否有能力评估其在创新中的业绩和效益。这需要建立一套合适的创新评价指标体系。

有一句谚语，"小心选择测量对象"。对象选择错了，企业会在错误的路上越走越远。例如，计算合作者的数量可能会导致人们对企业的合作项目的强度产生错觉。同样，计算合作创新产生的专利数量，也会让人产生错误的绩效评价结果，因为专利带来的利益一般不会与投入成正比。因此，确定一套合适的创新评价指标至关重要。

网络中心化创新的评价标准会随着创新的特征和侧重点不同而有所区别。有些标准具有普遍性，适用于网络中心化创新的各种模式，而另外一些则是专门针对企业所属的某种模式以及企业在创新中所扮演的角色。有些标准是专门针对创新网络的，而其他的则是适用于某一个企业，反映了企业内部的创新活动和创新成果的独特性。

表10—1归纳了各种评价指标。需要指出的是，这些标准只具有一定的代表性，并未涵盖全部指标。

表10—1   **网络中心化创新的评价指标**

创新评价指标的性质	评价创新网络的指标	评价创新企业的指标
通用指标	合作企业的能力和信誉 各合作企业间信任和承诺的程度 网络中价值分配机制的特征 知识产权管理机制	与网络中心化创新相关的文化在组织中的传播形式 网络中心化创新的流程和系统的完备程度 合作伙伴对公司的认知 部门经理对网络中心化创新机遇的认识程度 企业网络中心化创新活动的相关性
创新模式专用指标		
乐团创新模式	合作企业的投入和承担的风险 合作者贡献的独特性 产品和创新平台架构的清晰程度	产品或创新平台的市场范围 投放市场的时机 企业承担的风险

全球借脑：让更多聪明人为你的公司工作

续前表

创新评价指标的性质	评价创新网络的指标	评价创新企业的指标
创新集市模式	发明家网络的规模和地理范围 与中间商（创新投资者）的关系 合作者提供的创意和承担的风险	从发明家网络处获得的创意数量 由外部创意开发的新产品数量 收集创意的成本
即兴创新模式	创新社区中的成员数量 创新社区成员的流失 创新体系的特征	企业在创新社区中的形象 企业对创新成果的影响程度 企业从社区获得的知识的水平
合作修改模式	创新社区成员活动的程度 创新社区成员的种类 社区对创新网络管理的参与程度	与新兴市场的相关性 产品或平台生命周期的延长 与社区成员的关系

　　第一套评价指标针对整个创新网络。这些指标帮助企业判断所参与的创新网络是否合适，何时调整创新合作战略。例如，有些企业使用的是创新集市模式（如戴尔电脑、史泰博办公用品公司、宝洁公司等），公司扮演创新门户的角色。因此，它们的评价指标的核心在于创新网络的规模和地理范围，包括有多少发明者和中介机构参与。但是，在即兴创新模式中对扮演创新赞助商的企业来说，评价指标的重点应该是创新社区的稳定性，也就是创新社区成员的数量，以及成员流失的比例等。这些指标能显示出创新网络的总体质量，帮助企业判断网络在现在和将来的创新潜力，因此，能够帮助企业了解与外界的创新实体合作是否合适。

　　第二套指标反映的是协作创新对企业的影响，显示了企业从创新项目中获得的成果。我们依然以创新集市模式为例，企业产品研发中采纳了多少外界的创新思维，或者一件新产品中有多少因素来自创新网络，这些都能直接反映企业参与创新网络的成果。如果企业扮演的是创新推动者的角色，那么它就会格外关注新市场开拓的数量。

　　有一些衡量企业的指标是通用的，它与企业内部的创新机制和创新能力相关。例如，"创新流程完备程度"，它评价的是企业的内部创新流程，依此可以判断出企业是否能识别和把握各类网络创新机遇。还有一个评价指标是感知测度，可以用来理解企业的整体业绩。例如，评价企业在网络创新合作者中的形象，能够有效反映企业建立关系的能力及领导能力。内部评价指标中还有一条是企业各级管理者对网络中心化创新机遇的认识程度，这反映出企业的文化氛围和行为能力。

如表 10—1 所示，企业可以利用各种评价指标。每一种指标都对评价网络中心化创新的成果提供了一个独特的视角，因此企业应该采用一整套评价指标。需要指出的是，选取指标的时候不能忽略企业参与网络中心化创新的根本目的。

结语

本章中我们讨论了企业在参与网络中心化创新活动中必须考虑的各种问题。表 10—2 是对所有这些问题的归纳。

表 10—2　　　　　　　网络中心化创新准备的相关要素

准备的维度	需要考虑的问题
组织准备	
文化和思维模式	企业是否有自以为是的倾向？如果有，高层管理者采取了哪些措施来克服？企业是否能够公开自己的知识产权以推动创新进程？
组织结构	企业如何保证整个组织的创新活动上下一致？是否有专门的部门来协调各部门的创新活动？
领导能力和关系能力	企业是否能领导创新网络成员的创新活动？企业的关系能力怎样？企业用什么样的机制来提高关系能力？
依赖关系和灵活性	企业的创新目的与创新网络总体的目标有哪些关联？企业是否了解自己对网络中心化创新活动的依赖关系？企业采取了什么样的措施来管理这些依赖关系？如何应对？
行动准备	
网络中心化创新的流程	企业是否根据自身各方面创新活动来制定规范的创新流程？企业中各个相关部门是否都执行这一流程？是否有部门或者个人负责贯彻这一流程？
工具和技术	企业是否了解网络中心化创新所需要的工具和技术？这些工具和技术是否被很好地运用在创新流程中？企业是否能将自己使用的工具和技术与合作伙伴的工具和技术整合？
网络创新的评价指标	企业是否制定了合适的评价指标体系？这套指标是否能全面、准确地衡量企业的网络中心化创新业绩？企业是否安排专门的组织机构或人员来收集与这些指标相关的数据？

全球借脑：让更多聪明人为你的公司工作

    本章开篇就强调过，我们介绍的是企业为网络中心化创新所做的各种准备。每个企业的创新道路各不相同，所以应该用不同的方式来推进自己的创新活动。从第 3 章开始，我们一直在讨论网络中心化创新的不同模式，在介绍完网络中心化创新的组织准备后，这一部分可以告一段落。

    下一章，将开拓我们的视野，讨论在全球化环境下的网络创新活动，特别是在新兴经济体（如印度、中国、俄国、巴西等）中企业开展网络中心化创新的机遇和潜力，以及大企业如何在新兴经济体中利用创新人才。

第 V 部分

全球化与网络中心化
创新

第11章 Chapter 11

网络中心化创新走向全球：中国和印度的崛起

在将世界连结成小小的地球村的进程中，波音公司做出了难以匹敌的贡献。从1958年推出波音707远程商用飞机，到1970年推出的具有传奇色彩的波音747飞机，波音公司帮助商务人士飞遍全球各地开展商务活动。波音的客户遍及全球145个国家。尽管法国的空中客车公司业绩斐然，但是全球75%以上的商用飞机都是由波音公司制造的。

令人费解的是，波音飞机虽然飞往世界各地，但是除了在日本和欧洲有少数制造商合作伙伴外，其余的制造基地都设在西雅图附近。飞机的大部分设计和制造、装配都是在本土完成的。新兴经济体对波音公司的工程和研究人才似乎没有太大的影响。但是，2001年"9·11"恐怖袭击事件发生后，整个航空业遭受重创。波音公司的销量急剧下滑，迫使其削减成本和花销。为降低开发成本，公司开始将一些初级的制造环节（诸如优化结果验证、测试等）转移到劳务费用相对低廉的地区，比如印度。

从波音787梦幻客机的研发项目开始，波音公司在全球化创新、从新兴经济体引进人才等领域取得了引人注目的成就。现在，波音与印度的IT公司联手进行系统终端设计——在系统要求确认、设计、测试、验证和支持领域都有合作。2005年初，波音公司与印度的HCL技术开发公司（这是一家信息科技及工程服务企业）签署了具有里程碑意义的协议，该公司将为波音787客机提供多种技术支持，包括机载防撞系统、显示系统、机组人员警报系统、近地报警系统、地面操控软件，以及辅助发动机等。波音公司还与印度班加罗尔科学研究所合作，进行航空航天材料、结构以及制造技术的研究。建立这些合作伙伴关系并不是为了削减成本，而是为了推动创新，因此它们不涉及技术含量很低的工作，而是需要高技能的工程师和航天科学家参与工作。

在本书中，我们讨论了如何寻求企业外部的创造力。同时，正如波音公司的案例所显示的，全球智囊也超越了国家的界线，特别是巴西、俄罗斯、印度和中国这样一些脑力资源远未得到开发利用的新兴经济体国家。十多年前，地域壁垒一度阻碍美国和西欧的企业从全球各地（如印度、中国和俄罗斯等国）的人才库吸收人才。但近年来，互联网和通信技术的发展已经大大改变了这种状况。全球智囊现在可以毫不费力地通过小小的通信网络跨越世界各地。

用畅销书作者、全球化研究专家汤姆·弗里德曼（Tom Friedman）的话来说，我们现在生活在一个"平的世界"里——在这个相互关联的世界中，信息技术的发展开创了一个公平的竞争环境，促进了新兴经济体的发展，将印度和中国等国家推上了世界舞台。虽然记者和分析师们对新兴经济体崛起的炒作让人眼花缭乱，但是毫无疑问，网络中心化创新活动正迅速席卷全球。更重要的是，这些新兴经济体国家的企业将在推动网络中心化创新中起到举足轻重的作用。

是什么力量推动了全球化的技术革新？企业在全球化创新活动中该选择怎样的合作伙伴？参与不同形式的全球网络中心化创新会给印度和中国这类国家的企业带来怎样的机遇？企业该从哪些方面着手以应对全球性创新带来的机会？这些问题我们将在本章一一探讨。

龙与虎：中国和印度的崛起

中国和印度的人口约占全球的40%，这对全球化经济活动的影响表现在两方面。从需求的角度来看，这些国家将迅速成为需要大量产品和劳务的市场；从供给的角度看，这些国家则是科学技术人才的重要来源。让我们来依次进行分析。

@ 新兴经济体的消费者：大众阶层

任何快速发展的经济体都有一个重要的标志，那就是对产品和服务有巨大的消费需求。在大部分新兴经济体中，消费水平已达到新的高度，尤其是印度和中国。事实上，经济发展催生了一个新的消费群体，我们称之为大众阶层："全球数以亿计的消费者如今的目标是一致的，那就是在全球范围内追求最好的产品和服务，这几乎涉及所有的消费品领域。"这一大众阶层究竟有多大？我们来看一些统计数据。

据预测，到 2015 年，BRIC 国家①将有 8 亿多人口年收入高于 3 000 美元；到 2025 年，近 2 亿人的年收入将超过 1.5 万美元。这意味着对各类消费品的巨大需求，包括冰箱、空调、手机、彩电，以及价格较高的名牌产品和奢侈品，如奔驰汽车、阿玛尼时装、黄金珠宝首饰等。

消费需求的增长现在也已经很明显。2006 年，印度中等收入人口大约有 2.6 亿，约占其总人口的 25%。预计到 2015 年，将增长到 6.28 亿。当前，印度的中产阶级占据了 4 500 亿美元的消费品市场（约占其 GDP 总额的 65%）。

印度消费阶层的重要组成部分是年轻的、受过良好教育的人群，主要是 30 岁以下的青年。他们一般在知识密集的行业工作，如信息技术和服务外包行业。这些受过良好教育的年轻人平均月收入为 600 美元（这在印度是相对较高的收入水平），他们形成了印度消费的主力军。如果这个大约 200 万人口的群体每个月花费超过 15 亿美元，那么，从名牌牛仔裤到化妆品，从电脑到汽车的消费额都会有成倍增加。

新兴经济体中与日俱增的消费需求为外国公司创造了巨大的市场机会。瑞典的家具巨头宜家看到了 BRIC 国家中日益扩大的消费需求。该公司已在中国和俄罗斯开设了大型商场。预计到 2010 年，宜家在中国将拥有 10 家门店，分设在北京、广东和上海浦东新区。

许多新兴经济体中，人们对信息的需求十分强烈，这就为西方传媒公司创造了新的机会。例如，2007 年年初，美国艾奥瓦州的传媒集团梅瑞迪斯（Meredith）公司，就为其最畅销的妇女杂志《美好家居和花园》（Better Homes and Gardens）推出了印度版。同样，总部设在纽约的传媒巨头康德纳斯特出版公司（Conde Nast），已决定推出印度版的《时尚》（Vogue）杂志。

大众消费阶层的出现对于跨国消费品公司来说意味着新的市场机遇。

---

① 指巴西（Brazil）、俄罗斯（Russia）、印度（India）、中国（China），也称"金砖四国"，是高盛集团首先提出的。2005 年，该集团还提出了"新钻 11 国"的说法，指越南、巴基斯坦、埃及、印度尼西亚、伊朗、韩国、菲律宾、墨西哥、孟加拉国、尼日利亚、土耳其。——译者注

全球借脑：让更多聪明人为你的公司工作

宜家、宝洁、强生等公司都宣称要开发出适合这类市场的新产品。不过，此方面的创新需求在 BRIC 国家消费主义的驱动下还有可发掘的另一面。比如在印度、中国和俄罗斯，迅速扩大的以时尚为主导的高素质消费者群体就给企业提供了另一个机会，一个直接关系到网络中心化创新的机会。说白了，那就是新兴的大众群体当中，蕴含着数量庞大的创新人才，有待企业去开发利用。

@ 高精尖科技人才

新兴经济体，尤其是印度、中国、俄罗斯，已经成为技术和科学的人才储备库，专业领域涉及计算机科学、数学、生物技术、医学、环境科学等。

很多西方经济体正面临劳动力老龄化带来的影响，科技人才快速耗尽。而另一方面，在中国和印度等国家，新毕业的科技人才则呈持续增长态势。

让我们来看一些直观的数字。印度有 270 所大学和一些世界级的工程研究机构。2005 年，印度毕业了 22 万名获得 4 年制学位的工程师，还有 19.5 万名获得 3 年制学位的工程师。在中国，每年有近 64 万大学毕业生（其中大约有 35 万获得学士学位，其余的来自各类专科学校）。相比之下，美国院校每年只有约 7 万工科毕业生，欧盟各国毕业的学生大约有 10 万名。

因此，人们普遍意识到，未来全球劳动力的供给平衡已向新兴经济体一端倾斜，这种倾斜还会日益明显。举例来说，预计到 2050 年，全球 4.38 亿新增劳动力有 97％来自发展中国家。因此，全球性的人才竞争会变得更加激烈——西方跨国公司以及本土企业都在新兴经济体中努力挖掘这些新的人才资源。

然而，这些国家目前拥有的不只是普普通通的工程技术人员，它们还拥有各个科技领域的专家。就俄罗斯来说，拥有大量的火箭科学家，这些科学家同时精通高端的数学运算，能编写可以得到广泛应用的计算机程序，可以应用在金融和证券业、软件业、生物科技等各个方面。俄罗斯在某些专门的领域（复杂的数学与运算）形成了丰富的人才资源库。同样，随着微处理器研发人才的迅速增加，印度也已发展成为全球性高端微处理器的设计基地。

很明显，将一般人才和掌握特殊技术的人才结合使用，对西方跨国公司来说是至关重要的。比如已经有超过 125 家《财富》500 强公司的研发中心落户印度。同时，这个庞大的人才库也为人才提供国本身带来了重大的机遇。在全球网络中心化创新背景下，他们将发挥更重要的作用。

非营利机构和非政府组织

BRIC 国家还有一个十分明显的优势，那就是迅速涌现出了一批能参与到全球化创新项目中来的机构——非营利机构和非政府组织。

伴随着市场的开放和对全球资本流动的接受，BRIC 国家产生了许多非营利机构和非政府组织，它们分别代表社会中不同团体的利益。许多非政府组织成立以后，对政府的区域发展规划和某些企业的发展策略提出了异议，推动了可持续发展的政策和措施的实施。例如，非政府组织努力帮助解决原油泄漏、童工、某些行业侵犯人权、食品质量标准制定等问题。

而且，在过去几年中许多非政府组织已变得更加开放，它们与企业合作，促进或推动了互惠互利的经济和社会目标的实现。

以惠普公司发起的"新兴市场解决方案"项目为例。新兴市场解决方案项目团队组织了一个"共享社区"，为的是开发和引进与新兴市场相关的 IT 解决方案，并对社会和经济的发展给予直接的支持。而在印度，惠普公司就与非政府组织联手，支持在泰米尔纳德邦（Tamil Nadu）的偏僻小镇古伯姆（Kuppam）的一个社区信息中心的运作。同样，在南非，惠普公司也与当地的非政府组织国际计算机使用执照（ICDL）基金会合作，为在 Mogalakwena 惠普共享社区里的开源软件建立培训和测试中心。

相似的例子还有，微软与印度的非政府组织爱神教育基金（Pratham）建立伙伴关系，为印度的村庄普及计算机技术；雀巢公司与非政府组织合作，在秘鲁为贫困人群分发营养强化食品；还有荷兰银行与非政府组织国际美侨社区协会（Accion International）联合采取国际行动，在拉丁美洲推行小额信贷业务。所有这些企业与非政府组织的合作都表明，它们能为新兴经济体开拓出独特的、可以创造价值的机会。由于各种各样的非政府组织在新兴经济体涌现，所以企业可以在更广泛的领域运用这种合作伙伴关系，而这种合作关系是可以延伸到网络创新活动中去的。

新兴经济体和网络中心化创新机遇

新兴经济体所表现出来的这些发展趋势，说明这些国家的企业会在网络中心化创新中担当十分重要的角色。为更清晰地认识这些机遇，我们将对四种不同形式的网络中心化创新进行进一步的探讨。

乐团创新模式下的机遇

第5章讨论过的乐团创新模式中，公司可以发挥主导作用（例如担当平台的领导者）或发挥改进者的作用。由于新兴经济体的企业呈现出来的越来越明显的专业化和高科技化，所以我们相信，网络中心化创新中企业应该更多地发挥改进者（替补者或创新者）的角色。

企业可以充分利用它们的专有技能在相应的技术领域做出独特的贡献，担当全球网络中心化创新平台上的"替补者"。印度的 HLC 科技公司就是这一角色很好的扮演者。

HLC 科技公司隶属于 HLC 集团，成立于 1976 年，是印度首批 IT 创业企业之一，已经发展为市值达 27 亿美元的全球技术巨头。该公司的产品十分广泛，其中大部分涉及 IT 解决方案、业务流程外包、基础设施管理等。其关键业务主要集中在提供研发服务，特别是在半导体研发领域和电信开发领域。

多年来，该公司在对超大规模集成电路和硬件设计工作中积累了相当丰富的专业知识，为电子消费品和电信业设计解决方案。利用其独有的专业技术，该公司最近将重点放在了为 IBM 公司的电源系统结构增设新功能和互补性的解决方案上。2005 年，公司建立了一个电源系统结构设计中心（第一个在 IBM 公司总部以外开展的业务），为更广泛的原始设备制造商提供电源平台系统解决方案。为实现这个计划，该公司得到了 IBM 公司 PowerPC 405 和 PowerPC 440 嵌入式微处理器内核的授权，并在此基础上为特定市场开发新产品。在这个项目中，HLC 公司扮演的就是辅助者的角色——通过将其在半导体设计上独特的技术专长，扩大

IBM 电源系统结构的使用范畴，涉足家用电器和无线通信网络。企业用自己的技术优势摆脱了创新平台领导者的束缚，加速了创新的步伐，这种创新模式对新兴经济体中的企业尤其具有吸引力。

在印度、俄罗斯和中国，许多企业都有着自己的技术优势，它们可以在网络中心化创新的乐团创新模式中扮演创新者的角色。本章的开头介绍了 HLC 科技公司在波音 787 梦幻客机项目中所扮演的创新者的角色，它们提供了软件技术的支持。

印度的 Wipro 科技服务集团则为我们提供了创新者角色的另一个例子。该公司成立了一个上万人参加的产品工程解决方案小组，能够提供一些专门领域的高端研发服务，客户遍布多个行业，包括半导体、电子消费品、汽车、医疗设备等。它的许多产品研发就是利用其专门的工程技术，在创新网络中扮演着创新者的角色。例如，最近一家总部位于美国的游戏设备生产商要为其下一代产品开发一个高性能的加速器芯片。该生产商并没有建立一个内部硬件研发团队，而是借助于 Wipro 在超大规模集成电路设计领域深厚的专业知识和设计方法，以此减少了在芯片设计中的重复劳动。客户公司凭借 Wipro 公司的技术优势，加上自身的能力，确定了 SoC 芯片的设计方案，并进行了测试。在短短的 15 个月里，Wipro 公司的工程师们就生产出了一种完美的芯片样品，为客户公司减少了 4～5 个月的开发时间。

在制药行业也有一个企业扮演改进者角色的例子。临床试验（指在人类患者身上测试新药物的安全性和有效性，然后再报请政府机构批准）是开发新药过程中的一个重要环节，但成本较高，并且耗时较长。像印度这样在临床试验方面具有丰富的专家资源的国家，就吸引了众多的大型制药公司。比如，惠氏制药公司已经与埃森哲公司在班加罗尔的生命科学中心合作，以促进其临床试验。埃森哲在印度建立了一个完备的团队，有专门研究生命科学的专家、医生、博士、药剂师、统计学家等，为惠氏这样的客户进行设计、开发、实施，并报告临床试验的结果。同样，SIRO Clinpham 是印度一家服务外包的承接方组织，该组织成立于1996 年，提供整套的临床试验服务，以满足全球生物技术和制药公司的需求。该组织利用其在临床试验中的强大实力参与到大型制药公司的研发项目中，帮助制药公司加快研发进程，并降低开发成本。在惠氏案例中，与埃森哲的合作使其将准备临床实验报告的平均时间从 6 个月减少到几周，而缩短一天，就能节约上百万美元的研发经费。

@ 创新集市模式下的机遇

　　新兴经济体中迅速增长的消费需求，对企业来说有两层含义。其中一个十分明显，另一个则不甚明显。首先，大众阶级是推动创新产品和服务需求的主力军，这是十分明显的。也就是说，这些创新产品都是为适应不同需要的新兴市场而特别定制的。第二，这些市场上具有渊博知识和较强表达能力的顾客越来越多，这也预示着企业能够从这一市场中猎取创意的巨大潜力。当前第二个含义可能不那么明显，但对未来则有深远的意义。新兴经济体中具有成本效益的创新很可能在发达国家找到市场。下面我们将详细探讨这些给企业带来了怎样的机遇。

　　印度和中国的大众消费市场早就吸引了许多西方国家的企业。但是，这些企业许多早期举措的失败，都是缺乏对当地市场需求的了解造成的。比如，家乐氏食品公司（Kellogg's）在 1995 年以玉米片产品首次进军印度市场。尽管拥有知名品牌和合理的价格，但销售结果却令人失望，销售额不到最初目标的 20%。什么地方出了错？该公司忽略了一个简单的事实。印度人喜欢喝热牛奶，因此一个搭配冷牛奶的谷物对他们来说不是很有吸引力。当家乐氏公司认识到这一点并改进其产品后，就在印度市场获得了成功。

　　诸如此类的例子（如麦当劳推出的"大君麦香堡"（Maharaja Mac）等）都表明，无论是国外企业还是本土企业，在尝试创新之前，都必须仔细了解这些新兴市场的独特需求，而不是盲目推出在其他地方取得成功的产品和品牌。这些例子也显示了，这些市场中不同客户的创新思想和见解也是至关重要的，他们是创造新产品的灵感来源。进一步来说，来自这些客户（还有业余创新者）的创意，在其他地方很可能会有更广泛的市场。

　　对于可能作为创新门户的大公司来说，这是个能产生重要影响的机会。像印度的斯坦利华公司（Hindustan Lever）（联合利华在印度的子公司）、塔塔集团、瑞来斯实业公司（Reliance Industries）这样一些老牌的并且在当地市场树立了良好品牌形象的企业，特别适合抓住这种机会。这些公司有实力和基础设施去探索创新的思路和技术，并能将创新者的创意商业化，为本地及全球市场服务。

网络中心化创新走向全球：中国和印度的崛起

　　然而，正如第 6 章所提到的，在创新集市模式中，大企业想要成为有效的创新门户，还需要小公司的帮助，需要它们发挥创新中介的作用。所谓创新中介，就是充当创意经纪人或创新投资者的角色，它可以帮助整合创新网络中的资源，促进大公司间的互动，实现创新过程的增值。与美国的经济环境不同，新兴经济体中很少有这样的实体，因此，我们认为这是小公司参与网络中心化创新的绝好机会。

　　以 Ideawicket 公司为例。该公司是 2007 年初在新德里成立的一个创新中介，主要扮演"创意经纪人"的角色，它允许拥有创意的个人在其门户网站上发布创意，然后让公司（用户）去挑选这些创意。随着由 Ideawicket 这类公司聚拢起来的创新者群体不断扩大，企业在新兴经济体中利用这类消费者创造力的机会也在不断增大。

　　对于扮演了补充者角色的小公司，像市场研究公司、创新咨询公司等，它们对这些国家的消费者十分了解，有得天独厚的优势担当创新中介角色。它们需要深入发展客户与独立创新者之间的关系，如我们第 6 章中详细介绍的那样，可以从美国的创新中介机构那里得到经验和启示。

　　对创意的收集的需求已经不仅仅是在消费品和高科技产品领域。以俄罗斯的软件业为例。那里有众多的小型软件企业和高度密集的人才，可是因为缺乏商业化运作的经验或是缺乏资金，不可避免地会有一些创新产品和创意被搁置。创新中介机构可以找出这些未实现的想法，将它们提供给有实力应用这些创意的全球软件供应商。这样的机会不只局限于软件业。任何高科技产业，包括环境治理、能源、电信、医疗设备和航空航天等行业都可以经营这样的创意转移生意。

@ 即兴创新模式下的机遇

　　正如前面提到的，新兴经济体的一大特征是大批技术人员和科学家在不同领域的合作。这个庞大的科学技术人员资源为网络中心化创新提供了许多机会，用以解决新兴经济体中存在的问题。为促进和支持这种以社区为主导的创新，公司以及非营利机构可以作为赞助者来实现它们的价值（如提供各类资源，包括计算能力、数据库、创新工具、基础设施等）。

　　许多国家（例如印度和中国）都面临着这样的问题，那就是为其众

全球借脑：让更多聪明人为你的公司工作

多的人口提供更好的基础设施——从饮用水到卫生保健和教育等。大多数问题需要专门的解决方案，即根据当地资源和能力提供符合成本效益原则的解决方案。

许多非政府组织和类似机构都在为之努力。不过，它们都意识到，解决这些问题的关键因素不仅是提供财政和技术支持，还需要从"社区"中汲取灵活的头脑和创造力，以制定可行的解决方案。因此，关键的任务是创造合适的平台，让社会各界走到一起，齐心协力找到创新的应对措施。

美国密歇根大学战略与国际商务教授普拉哈拉德（C. K. Prahalad）被誉为"当今在公司战略领域最具影响力的思想家"。他近期致力于建立新兴经济体中企业和非政府组织的合作伙伴关系，开发"金字塔底层"的新市场。我们相信，通过赞助社区创新，非政府组织和企业能在网络中心化创新中加深合作，实现社会和经济的双重目标。

作为创新赞助商，非政府组织和企业都要各司其职，推动以社区为基础的创新。非政府组织可以利用深入社区的优势，帮助创新社区解决具体的问题，使所有的社区成员都从中获益。它们还可以帮助创新社区树立信誉，从而吸引更多的人参加网络创新活动。另一方面，企业可提供专门知识和技术，促进与创新社区的互动，同时，它们也能为发展和实施创新活动提供资金和技术支持。

在第 7 章中，我们曾提到热带疾病研发项目，该项目要解决的一个问题是治疗南美锥虫病，这是一种南美洲居民易感染的热带寄生虫传染病。由于这是一个地域性的疾病，而且不像疟疾那样有明显的症状，所以它并没有吸引到世界各地研究人员的目光。在此情况下，非政府组织和企业可以以赞助者的身份介入其中，支持攻克疾病的创新活动。例如，在感染疾病的国家（如委内瑞拉），当地的非政府组织就可以将疾病研究者引入这一地区进行研究。另一方面，制药公司可以为研究提供历年积累的相关数据，或是提供研究工具及技术。在新兴经济体中，以社区为主导的创新活动面临的问题和挑战是相当多的。与此同时，作为赞助者的企业和非政府组织在这个过程中的合作也是多样化的。

@ 合作修改模式下的机遇

最后，向基于社区的创新活动"开放"技术和创新平台，也为新兴经济体中的小企业参与到合作修改模式下的网络中心化创新中来提供了绝好的机会。

新兴经济体国家中许多小企业在一些领域拥有与技术平台相关的宝贵经验，这将有助于创新的实施。例如，第 8 章中曾经提到，太阳微系统公司创新项目的参与者中许多都是欧洲的小公司。

以 SugarCRM 为例，那是一家总部设在美国加州、专门提供客户关系管理领域商业化的和开源的解决方案的企业。除了商业版的主打产品客户关系管理解决方案以外，该公司同时提供了开源版本，因为那是全球软件开发社区共同参与的创新产品。Sugar 公司的客户关系管理软件开发社区已扩展到 7 000 多位外部成员，大部分来自新兴经济体国家。社区成员能够参与开发核心开源产品，也可以开发产品的扩展模块。这些扩展模块可以增强核心产品的应用范围。例如，能将产品应用到其他平台和语言当中。新兴经济体国家的小企业（以及个人）将客户关系管理软件中开源产品翻译成了 40 多种不同的语言，目的是为印度、中国、俄罗斯、韩国等国家的使用者提供方便。很多情况下，这些程序编写者不仅提高了知名度，还接到了很多 Sugar 公司解决方案的使用企业提供的额外的咨询和服务项目。

这些事例都表明，中国和印度等国的科技企业具有参与到全球性开源创新网络和增加全球知名度的潜力，由此将获得能带来更加直接经济回报的机会。

以"中印"为枢纽的全球创新网络

在讨论全球化网络创新的过程中，我们始终将重点放在中国和印度这些新兴经济体的企业上，探讨它们扮演的角色和面临的机遇等。除此之外，还有更深入、更广泛的问题需要讨论。目前，我们正面临企业研发活动的全球性结构调整，这也催生了全球创新网络的建立。从此，研发活动将不再受地理限制，例如微软公司的研发活动不再局限于美国的雷德蒙德市，索尼公司的活动也不只是在东京，当然，西门子公司的创新也会走出慕尼黑。跨国企业都在特定的地域打造"卓越中心"，这样可以充分利用当地的创新力，同时适应当地市场的需求。这些分布在各地的创新中心可以将当地的合伙人整合在一起，缔造全球化的创新网络。

全球借脑：让更多聪明人为你的公司工作

电脑业就是全球性网络应用的一个极好的例子。在笔记本电脑市场，名牌计算机生产厂家（如惠普、IBM 和苹果）早已依赖全球创新网络来设计、开发和制造自己的产品。广达电脑公司（Quanta Computer）的案例很好地说明了这样的创新网络是如何发展和运作的。

广达是一家总部设在台北的计算机制造企业，成立于 1988 年，专门从事笔记本电脑的设计和开发。该公司拥有 3 500 多人的内部设计和工程团队，专注于研制新型的笔记本电脑。它们的目标不是设计下一个突破性产品，而是设计和开发下一代新版本的笔记本电脑。客户公司，包括许多美国的计算机经销商，都从广达的原型设计中选择自己产品的模型。客户选定模型后，制造和物流方面的工作由广达公司负责管理。广达公司本身并不进行生产制造，而是通过网络把这项工作外包给制造商，其中大多数是中国大陆的企业。凭借其设计能力，通过建立和协调全球创新网络，广达成为了世界上最大的笔记本电脑原始设计制造商（ODM）。

这种模式在其他行业也有越来越多的应用，包括电子消费品、医药、汽车等行业。OfficeMax 公司是美国第三大办公用品零售商，年销售额达 90 亿美元。它是全球创新网络行动的很好例证。OfficeMax 公司推出了一个先声夺人的自有品牌策略，努力使自己的品牌与竞争对手（史泰博办公用品公司和欧迪办公用品公司）形成差异化。打造零售商自有品牌获得的利润要比销售他人品牌的商品高得多，因为零售商不需要缴纳品牌费用。一般来说，自有品牌产品销售上有价格优势，贴的是零售商的牌。OfficeMax 公司也不例外。它的大部分商品与竞争对手的商品并没有差异，那是因为制造商是同一批海外供货商，只是贴上了 OfficeMax 的牌子。但是，OfficeMax 公司想要突破创新。它决定自己创建一个全新的品牌，从零开始，控制从设计到生产的整个过程。OfficeMax 公司的这个项目向我们展示了全球创新网络的威力。

OfficeMax 公司从三个方面打造其第一个自有品牌 TUL：一套现代派设计的钢笔和干后可擦记号笔。首先 OfficeMax 公司提供商品批发和零售的专业知识。其次是 Gravity Tank 公司，一家总部设在芝加哥的设计咨询公司。OfficeMax 公司聘请其帮助收集顾客意见，提供产品设计、品牌认知方面的专业知识。Gravity Tank 为此开展了人种学研究，观测各色各样的上班族，与采购文具用品的部门负责人、商店销售员及顾客进行交谈。这项研究得出了什么样的书写工具才能满足人们"每天使用"

的需求——这种书写工具要凸显个性，从昂贵钢笔到较低价的圆珠笔都能看到个性化的影子。第三个方面是众多的中国公司，它们在控制成本、提高品质和物流方面都是专家。OfficeMax 公司和 Gravity Tank 商讨出了一种独特的设计方案，要求供货商按照设计方案进行生产，防止它们仿造类似的产品，贴上其他零售商的商标后出售。

结合了 OfficeMax 公司的零售技能、Gravity Tank 公司的设计技能和中国供应商的生产技能，OfficeMax 公司创造出了自己的品牌，这个牌子有明显的差异化优势，因为它是由零售商设计和研制的，并且只在 OfficeMax 公司的商店才有售。这个例子说明了在全球化背景下网络中心化创新的力量。正如 OfficeMax 公司的案例所表明的，全球化的网络创新活动不仅充分利用了网络合作伙伴在创新能力和人才上的优势（如传统的合作创新方法），同时利用了低成本的地理位置优势。实际上，该模型显示出的是网络中心化创新中"全球资源套利"的潜能。资源套利可以节省数百万美元的产品开发经费，以及数周乃至数月的产品开发时间。

随着中国和印度可以提供的具有高质量、多样性和复杂性的研发服务的快速增长，我们将会看到越来越多的围绕全球网络创新开展的服务。例如，到 2007 年底，全球已有 31％ 的研发人员来自印度和中国。同样，根据最近博思艾伦咨询公司（全球著名的管理咨询机构之一）和印度全国软件与服务公司联合会的一份研究报告，印度覆盖了高达世界上 25％～30％ 的工程服务市场，这意味着 50 亿美元的市场，涉及工程、设计和研发等工作。在这方面，中国紧随其后。

所有这些例子都表明中国和印度在全球创新网络中起到了重要的枢纽作用。与此同时，这两个国家的合作不断加深，以整合研发和工程服务，为全球市场及时提供低价的创新产品。

为全球性机遇做准备

本书所讨论的很多趋势以及相关的机遇在这些经济体中都已经崭露头角。问题是，企业应该如何应对全球性创新的机遇呢？

在第 9 章以及第 10 章中，我们详细讨论了应对网络创新在组织准备上的相关问题。所有这些问题在全球化的背景下也是适用的。

公司首先需要考虑的是，以其现有的资源和能力，能在这种全球性的网络中心化创新方面发挥怎样的作用。我们为新兴经济体中的企业指出了一些合适的角色。管理层需要研究这样的角色是否恰当，了解基本的问题和挑战是什么。例如，我们在第 9 章曾经指出，企业若要扮演改进者的角色，就需要考虑两个关键问题。一是明确该公司的专业能力（也就是自己的贡献）和网络（或创新平台）之间的联系；二是判断公司能否从其他网络成员身上获取更多的专业知识。换言之，有学习的机会吗？这个问题尤为重要，因为对新兴经济体国家的企业来说，参与全球网络创新意味着能否铺平道路以获得新的技术能力和多样化的产品。

融入全球网络中心化创新，需要的不仅仅是技术或工程方面的专业知识，更需要组织和管理能力，使公司能够有效地运作并创造适当的价值。第 10 章讨论了很多相关问题，包括组织文化和结构、创新的工具和技术。这些问题在这里也用得上。

比如，关系管理能力。新兴经济体国家中的很多企业缺乏合作经验，特别是缺乏参与大型跨国网络创新活动的经验。区域文化问题如果处置不当，也会阻碍网络创新活动的进程。因此，公司需要投入相当的时间和资源，提高关系管理能力。

同样，许多小型企业可能还缺乏正式的内部创新管理制度和程序，需要在参与大型协同技术开发项目过程中进行学习。正如前几章讨论的，在创新过程中网络成员的协调一致是非常重要的，是在网络遍布全球的情况下，更是如此。所有这些问题都表明，必须仔细判断，担当一个创新角色究竟需要具备哪些能力（第 10 章中有详细描述），如何提升这些能力。

结语

近年来，许多文献都提到蓬勃发展的国家（比如中国和印度）对世界经济的影响。例如，2004 年高盛的报告就预测说，到 2025 年，BRIC 经济体对世界经济增长的贡献将会由 2003 年的 20% 上升至 40%。同一份报告还预计，这四个国家在世界经济中所占的比重（表示为全球市场中的资本份额）也将上升，从 2004 年的大约 10% 上升至 2025 的 20% 以上。这类预测有助于我们看到这些国家未来快速增长和发展的趋势。然而，更重要的是，这些国家目前对全球创新产生的影响。

　　这一章，我们概述了不同的方法，描述了如何将全球网络创新与新兴经济体中的技术和优势资源整合起来。但是，具体该如何扮演好这些创新角色，还需要企业在不同的商业模式中摸爬滚打，持续尝试。然而，有一点是肯定的——以印度和中国为首的新兴经济体，在未来几年将成为全球网络创新的领跑者。

第*12*章 Chapter 12

总结与思考

在本书开头，我们提到了许多企业面临创新危机的案例，它们一方面研发能力下降，另一方面又要面对日趋激烈的竞争。戴尔、卡夫和默克等公司都在努力应对创新危机。这些高知名度企业的创新危机被许多媒体报道，然而创新危机并非只出现在少数大公司身上。事实上，各行各业大大小小的企业都面临着类似的问题。

你的企业是否正面临着创新危机？请思考以下问题：

1. 近几年，新产品的开发费用是否大幅增加？

2. 公司研发资金的投入产出比是否下降？

3. 产品是否面临生命周期缩短的困境？

4. 产品商品化速度是否比过去更快了？

5. 新产品的市场化成本是否比一流竞争对手的两倍还多？

6. 产品由概念到商品的时间是否为业界一流竞争对手的两倍？

7. 是否面临来自印度或中国的新竞争者，它们制造和研发成本比你的要低得多？

8. 雇用一流的工程技术人员及科研人员是否更难？代价是否更高？

9. 你是否发现虽然有大量的生产项目在进行，但是难以生产出"热销"的产品？

10. 总的来说，你是否发现你的创新进程不能满足投资者的成长预期？

如果大多数答案为"是"，那么你的企业已经陷入创新危机了。你的企业很可能面临着摩托罗拉当年的困境，眼睁睁看着其广受欢迎的 Razr 手机价格一路大跌，从 2004 年 11 月的最高点 500 美元，跌到 2005 年年中的 200 美元，最终跌到 2006 年年底的不到 50 美元。2006 年第四季度，摩托罗拉售出的 Razr 手机量同比提高了 48％，但其总收入还是没有提高。为遏制损失，摩托罗拉公司推出了后续产品，称为 Krzr，但是看似增强型的产品其商品化的速度更快。结果，摩托罗拉公司陷入了危机。在第 1 章里我们曾经提到过"红皇后效应"。这就是红皇后效应的一个例子。

又或者公司会面临当年通用汽车公司的状况，它虽然提供全美国最低价格的汽车：10 560 美元的雪佛兰 Aveo，然而印度一家汽车企业塔塔公司，正在研发目标售价仅为 2 500 美元的汽车。这个"人人买得起的汽车"，由才能出众的印度汽车工程师开发，极大地降低了开发成本，价格上比对手福特 T 型车或德国大众汽车公司的甲壳虫汽车更具竞争力，它必将把数以百万计的新用户引入汽车市场。也许，小排量的塔塔汽车永远不会在美国销售，但是塔塔汽车公司一定会从中积累宝贵的经验，学会如何研制低价车型，以投放西方市场。这就是全球性的竞争。

创新危机来自各个层面：成本、推向市场的周期、质量、创新力——结合起来的乘数效应，可以摧毁你的公司的未来。为保证持续发展，你必须跳出公司的圈子寻求新点子、新技术和新产品。你需要利用全球化的思维，广泛对外接触，提升速度，同时降低创新过程的成本。你需要为你的公司找准定位，明确出一个在网络中心化创新中最适合的角色和模式。

本书提出的最主要的观点是"全球化思考"不再是可有可无的选择，不是是否做的问题，而是如何做的问题。企业应该执行网络中心化创新战略。很多高管都意识到了这种创新危机，纷纷采取紧急行动，制定网络创新的项目。

高层管理者应该是网络创新的领头人，所以在本书的最后一章，我们将着重阐述公司的首席执行官这一角色该如何向组织传达危机和忧患意识，如何树立对网络中心化创新的信心。

回顾一下网络中心化创新的一些核心理念和行为方式，即那些有经验的企业所持有的理念和做法，以及我们在组织材料写这本书时所采访的经理人的见解。其中有成功的经验，也有失败的教训。因此，应该借鉴那些能大力推动公司创新举措的做法，消除成功路上的潜在障碍。

给组织树立信心

我们采访过各行各业的经理人，得出的结论是，企业的首席执行官应该是"树立信心"的第一责任人，他们应该跳出自身企业的圈子，在更广阔的范围内寻求创意和跨区域合作，以推动自身的创新进程。

许多大公司采取的形式是由首席执行官制定出明确的网络创新目标，如杜邦、宝洁、史泰博、IBM 公司等。其中一些首席执行官制定的目标还在商界受到广泛关注。

然而，正如"树立信心"这一口号所昭示的，首席执行官要做的不仅仅只是制定从外界引进多少创意或创新产品的计划，计算参与网络创新能增加多少收入。首席执行官需要制定一套新的思想，对抗可能产生的内部阻力和消极因素。很多时候，内部阻力来自高级经理人，因为他们有权力和动机去把事情办砸。

IBM 公司的首席执行官山姆·帕尔米萨诺（Sam Palmisamo）2004年初提出了"全球创新展望"的构想，他当时就采取了克服内部阻力的行动。在他的构想中提到要向众多的客户及合作伙伴开放技术和业务流程，但是立刻引来了一片反对声，人们把这看成是异端邪说。IBM 公司负责企划宣传的副总裁 David Yaun 回忆说，人们最初的反应是，"全球创新展望"项目团队的行动毫无价值，会破坏 IBM 的信誉和品牌形象。一些经理人觉得"我们已经做了"，而另一些人则认为"将要做的事非常危险，我不赞成"。一位经理说，"禁止创新团队联系我的客户"，而另一位高级研究员则说得更直接，他提到"我的工作就是不让你们为难领导"。

山姆·帕尔米萨诺在"推动"公司接受这些措施的过程中起到了关键作用。他强烈赞同这一提议，要求"全球创新展望"项目团队勇往直前。他敦促团队将项目计划实施时间从 18 个月缩短至 5 个月。他还指出，如果在任何时候他们认为进展顺利，那么做法肯定有问题——换句话说，就是原来的方案太保守了。为克服内部的反对意见，他没有管得太严。相反，他让团队灵活掌控资金，自由地进行试验（哪怕是失败的），最重要的是，组建了一个行政赞助委员会（包括原先的一些怀疑论者）负责行动督导。实际上，是让他们对项目成果持有个人股份。这一做法明确了领导层的态度和思想导向，使组织朝正确的方向发展。IBM 公司的经验表明，首席执行官应该充当"剑与盾"的角色，以拓展企业网络中心化创新思路，加快创新进程。

树立信心的另一种方式，是给组织适当权力去探索外部创新机遇。CEO办公室所做的努力也表现在经理们在参与网络中心化创新活动中需要考虑的问题上。例如，组织认为探索网络中心化创新举措的主要因素是什么？网络中心化创新中是否存在组织不会去尝试的模式？组织是否会与非传统的合作伙伴（例如非营利机构、个体发明者等）进行合作？创新活动中，组织会在多大程度上"放权"？这种创新方法在新兴市场上会得到广泛应用吗？

尽早明确这些问题有助于管理者评估网络中心化创新活动的现状。正如一位经理人所说："目标固然重要。但是，我们时常有太多目标。因此，更多的目标毫无意义。我们需要的是一个框架，或者说模式，让我们有章可循。我认为制定这一框架是首席执行官的职责所在。"

简言之，公开宣布实施网络中心化创新的组织意愿只是其中一部分（或是比较有形的部分），首席执行官更重要的任务是要明确如何才能树立组织在网络中心化创新行动中的信心。

动员整个组织

在介绍网络中心化创新的四种模式时，我们曾经提到领导或参与各种网络中心化创新的机遇来自各种不同的外部实体——个体发明者、创新投资者、中介机构、客户、技术合作伙伴、供货商、非营利机构等。此外，不同的外部实体，通常联系企业中的不同部门，包括营销部、研发部、业务开发部、采购部等。因此，企业应该动员整个组织努力识别和评价各种网络中心化创新机遇，即使企业中已经有一个专门机构负责协调不同部门的创新活动，依然要这样做。

动员的第一步，是将有关网络中心化创新的各种信息传递到组织的每一个角落。虽然这一工作可以部分由首席执行官来完成，但还是需要与广泛的宣传相结合。例如，3M公司的案例中，这项工作已基本由研发部门负责。3M公司技术总监罗伯特·费诺柴罗（Robert Finnochiaro）告诉我们，"过去几年，我们一直在辅助高层管理人员开展工作，将整个组织，尤其是各个事业部的研发部门整合在一起"。

全球借脑：让更多聪明人为你的公司工作

　　为促进更广泛的合作，需要做的第二步是在企业中制定网络中心化创新活动的策略。当初，IBM 公司计划参与即兴创新活动，其实就是参加"在线头脑风暴"（online brainstorming session），收集产品创意，寻找创新机遇。2003 年，公司就动员自己的员工参加即兴创新活动。这次"价值发掘头脑风暴"的目的是确定组织的核心价值观，并围绕核心价值观制定策略。第一次尝试成功后，IBM 把活动的重点放在了创新上，称为"创意收集头脑风暴"，并将参与者扩大到合作伙伴，包括客户、供货商等。2006 年开展的第二次创意收集活动主旨是了解 IBM 公司目标市场上新技术的发展趋势。此后，IBM 公司又将创意收集的范围扩大到特定的行业和受众。例如，2007 年 3 月，它进行了一项汽车产业的创意收集活动。这一活动汇集了供应商、政府机构、学术界、行业协会以及汽车零部件供应商。来自 150 多个组织和 17 个国家的 2 000 多人参加了这次活动，议题包括产品生命周期的盈利能力评价、企业创新文化的树立、绿色技术的使用等。

　　IBM 的做法让人想起一句老话"仁爱先施于亲友"。在扩大网络中心化创新时，先从"开放内部"着手，接着"对外开放"。这种由内到外的方式，让网络创新的价值观渗透到了整个组织当中。

　　然而，整个组织需要的不仅仅是信息，更重要的是，需要不同的职能部门和事业部门经理人的"能力"，要他们能够识别网络创新的机遇，抓住这些机遇，"连接"其他职能部门共享信息。如果各个职能部门都具备了这样的能力，那么，机会将无处不在——无论是市场营销部门还是全球采购部门——组织将能够毫无遗漏地识别机遇、评价机遇、利用机遇。在理想状态下，每位经理人、每个部门都可以成为通向外部世界的"门户"，不断地探寻外部创新机遇。

　　因此，在"树立信心"和"动员组织"的过程中，最重要的问题是："组织是否为网络中心化创新连成了一体呢？"

为创造价值、捕获价值而不断试验

　　在与各大企业的经理探讨中，我们得出了一个重要的结论，那就是持续不断地试验——围绕价值创造和价值捕获进行试验。正如我们所描绘的网络中心化创新环境，某些领域参与的成员还不多，有些创新角色的职能还不太明确。正因为如此，对于如何开展网络中心化创新并没有一个清晰的思路。因此，必须勇于尝试，敢于犯错。

我们先来观察创新集市模式。宝洁公司、Dial 咨询公司、史泰博办公用品公司都尝试以不同方式与个人发明者取得联系。例如，Dial 公司主办了一场直接面向个人发明者的比赛，史泰博公司靠中介公司达到同样的目的，宝洁公司则大多选择与创新投资公司合作。不管是哪一种情况，公司对于这些方法是否有成效并没有清楚的认识，只是不断尝试不同的做法。在不断尝试中，企业可以知道什么是可行的，以便及时调整策略。

在制药行业，默克和辉瑞这样的企业都意识到了对创新模式和创新流程进行试验的重要性。正如在第 7 章所介绍的，交替模式为制药企业和生物技术公司进行药物研发工作创造了新的环境，这些环境包括与非传统合作伙伴（如非营利机构）的合作，以及创新成果缺乏明确的价值判断和价值共享模式等。尽管道路并不平坦，带有很多不确定性，但是制药公司正在奋力尝试不同的网络中心化创新方法，积极应对出现的问题。

相同的试验在我们研究的许多其他企业和行业也同样存在。许多情况下，公司本身的思路并不明确，还同时面临着来自网络合作伙伴的问题。就好像当年太阳微系统公司提出 OpenSPARC 创新项目后，创新社区成员提出了接二连三的质疑，如创新目标、创新流程、知识产权管理、价值分配等。太阳微公司的大卫·韦弗说："坦率地讲，我们事先并没有考虑到创新社区成员提出的这些问题，这对我们来说是一次很好的学习机会。首先要了解问题之所在，然后拿出相应的解决方案。"

进行试验并不意味着一定要去扮演对企业毫无商业价值的角色。我们想要提倡的是采取那些有商业价值的行动，尽管在一开始有很多细节并不明确。我们要以主动、开放的姿态，不断适应和进步，以使创新进程和治理步入正轨。

高级经理人要明确做到：鼓励试验，鼓励合理的创新失败！

以超越的眼光看问题：逃离死亡之谷

一个问题在我们与经理人的讨论中反复出现，那就是需要有端对端

(end-to-end) 的能力，使网络中心化创新最终能真正转化为效益。

最令人兴奋的莫过于在前途并未明朗的创新之路上获得新的创意。然而想法不能当饭吃！不能转换成商业化产品和服务的想法是没有多大用处的。尤其当创意是从外部引进的时候（无论是从业余发明家，还是从客户、合作伙伴），创意需要进行产品开发和商业化运作，使企业能从这些创意中获利。有些企业的高层管理者指出，在创意和产品商业化运作之间有一条"死亡谷"，因为产品商业化所需要的资源往往与产品创意不相匹配，想法得不到"转化"。我们认为这是创意外包情况下的常见问题，由于外包的创意往往没能充分考虑实际运作中各部门的具体情况。

跨越"死亡谷"需要两方面的准备：一套有条理的正式的流程，以整合外部和内部的创新活动，还需要有一个忠诚的项目拥护者。

第 9 章中我们强调，在网络中心化创新的组织准备过程中，需要密切关注整合内部和外部的创新活动，缩短创意和创新实施之间的距离。我们研究的很多企业都没有明确的流程来确保产品创意和产品开发、产品的商业化运作之间进行良好的沟通，确保迅速有效地将创意进行商业化运作。创新的流程应当明确，一个项目该如何开发，如何将创新活动与企业正常的研发活动、商业化运作结合在一起。也就是说，应该考虑项目该如何从既定预算中吸引资金，采用怎样的流程进行项目审批和成果评价等。和我们交流过的管理者都认为，缺乏这样的流程，可能导致创意到创意实施之间的转化停滞，影响到创新活动的成功。

在创新活动中，还有一点十分重要，那就是要明确由哪些部门来负责对外来的创意进行商业化运作。给每个项目指派一个非正式的负责人是一种有效的方法，Dial 公司、联合利华公司等都已经采用了这样的方法。这样的"负责人"可以成为企业跨越"死亡谷"的推动力，他会把创意与企业的工作结合起来，把有创新能力的人力资源联络在一起，靠沟通、谈判来获取相应的组织资源和能力。

因此，在推出网络中心化创新举措之前，退一步，重新审查或重新评价企业的产品开发流程和开发能力，这很有必要。应该考虑创意在采用前是否需要修改？是否需要对企业自身的研发力量追加投资？是否需要创造新的组织角色？还需要强调的是，由于网络中心化创新模式不同，企业在网络中心化创新中扮演的角色不同，对企业的创新流程和能力的要求也各不相同。

管理创新网络中的"推"与"拉"

参与网络中心化创新活动的企业必须关注一个重要因素，那就是相互依存的关系。我们在第 10 章中谈到过这个问题。不过，我们依然有必要重申这种依存关系。

在与其他网络成员合作的过程中，组织应该具备管理"推"与"拉"的能力，只有这样才能确保长期的成功。管理这些网络可能会消耗组织中重要的资源。合作伙伴的决定和行动也可能会打乱内部的研发计划。个别部门还会奋力抵制网络创新活动。在外部创新项目与内部创新项目关系密切的时候，更是如此。

这种依存关系在各种创新模式下都可能存在。例如，在乐团创新模式中，规模较小的公司依存于平台的业界领袖（如微软、英特尔、Salesforce. com 等），常觉得被拉往不同的方向，尤其当市场定位和它们拥有的标准配套技术不一致时，这些小公司就得朝着平台领导者的发展方向改进。同样，波音公司的部分日本合作伙伴渐渐发现，它们自己的内部计划（例如，成为独立飞机制造商的长期规划）可能会与规模较大的合作伙伴产生冲突。

某些情况下，规模较大的公司可能需要照顾这类附属的小企业。例如，IBM 公司与开源软件社区展开合作，但很快发现开源对其自身其他产品和服务具有重要影响。这些影响可能会使其内部某些方面的创新努力流产。例如，放弃与"阿帕奇 HTTP"协议抗衡的研究项目。有时候，企业要调整既定的目标和策略，例如调整为在 Linux 平台上适用的开发计划。

我们想要强调的是，公司在决定参与网络中心化创新活动时，对依存关系要有充分的认识。根据这种认识来重新审视公司内部的创新目标和参与网络中心化创新决策。要确保来自外部网络的不利因素不会拖垮自身的创新计划。

多带几顶"帽子"——但，小心！

第 9 章中我们讨论了某些大公司在网络中心化创新中如何扮演多重

角色。例如，IBM 既是平台领导者（在能源技术方面），又是开源软件社区的创新赞助商。同样，太阳微系统公司除了在其核心业务领域担当平台领导者以外，还扮演着 OpenSPARC 计划的创新促进者的角色。

如果企业在网络中心化创新中戴了多顶"帽子"，它们就能采取更加平衡的方法应对外部创新活动。例如，一家公司可以带头提出某些倡议，同时又在其他项目中扮演支持者的角色。多样性的角色可降低参与外向型创新的整体风险，也方便从多样化的合作伙伴身上学习并获取多元化的知识。

然而，多重角色会使公司增加额外成本。例如我们在第 9 章中讨论的，不同角色要求不同类型的资源和能力。如果公司决定开展多样化的创新组合，则需要增设多样化的基础设施以支持这些角色。对于许多大公司（如宝洁、杜邦、3M、IBM 等）来说，这些增加对资源需要不会有太明显的影响，然而对于规模较小的公司，这些问题就很突出了。

因此，"多面手"战略还要根据可能出现的对组织资源和能力需求作相应的调整。

重新分配对创新活动的资金投入

从创新网络和创新社区可以看出，外部存在着可提高创新速度和质量的巨大潜力。当公司意识到了这种潜力以后，它们往往会减少内部研发的投资。然而从已经获得成功的公司经验来看，应该重新分配，而非减少公司的创新投资。

短期内，公司可能以外部资源代替内部资源，减少自身为研发投入的资金。但这并非长久之计。值得一提的是，公司能从网络中心化创新中获得多少回报，取决于公司给网络带来多少资产和研发能力。公司投入的资产价值越大，从网络中获取的收益就越丰厚。

因此，参与网络创新并不意味着降低公司对创新活动的投入，但是公司可以调整投资的方式和方向。例如，有些公司可能在下游工序上投入更多，而有些公司可能会侧重于对上游创新活动的投资。优先向哪一个领域投资，是由公司决定在网络中心化创新中扮演的角色决定的。

降低公司的创新预算，只会降低公司参与网络中心化创新的整体能力，也会限制其挖掘外部网络和社区潜能的能力。

别忘了要盈利

为在网络中心化创新中鼓舞士气，建立组织信心，高层管理人员应该让公司知道，创新举措究竟给组织发展带来了哪些贡献——无论是短期贡献还是长期贡献。

在这方面，IBM公司和太阳微系统公司可以成为榜样。即使是与开源社区这样的合作伙伴进行合作，这两家公司也没有忘记在商言商。许多外部创新机遇可能让人跃跃欲试，特别对于那些想要以实际行动来响应首席执行官发出的创新号令的经理们，更不愿意放弃这样的机会。这种情况下，强调追求外部创新机遇的严谨性尤为重要。

一位大型日用品生产企业的中层领导告诉我们，组织中，如果对参与外部发明家创新网络或建立与创新社区的合作关系一哄而上，那么很可能导致网络中心化创新活动的失败。尤其是人们一味地关注"从外部获得多少创意"、"有多少外部合作伙伴"，而不是关心参与网络中心化创新对企业成长或收益提高的实际影响，这样失败的可能性就更大。

高层管理人员此时应起到关键作用，强调将网络中心化创新活动与公司整体成长目标结合在一起的必要性。因此，当太阳微系统公司开放SPARC架构并开展开源项目活动以后，一直把重点放在了有可能开辟核心产品及服务的新市场上，虽然它们知道实现盈利目标还有待时日。

高层管理人员应该明白，网络创新机会的运用，是基于公司的营收及获利为目标的。

有备无患

从本书的开始，我们就为网络中心化创新绘制了蓝图，探索了全球化思维所具有的力量。我们详细分析了企业将会面临的不同机遇，把握机遇应该具备的资源和能力。我们希望读者通过对本书的阅读和思考，能够在网络中心化创新的诸多机遇面前，成为独当一面的决策者。

现在，你已经对网络中心化创新有了深刻的认识，所以你可以带领自己的企业探索创新之路了。我们提出了一个简单的口号：大处着眼，小处着手，速成规模。

全球借脑：让更多聪明人为你的公司工作

Dial 公司的案例就为这个口号作了最好的脚注。

@ 大处着眼!

在网络中心化创新之旅起航之前，你必须全盘考虑，从宽广的视角到具体的机会都要考虑。大处着眼确保你能够制定一个连贯的策略，将你所有创新举措串联起来。随着时间的推移，会添加新的举措，有些创新活动也会做一些调整。这也是企业的首席执行官应该发挥作用的地方。

Dial 公司在开始利用外部的创新资源（即超出了传统的资源，如供应商以及个体发明者）的时候，它不是专注于某一特定创新活动。相反，它的做法是"大处着眼"，也就是关注从外部寻找创新资源可以为组织带来哪些长期的价值。公司的首席执行官和所有的管理者都向这个组织传递这样一种思想，那就是坚定地致力于网络中心化创新，并建立起一个独立的创新机构"创新技术采集小组"去协调各部门的创新活动。管理层传递出的信息是明确的——公司正在为可能开展的各种网络中心化创新活动打造良好的基础。

@ 小处着手!

在为公司建立了审视网络中心化创新机遇的广阔视角以后，还应该关注创新活动是否便于控制，它的预期收益（或成果）是否明确。例如，你的第一个网络中心化创新产品是否具有一定的市场和客户？是否能将创新举措运用在某一特定的区域或特定的业务部门中？

公司可以创造一个评价创新成果的"无菌室"，对第一项网络中心化创新策略进行评估，看其是否切实可行。这种做法还可以帮助你"一炮打响"，进一步推动其他创新活动。

在 Dial 公司的案例中，所谓的"无菌室"是一个基于互联网的创新活动，活动的名称是"尽善尽美"，通过这一活动，公司与独立的发明家建立关系。这项活动不涉及大量的基础设施投资，也不需要公司安排许多的成员。尽管创新活动的规模不大，但是十分有创意。Dial 是第一家制定这样的创新计划的日用品生产企业，这项创新活动使得公司能直接与个体发明家以及发明者协会联系在一起。这一创新项目的结果是非常喜人的，有些创意被纳入了公司的产品开发渠道，而且这项活动为公司更广泛地开展网络中心化创新活动指明了方向。

@ 速成规模！

第一项网络中心化创新活动一旦成功，一定不要忘了庆祝一番。然而，更重要的是不要忘了"速成规模"，把创新活动推上下一个高峰。

要舍得为下一个更雄伟的目标进行投入，要整合公司里不同的部门，要广泛挖掘组织中的创新潜力，这些都将有助于公司实现自己的创新目标。只要迅速地整合整个组织的能力，就能在组织内部站稳脚跟，并吸引更多的资源和创新人才。这也有利于组织各部门发掘更多的创新举措。

还是以 Dial 公司为例。完成了第一次发明人竞赛以后，公司就迅速地扩大规模。Dial 公司将第二次活动命名为"合作伙伴创新"。与个体发明者的合作发展成持续性的合作，而且扩大到公司产品组合的各个部分。

Dial 公司还将该策略迅速全球化，与其控股公司汉高集团的研发部门建立联系。通过这次扩大行动，整个汉高集团下属公司都成为了由 Dial 公司聚集的美国发明家创意的潜在客户。Dial 公司在全球范围内举办创新竞赛活动，活动名为"汉高创新奖"，Dial 公司的创新技术采集小组代表汉高集团旗下的所有公司开展活动。这一次，获取外部创意的渠道不只局限于美国的发明者，而是扩大到世界上的任何一个角落，创意的目标不仅是为了 Dial 公司自身，而是整个汉高集团。这是真正的全球化策略！

其实，故事的精髓在于：依靠"大处着眼"，确保有正确的思想指导；通过"小处着手"，快速取得成果；再"速成规模"，以迅速在整个组织中开展网络中心化创新活动。

我们希望，当你放下这本书的时候，就可以运用其中的思想和理念迈出第一步。这是真正的旅程，一次利用全球化思维开展创新活动、创造价值的旅程。

祝您一路顺风！

参考文献

前 言

1. "Expanding the Innovation Horizon," IBM Global CEO Study 2006 (http://www-1.ibm.com/services/uk/bcs/html/bcs_landing_ceostudy. html); accessed on August 15, 2006.

2. For example, see Nambisan, S. "Designing Virtual Customer Environments for New Product Development: Toward a Theory," *Academy of Management Review* (2002), 27(3), 392–413; Nambisan, S. and R. Baron. "Interactions in Virtual Customer Environments: Implications for Product Support and Customer Relationship Management," Journal of Interactive Marketing, (2007), 21(2), 42–62.

3. See Sawhney, M. and E. Prandelli, "Communities of Creation: Managing Distributed Innovation in Turbulent Markets," *California Management Review* (2000) 24–54.

4. Sawhney, M., E. Prandelli, and G. Verona, "The Power of Innomedi-ation," *MIT Sloan Management Review* (2003), 44(2), 77–82.

5. Management Tools and Trends Survey, Bain & Co., 2005.

第1章

1. "World's Best Innovators Are 'Six Times More Successful' in Getting Better Products to Market Faster, UGS Chairman, CEO and President Tony Affuso Tells Fellow Automotive Industry Leaders" (http://www. prnewswire.com/cgi-bin/stories.pl?ACCT=104&STORY=/www/story/ 10-12-2005/0004166925&EDATE=); accessed on August 15, 2006.

2. The blueprint for such large corporate R&D labs focused on basic scientific research can be traced back to a report titled, "Science, The Endless Frontier" written by Vannevar Bush, science advisor to President Franklin Roosevelt, in the final year of WWII. For an interesting discussion of how corporations have started shifting their focus from "research" to "development" and its implications for their internal "temples of innovation," see "Out of the Dusty Labs," *The Economist* (March 3, 2007), 74–76.

3. Source: FactStat MergerStat (http://www.mergerstat.com/new/indexnew.asp).

4. "World Class Transactions: Insights into Creating Shareholder Value through Mergers and Acquisitions," *KPMG,* 2001; "Why Mergers Fail," Matthias M. Bekier,

Anna J. Bogardus, and Timothy Oldham, *McKinsey Quarterly*, 2001, No. 4; "There's No Magic in Mergers," David Henry, *Business Week* (October 14, 2002) pp. 60.

5. As reported in IBM Global CEO Study 2006; Bain & Co., CEO Survey 2005.

6. "Sony's Revitalization in the Changing CE World," Howard Stringer's remarks, CEATEC, Tokyo, October 4, 2005 (http://www.sony.com/SCA/speeches/051004_stringer.shtml); accessed on August 15, 2006.

7. Quote from Chapter 2 of *Through the Looking Glass* by Lewis Carroll, The MILENNIUM FULCRUM Edition © 1991.

8. Kraft R&D figures sourced from the presentation made by Jean Spence, executive vice president, Kraft on May 10, 2005, as part of Kraft Investor Day (http://media.corporate-ir.net/media_files/nys/kft/presentations/kft_050510e.pdf); Also see "At Kraft, A Fresh Big Cheese," Adrienne Carter, *BusinessWeek*, June 26, 2006 (http://www.businessweek.com/investor/content/jun2006/pi20060626_973843.htm).

9. The term is taken from the Red Queen's race in Lewis Carroll's *Through the Looking Glass*. The Red Queen effect was originally proposed by the University of Chicago paleontologist, Leigh Van Valen, in 1973 to explain the constant evolutionary arms race between competing species.

10. Dave Bayless is a principal and co-founder of Evergreen IP. To get more details on Dave's simulation, view his videoblog at http://www.evergreenip.com/presentations/redqueen/redqueen.html; accessed on July 5, 2007.

11. "Kraft Looks Outside the Box for Inspiration," *The Wall Street Journal*, June 2, 2006.

12. "Research Stirs Up Merck, Seeks Outside Aid," *The Wall Street Journal*, June 7, 2006.

13. Source: Authors' interview with Tom Cripe on March 30, 2006.

14. "Innovate America," National Innovation Initiative Report, Council on Competitiveness, Dec. 2004.

15. "IBM GIO 2.0 Report" 2006 (http://domino.research.ibm.com/comm/www_innovate.nsf/pages/world.gio.html#).

16. David J. Farber; K. Larson "The Architecture of a Distributed Computer System—An Informal Description," Technical Report Number 11 (Sept. 1970), University of California, Irvine.

17. Foster, Ian; Carl Kesselman. *The Grid: Blueprint for a New Computing Infrastructure*. Morgan Kaufmann Publishers. ISBN 1-55860-475-8.

18. Exhibit A for this is perhaps project SETI—the Search for Extraterrestrial Intelligence. The general objective of SETI is to detect the existence of "intelligent" transmissions from distant planets. This is not a trivial task and requires significant computing power to analyze the vast amount of telescopic data gathered. The SETI@Home, launched by U.C.–Berkeley in May 1999, involves utilizing the power of home computers linked to the Internet to analyze such radio tele-

scopic data and contribute toward the SETI goals. Any individual can participate in this project by downloading and running the SETI@Home software package, which then runs signal analysis on a "work unit" of data recorded from the central 2.5 MHz wide band of the SERENDIP IV instrument. The analysis results are automatically reported back to UC–Berkeley. More than 5.4 million computer users in more than 225 countries have signed up for SETI@Home and have collectively contributed more than 24 billion hours of computer processing time (current statistics on SETI retrieved from http://seticlassic.ssl.berkeley.edu/totals.html on July 5, 2007).

19. Network-Centric Warfare (NCW) is also called Network-Centric Operations (NCO) in some military quarters. In the U.K., it is referred to as Network Enabled Capability. Vice Admiral Arthur Cebrowski of the U.S. Navy is often referred to as the "Godfather" of the network-centric warfare concept. Other notable contributors to the development of this concept include Dr. David S. Alberts, who proposed the universal command and communications theory by integrating the concepts of information superiority and network-centric warfare, and John J. Garstka of the Office of Force Transformation in the United States Department of Defense (U.S. DoD).

20. "Network Centric Warfare," DoD Report to U.S. Congress, July 27, 2001 (report available at http://www.dod.mil/nii/NCW/).

21. See *Network Centric Warfare* David Albert, John Garstka, and Frederick Stein, CCRP, 2nd Edition, 1999.

22. "The Future of Supply Chain Management: Network-centric Operations and the Supply Chain," Terry Tucker, *Supply & Demand Chain Executive* 2004 (http://sdcexec.com/article_arch.asp?article_id=7285).

23. For a detailed description of Cisco's experience and the concept of NVO, see *Net Ready* by Amir Hartman and John Sifonis, McGraw Hill, 1999.

24. "The Networked Virtual Organization: A Business Model for Today's Uncertain Environment" John Sifonis, *iQ Magazine*, March/April 2003.

25. Several Web sites and blogs exist on the topic of network-centric advocacy. One of the better ones is http://www.network-centricadvocacy.net/.

26. "Network-Centric Advocacy," Marty Kearns, retrieved on August 20, 2006 from http://activist.blogs.com/networkcentricadvocacypaper.pdf.

27. Wheeler, David A. "More Than a Gigabuck: Estimating GNU/Linux's Size" (July 29, 2002): (http://www.dwheeler.com/sloc/redhat71-v1/redhat71sloc.html), retrieved on August 16, 2006.

28. "Internet Encyclopedias Go Head to Head," *Nature,* 438 (December 15, 2005): 900–901.

29. "Online Newspaper Shakes Up Korean Politics," Howard French, *The New York Times*, March 6, 2003.

30. Sawhney M., E. Prandelli, and G. Verona. "The Power of Innomediation," *MIT Sloan Management Review* (2003), 44(2), 77–82.

31. Huston, L. and N. Sakkab. "Connect and Develop: Inside P&G's New Model for Innovation," *Harvard Business Review* (March 2006).

32. IBM Global CEO Study 2006.

33. *Let Go to Grow,* Linda Sanford and Dave Taylor, Prentice Hall, 2005.

第2章

1. See http://www.ornl.gov/sci/techresources/Human_Genome/home.shtml.

2. See "Communities of Creation: Managing Distributed Innovation in Turbulent Markets," M. Sawhney and E. Prandelli, *California Management Review* (Summer 2000): 4294, 24–54.

3. See the "Coase's Penguin, or, Linux and the Nature of the Firm," Y. Benkler, *Yale Law Journal*, 112 (Winter 2002–2003). Also see *The Wealth of Networks,* Yochai Benkler, MIT Press (2006).

4. Visit http://wearesmarter.org for more details on this project.

5. A more formal definition of the Open Source has been offered by the Open Source Initiative (see http://www.opensource.org/docs/definition_plain.php).

6. Sawhney & Prandelli, 2000, pp. 28.

7. The term *Open Source* has been attributed to Christine Peterson of the Foresight Institute. For more information on the story behind it, visit "History of the OSI" at http://www.opensource.org/docs/history.php.

8. Visit http://www.opensource.org/.

9. Source: http://www.Sourceforge.net (as of September 2006).

10. For an extensive list of these Open Source applications, visit http://en.wikipedia.org/wiki/Open_source.

11. The definition comes from James Moore's 1996 book, *The Death of Competition: Leadership and Strategy in the Age of Business Ecosystems,* Harper Business. His earlier related HBR article was "Predators and Prey: A New Ecology of Competition," *Harvard Business Review* (1993).

12. See "Constellation Strategy: Managing Alliance Groups," by Gomes-Casseres, Benjamin, *Ivey Business Journal* (May 2003). Also see Gomes-Casseres, B., "Competitive Advantage in Alliance Constellations," *Strategic Organization*, Vol 1 (3) (August 2003): pp. 327–335.

13. Gomes-Casseres, B., "Group Versus Group: How Alliance Networks Compete," *Harvard Business Review* (July–August 1994): pp. 62–74.

14. For an excellent review of this strategy, see Gawer and Cusumano's book, *Platform Leadership,* HBS Press (2003).

15. See O'Reilly's article at http://tim.oreilly.com/articles/paradigmshift_0504.html.

16. For a discussion of the era of ferment and technology cycles, see "Technological

Discontinues and Dominant Designs: A Cyclical Model of Technological Change," P. Anderson and M. Tushman, *Administrative Science Quarterly* (1990): 35, 604–633.

17. Authors' interview with Irving Wladawsky-Berger on April 7, 2006.

18. See http://www.infoworld.com/article/05/12/14/HNnovellibm_1.html; also see Yochai Benkler's book, *The Wealth of Networks,* where on pp. 47, he gives a graph of IBM's revenue growth from open source–related services.

19. Sawhney, M., Verona, G., and E. Prandelli, "Collaborating to Create: The Internet as a Platform for Customer Engagement in Product Innovation," *Journal of Interactive Marketing* (2005): 4–17.

20. "Staples Turns to Inventors for New Product Ideas," William Bulkeley, *The Wall Street Journal* (July 13, 2006; B1).

21. Interview with Jevin Eagle, senior vice president, Staples Brands (June 2006).

22. Authors' interview with Dr. Robert Finocchiaro, technical director, 3M (on July 26, 2006).

第3章

1. Visit the project Web site at http://www.aswarmofangels.com/.

2. See the Wikipedia entry on Current TV for more details: http://en.wikipedia.org/wiki/Current_TV.

3. "Uncle Al Wants You," *East Bay Express* (Jan. 26, 2005): http://www.eastbayexpress.com/issues/2005-01-26/news/feature.html.

4. Visit http://www.current.tv/.

5. "Hack This Film," Jason Silverman, *Wired* (January 2006): http://www.wired.com/wired/archive/14.01/play.html?pg=2.

6. See the article "MOD Films" on the Creative Commons Web site: http://creativecommons.org/video/mod-films.

7. http://modfilms.com/.

8. Morley, E. and A. Silver, "A Film Director's Approach to Managing Creativity," *Harvard Business Review* (March–April 1977): 59–70.

9. For a more recent article on business lessons from Hollywood, see "Hollywood: A Business Model for the Future?" Charles Grantham, SIGCPR Conference (2000) ACM.

10. http://www.echochamberproject.com/.

11. This is definitely a very limited and brief conceptualization of the core/periphery network. For more rigorous definition and discussion of the implications, see "Models of Core/Periphery Structure," S. Borgatti and M. Everett, *Social Networks* 1999, 21, 375–395.

12. As noted in, "Measure for Measure: Exploring the Mysteries of Conducting," Justin Davidson, *The New Yorker* (Aug. 21, 2006): pp. 60–69.

13. "Orchestra: A Users Manual" by Andrew Hugill, http://www.mti.dmu.ac.uk/~ahugill/manual/. Also see the Wikipedia entry for Orchestra: http://en.wikipedia.org/wiki/Orchestra.

14. See "Call and Response in Music" at http://en.wikipedia.org/wiki/Call_and_response_%28music%29.

15. See the entry for *jam* in the Online Etymology Dictionary at http://www.etymonline.com/index.php?search=jam&searchmode=none.

16. Mod (or, to use its full name, Modernism or sometimes Modism)—a lifestyle-based movement—reached its peak in the early to mid-1960s. People who followed this lifestyle were known as Mods, and were mainly found in Southern England. Consider, for example, the TV series, *The Mod Squad,* which appeared in the late '60s. The 1979 film *Quadrophenia,* based on the 1973 album of the same name by The Who, celebrated the Mod movement and partly inspired a Mod revival in the U.K. during the late 1970s. For more on this movement, read *Mod, a Very British Phenomenon* by Terry Rawlings, (2000) Omnibus Press.

第4章

1. See "The Keystone Advantage" M. Iansiti and R Levien, *Harvard Business School Press* (2004): pp. 94.

2. See "The Power of Innomediation" Sawhney, M., E. Prandelli, and G. Verona. *MIT Sloan Management Review* (Winter 2003): 77–82.

3. For these and other examples regarding IDEO's role as technology broker, see Andrew Hargadon's book, *How Breakthroughs Happen,* HBS Press (2003).

4. See "A General Theory of Network Governance: Exchange Conditions and Social Mechanisms," Candace Jones, William Hesterly, and Stephen Borgatti, *Academy of Management Review* 22(4) (1997): 911–945. In addition to this, there is a significant amount of research done in the management area on the broad topic of network governance.

5. Davenport, T.H., & Prusak, L. *Information Ecology: Mastering the Information and Knowledge Environment* (1997): New York: Oxford University Press. Also see M. Alavi. "Managing Organizational Knowledge" in *Framing the Domains of IT Management* (2000): Pinnaflex Educational Resources, Cincinnati, OH.

6. For more details on Intel's compliance workshop, see *Platform Leadership* by A. Gawer and M. Cusumano, HBS Press (2002): pp. 57–60.

7. See Inkpen, Andrew. "Learning, knowledge management and strategic alliances: So many studies, so many unanswered questions." In Cooperative Strategies and Alliances, Contractor FJ, Lorange P (eds). 2002. Pergamon: London; 267-289.

8. For a more detailed description of IP and its history, see "Intellectual Property—

The Ground Rules" by James Conley and David Orozco, Kellogg School of Management Technical Note 7-305-501 (August 2005).

9. See *The Economics and Management of Intellectual Property* by Ove Grandstrand, Edward Elgar Publishing, MA (2000).

10. For more on Clark Foams and the surfboard industry, read "Black Monday: Will Surfing Ever Be the Same?" *The New Yorker* (August 21, 2006): 36–43.

11. http://creativecommons.org/.

第5章

1. The base plane (787-8) can carry 200 passengers on routes up to 8,300 nautical miles while the larger version (787-9) can carry 250 passengers on routes up to 8,500 nautical miles. A shorter-range version (787-3) with carrying capacity of up to 300 seats will be optimized for routes of around 3,500 nautical miles.

2. The first order for the 787 was placed by All Nippon Airways—for 50 787s. The order, valued at around $6 billion, is the single largest launch order ever in Boeing's 88-year history. As of October 2006, 29 customers have placed orders for a total of 420 airplanes (of which 377 are firm orders worth around $52 billion).

3. Boeing and its partners conducted extensive research for two years prior to the official project launch in 2004 to investigate potential materials and to demonstrate the effectiveness of composite manufacturing technology. The new materials and design is also supposed to allow the quietest takeoffs and landings in its class, thereby providing an added environmental benefit.

4. Both engines are designed to provide the 55,000 to 80,500 pounds of required thrust. The improved engine design would itself contribute around 8% of the increased efficiency gains attributed to the 787.

5. "Boeing, Boeing, Gone?" by William Sweetman, *Popular Science* (June 2004): pp. 97.

6. "A Smart Bet," *Boeing Frontiers* (June 2003).

7. "Sharing the Dream," *Boeing Frontiers* (August 2006).

8. As quoted in "Boeing's Diffusion of Commercial Aircraft Design and Manufacturing Technology to Japan," by David Pritchard and Alan MacPherson, SUNY Buffalo, (March 2005): www.custac.buffalo.edu/docs/OccasionalPaper30.pdf.

9. Source: "Customers Get an Update from Boeing," Yvonne Leach, *Boeing Frontiers* (February 2005).

10. "Just Plane Genius," *BusinessWeek* (April 17, 2006).

11. "Firm, Toned, and Taut," Lori Gunter, *Boeing Frontiers* (November 2005).

12. See Dominic Gates "Boeing 787: Parts from around the world will be swiftly integrated," *The Seattle Times*, September 11, 2005.

13. Pritchard & MacPherson (2005).

14. Fingleton, E. "Boeing, Boeing, Gone: Outsourced to Death," *American Conservative* (January 24, 2005).

15. E-mail interview with Scott Strode, vice president of airplane development and production, Boeing (March 2007).

16. Boeing's slogan for the 2016 vision is "People working together as a global enterprise for aerospace leadership." Boeing explicitly acknowledges in this vision its role as large-scale systems integrator as a core competence. See www.boeing.com/vision.

17. Ibid.

18. "Boeing: New Jet, New Way of Doing Business," *CIO Insight* (March 6, 2006).

19. "The Evolution of Creation," Debby Arkell, *Boeing Frontiers* (March 2005).

20. "Boeing's Diffusion of Commercial Aircraft Design and Manufacturing Technology to Japan," David Pritchard and Alan MacPherson, State University of New York, Buffalo (March 2005).

21. "Sharing the Dream," *Boeing Frontiers* (August 2006).

22. "Wings Around the World," Adam Morgan, *Boeing Frontiers* (March 2006).

23. "The Evolution of Creation," Debby Arkell, *Boeing Frontiers* (March 2005).

24. "Outsourcing U.S. Commercial Aircraft Technology and Innovation," David Pritchard and Alan MacPherson, State University of New York, Buffalo (April 2004).

25. "Wayward Airbus," *BusinessWeek* (October 23, 2006).

26. EADS (2003 European Aeronatuci Defence and Space Company) EADS N.V. Financial Year 2002: www.financial.eads.net/docredozuk4.pdf.

27. CIO insight article.

28. Gartner report, 2006.

29. "Salesforce.com's New Gamble," CNET (July 26, 2005).

30. "Salesforce.com Buys into Google AdWords," CNET (August 21, 2006).

31. Author's interview with Adam Gross, vice president of developer marketing, Salesforce.com (November 2006).

32. "Envox Phonelink Now Available on Salesforce.com's AppExchange," *CRM Today* (October 11, 2006).

33. Author's interview with Adam Gross, vice president of developer marketing, Salesforce.com (November 2006).

34. "Salesforce.com Strives for the On-Demand Apex," Dan Farber, *ZDnet* (October 8, 2006).

35. "Salesforce.com Cooks Up On-Demand Programming Language," Stacey Cowley, CRN (October 9 2006): http://www.crn.com/sections/breakingnews/

breakingnews.jhtml?articleId=193105561&cid=CRNBreakingNews.

36. "Salesforce Strives for the On-Demand Apex," *ZDNet* (October 9, 2006).

37. "Salesforce.com Launches AppExchange Incubator," *CRM Today* (October 10, 2006): http://www.crm2day.com/news/crm/120085.php.

38. For a detailed case study of Intel and Microsoft's platform strategies, see *Platform Leadership* by Annabelle Gawer and Michael Cusumano, HBS Press (2003).

第6章

1. See the P&G Connect+Develop Web site: http://pg.t2h.yet2.com/t2h/page/homepage.

2. See the P&G Web site: http://submitmyideatopg.com/submitmyidea/.

3. See "The Power of Innomediation," Sawhney, M., E. Prandelli, and G. Verona. *MIT Sloan Management Review* (Winter 2003); and "Connect and Develop," Huston, L and N. Sakkab. *Harvard Business Review* (March 2006).

4. Authors' interview with Debra Park, Dial Corporation on March 24, 2006.

5. "Inventing Better Outlet for Inventors," Scott Kirsner, *Boston Globe* (October 17, 2005).

6. See http://ww2.wpp.com/Press/2006/20060906_1.html.

7. Visit PDG at http://www.pdgevaluations.com/index.php.

8. Intellectual Ventures: http://www.intellectualventures.com/default.aspx.

9. "IV Moves from Myth to Reality," Victoria Slind-Flor, *Intellectual Asset Management* (August/September 2006), Issues 19, 29–34.

10. Ibid.

11. Interview with Stephan J Mallenbaum, Jones Day, NY (March 6, 2006).

12. Interview with John Funk on March 1, 2006.

13. Interview with David Duncan in June 2006.

第7章

1. Source: November 2005 Netcraft Web Server Survey.

2. Touiller, O., Olliaro PL. "Drug Development Output from 1975 to 1996: What Proportions for Tropical Diseases?" *International Journal of Infectious Diseases* (1999) 3: 61–63.

3. WHO World Health Report, 2004.

4. "Can Open Source R&D Reinvigorate Drug Research?" Bernard Munos, *Nature Reviews Drug Discovery* (September 5, 2006): 723–729.

5. Ibid.

6. William Jorgensen, "The Many Roles of Computation in Drug Discovery," *Science* (2004): 1813:1818.

7. Visit www.openscience.org.

8. Authors' interview with Andrej Sali, Stephen Maurer, and Arti Rai in November/December 2006.

9. Visit http://thesynapticleap.org.

10. Author's interview with Ginger Taylor on November 15, 2006.

11. Source: International HapMap site at http://www.hapmap.org/.

12. "Open and Collaborative Research: A New Model for Biomedicine," Arti Rai, *Intellectual Property Rights in Frontier Industries: Biotech and Software* (AEI-Brookings Press, 2005): http://eprints.law.duke.edu/archive/000000882/.

13. *Copyleft* is a general method for making a program or other work free, and requiring all modified and extended versions of the program to be free as well. See http://www.gnu.org/copyleft/.

14. "Avatar-Based Marketing," Paul Hemp, *Harvard Business Review* (June 2006).

15. Visit http://www.myvirtualband.com/.

16. Visit http://bioitalliance.org/.

17. "Redmond Forms Biotech Alliance," *Red Herring* (April 4, 2006).

第8章

1. http://steampowered.com/status/game_stats.html.

2. Zvi Rosen, "Mod, Man, and Law: A Reexamination of the Law of Computer Game Modifications," *Chicago-Kent Journal of Intellectual Property* (2005).

3. http://www.opensparc.net/opensparc-charter.html.

4. Authors' interview with David Weaver, Architecture Technologies Group, Sun Microsystems, in December 2006.

5. http://www.opensparc.net/opensparc-guiding-principles.html.

6. http://www.opensparc.net/ca_policy.html.

7. http://www.opensolaris.org/os/.

8. "Enterprise Open Source" by Simon Phipps (November 2006): Line56.com (http://www.line56.com/articles/default.asp?ArticleID=8034).

9. Visit Mappr at http://mappr.com/.

10. Visit the ProgrammableWeb (http://programmableweb.com/mashups) for a listing of all mashups.

11. "Mix, Match, and Mutate," *Business Week* (July 25, 2005): http://www.businessweek.com/magazine/content/05_30/b3944108_mz063.htm.

第9章

1. Authors' interview with Irving Wladawsky-Berger on April 7, 2006.

第10章

1. "Connect and Develop: P&G's New Innovation Model" by Larry Huston and Nabil Sakkab, *Harvard Business Review* (March 2006): 84(3).

2. Authors' interview with Tom Cripe, March 3, 2006.

3. Based on authors' interview with Dr. Robert Finnocchiaro, 3M, on July 26, 2006.

4. "Research Stirs up Merck, Seeks Outside Aid," *The Wall Street Journal* (June 7, 2006).

5. Authors' interview with Kodak executives—Gary Einhaus (Director of Research Labs); Kim Pugliese, (Head of External Alliance Group), and Richard Marken (Director of External Relations)—in June 2006.

6. Weed's law is attributed to Jeff Weedman, vice president of EBD at P&G.

7. Nambisan, S. "Information Systems as a Reference Discipline for New Product Development," *MIS Quarterly,* 27(1), 1–18.

8. "Northrop Gunman CIO Talks Collaborative CAD and Data Management," Manufacturing Business Technology (February 2005): 23(20), pp. 38.

9. Also see "Building Collaborative Innovation Capability," by Morgan Swink, *Research Technology Management* (March 2006): 49(2), pp. 37–47.

第11章

1. See *The World is Flat: A Brief History of the Twenty-first Century,* Thomas L. Friedman (2005).

2. http://www.trendwatching.com/trends/MASS_CLASS.htm.

3. Source: www.nasscom.in.

4. http://www.nationalacademies.org/.

5. "The Rise of the Multi-Polar World," Accenture Report (2007): (http://www.accenture.com/Global/Research_and_Insights/Policy_And_Corporate_Affairs/ExecutiveSummary.htm).

6. See Jeb Brugmann and C.K. Prahalad. "Co-creating business's new social compact," *Harvard Business Review* (February 2007): 80–90.

7. http://government.hp.com/content_detail.asp?contentid=363&agencyid=0&mtxs=home-pub&mtxb=B1&mtxl=L1.

8. "Wipro Plugs R&D Service into Innovation Networks," Navi Radjou, *Forrester Research* (July 2005). Also visit http://www.wipro.com/pes/index.htm.

9. "How Accenture One-Upped Bangalore," *Business Week* (April 23, 2007).

10. http://www.siroindia.com/.

11. For example, Jeb Brugmann and C.K. Prahalad. "Co-creating Business's New Social Compact," *Harvard Business Review* (February 2007): 80–90. Also see C. K. Prahalad's book, *The Fortune at the Bottom of the Pyramid,* Wharton Publishing (2005).

12. "Innovation Ships Out," *CIO Magazine* (January 15, 2005).

13. "The Revenge of the Generic," *Business Week* (December 27, 2006) and personal interview with Michael Winnick, co-founder of Gravity Tank.

14. "Innovation: Is Global the Way Forward?" Insead & Booz Allen Hamilton Study, 2006.

15. Source: NASSCOM (www.nasscom.in).

16. One of India's leading economists, Jairam Ramesh, coined the term "Chindia" and wrote a book on the potential cooperation between India and China. See *Making Sense of Chindia: Reflections on China and India,* India Research Press, New Delhi (2005). *Business Week* later made this term more popular globally by launching a special issue on this topic (issue dated August 22, 2005).

17. "The BRICs Dream," Goldman Sachs Report 2006; http://www2.goldmansachs.com/insight/research/reports/report32.html.

第12章

1. "The Incredible Story of Tata Motors and the Rs. 1-Lakh Car," Robyn Meredith, *Forbes* (March 30, 2007).

2. Based on a presentation made by David Yaun at the Kellogg Innovation Network meeting, Almaden, CA (March 2007).

3. Also see, "Moving Technologies from Lab to Market," Stephen Markham, *Research-Technology Management* (Nov/Dec 2002): 31–42.

图书在版编目（CIP）数据

全球借脑：让更多聪明人为你的公司工作/南比桑，索尼著；时启亮等译.
北京：中国人民大学出版社，2009
（沃顿商学院图书）
ISBN 978-7-300-10663-2

Ⅰ．全…
Ⅱ．①南…②索…③时…
Ⅲ．企业管理-研究-世界
Ⅳ．F279.1

中国版本图书馆 CIP 数据核字（2009）第 073058 号

沃顿商学院图书
全球借脑：让更多聪明人为你的公司工作
萨蒂什·南比桑
莫汉比尔·索尼   著
时启亮   张鹏群   译

出版发行	中国人民大学出版社			
社　　址	北京中关村大街 31 号		**邮政编码**	100080
电　　话	010－62511242（总编室）		010－62511398（质管部）	
	010－82501766（邮购部）		010－62514148（门市部）	
	010－62515195（发行公司）		010－62515275（盗版举报）	
网　　址	http://www.crup.com.cn			
	http://www.ttrnet.com（人大教研网）			
经　　销	新华书店			
印　　刷	北京山润国际印务有限公司			
规　　格	165 mm×240 mm　16 开本		**版　　次**	2009 年 6 月第 1 版
印　　张	15 插页 1		**印　　次**	2009 年 6 月第 1 次印刷
字　　数	226 000		**定　　价**	38.00 元